대한민국, 넥스트 레벨

대한민국,
넥스트 레벨

코리아다이나미즘포럼 편저
성공경제연구소 기획

정치·사회·문화·경제 최고 전문가 12인의 국가 성장을 위한 제언

21세기북스

발간사

대한민국은 현재 혼탁한 정치권의 행태로 말미암아 정서적 내전 상태라고 할 정도로 혼란스럽다. 그러나 위기와 고난의 시간이 우리 앞에 놓여 있을지라도 흔들림 없이 나라의 미래와 그 주역이 될 다음 세대를 위한 지혜와 조언을 남기고 가려 함은 우리 기성세대의 책무다. 오늘날 대한민국에서 정쟁이 만들어놓은 지난 사반세기의 양극화 현상은 조선조 숙종과 영조 때의 사색당파 싸움보다 더 극심하다는 평가다. 좌우 양 진영으로 마음이 갈라진 국민은 서로 결혼도 안 하고, 한 식탁에 모이기를 외면할 정도다. 아이러니하게도 정치인들의 수준 미달은 최악으로 치닫고 있지만, 한국전쟁 후 70여 년간 지속된 학습을 통해 국민의 정치 감각과 통찰력은 세계 정치사에서 유래를 찾아보기 어려울 만큼 발달하게 되었다.

이미 2500년 전 수기치인修己治人에 의한 덕치주의德治主義 정치를 주장한 공자孔子는 정치의 본질을 믿음信이라 하였다. 그러나 국민은 믿음이 사라지고 거짓이 횡행하는 대한민국의 정치 권력과 권력의 장치 모두를 불신의 시각으로 바라보고 있다.

말로만 정의와 공정을 외치는 사회에서 억울한 국민의 해결사는 경찰이나 검찰이 아닌 전관예우를 받는 변호사를 살 수 있는 돈이며, 절차가 중요한 덕목인 법원과 병원에서조차 아는 사람이 있어야 수월하게 진행된다는 각자도생各自圖生에 대한 국민적 믿음과 불신이 의식 깊은 곳에 자리 잡고 있다.

한편 불신의 대상에서 가장 높은 위치를 차지하고 있는 것은 개과천선改過遷善의 기대가 거의 불가한 국회를 제외하면 자녀 교육 문제다. 공교육의 불신이 사교육 시장 매출을 대기업 수준으로 만들어놓았고 공정하지 못한 교육 환경과 학교폭력조차 늘 피해자가 손해를 감내해야 하는 상황을 적나라하게 알게 된 국민은 지난 16년간 정부가 저출산 문제 해결을 위해 280조 원의 거대 예산을 투입하고도 아무런 성과를 거두지 못한 것에 별 관심을 두지 않는다. 겉과 속이 다른 사회에서 더 이상 새 생명을 낳고 기른다는 것에 강한 회의감을 가질 뿐이다. 앞으로 더 나아질 희망이 없는 한국 사회의 여러 상황을 종합 판단한 끝에 젊은이들은 결혼과 아이 낳기를 포기하는 방향으로 어렵사리 선회하고, 이러한 현실은 시급히 해결해야 할 가장 중요한 과제가 되었다.

영국의 철학자 카를 포퍼Karl Raimund Popper(1902~1994)가 정의했듯이 비록 선한 의도에서 비롯되었을지라도 지상천국이라는 이상 사회를 건설하려는 전체주의의 모든 시도가 결국 세상을 지옥으로 만들어버리고 만다는 것을 우리는 지난 세기에서 충분히 경험했다. 그리고 그 과정에서 사악한 기만과 폭력으로 자국민을 억압하는 모습을 지켜보아 왔지만 지금도 민주와 정의의 이름과 공정한 절차와 기회균등이라는 미사여구로 포장해서 이름만 바꾼 (전체)사회주의의 망령이 미래의 자녀들 머리 위를 여전히 배회하고 있다는 사실에 세계인 모두는 두려워한다.

인류 모두가 서로 다름을 가지고 있음을 축복으로 받아들여야 한다고 배웠지만, 대한민국의 정치 집단들은 자신들의 의견과 다른 견해를 가진 이들을 배제시키려 하고 심지어는 척결해야 할 악의 집단으로 인식하는 어리석은 정치판을 벌이고 있다. 그 결과 포퓰리즘의 풀무질에 올라탄 탈진실Post-truth과 반목의 공간에 핏빛 바람을 불러일으키고 있다.

이와 함께 대한민국의 교육은 1970년대부터 입시 경쟁에 몰방하는 구조로 변해가면서 교육의 질적 저하를 가져왔고 중산층 이상의 국민은 후세 교육을 위해 사교육 시장에 눈을 돌리고 가계가 파탄 나더라도 해외 유학의 열병을 치러내는 것도 마다하지 않았다. 교육 정책의 실패와 질적 저하는 가장 좋은 종자를 골라서 다음 해 파종할 씨앗으로 준비하는 농경사회의 오래된 지혜조차 간과하였기 때문이다. 1950~1960년대 학교를 졸업한 산업 인력들이 향후 30년간 대한민국의 산업화를 지속 가능하게 이끈 이면에는 당시 최고 수준의 중고등학교 교사들과 대학교수들이 있었음을 잊지 말아야 한다. 또한, 그 배경에 전후 프랑스와 일본의 경우처럼 상대적으로 높은 수준의 임금 체계가 뒷받침되어 많은 수재형 엘리트들이 중고등학교의 교단을 선택하는 데 주저함이 없었기 때문이다.

한국의 강의 위주의 대학 교육과 달리 영국을 이끌어온 옥스퍼드나 케임브리지와 같은 선두 대학들은 대학별 전공 학문 탐구 활동과 기숙사를 중심으로 한 별개의 레크리에이션 서클 활동을 병행해왔다. 서로 다른 취미와 실용 전공 분야를 통섭하기도 하고 서클이나 클럽끼리 상호 경쟁하는 대학 풍토를 조성했고 전공과 탐구 활동의 범주를 넓혀나간 결과 실사구시의 토대에서 새로운 발명과 이론을 창출할 수 있었다. 다시, 대학College의 어원이 서로 다름을 인정하면서 교류하는 학생동맹/동료Collegium/Colleague에서 기원했다는 사실을 상기할 필요가 있다.

고백하건대, 필자는 연장자라는 이유로 발간사의 중임을 떠맡았을 뿐, 함께 참여한 열두 분 필진의 혜안慧眼과 탁견卓見을 발간사에 모두 담을 기량도 없는 사람이다. 다행히도 '대한민국호의 심장(엔진)을 새로 갈아 끼우자'라는 발제자 이장우 교수의 담대한 서문에 필진의 제언들이 간추려진 발문이 상정되면서 필자의 서투른 발간사의 흠결을 조금 감출 수 있었다. 필진 모두는 각자의 위치에서 높은 이상과 실무 경험을 조화시켜온 분들이다. 전공 분야에서 최상의 평가를 받은 테크노크라트들도 있고 후학들로부터 많은 존경을 받는 학자와 전문가, CEO, 외국 교수, 작가도 있다.

필진 모두는 정책을 입안하고 추진할 때 조언과 고언을 같이 진언하는 용기가 있는 사람들이다. 하지만 무엇보다 인간의 선한 의지가 다양한 분야에서 힘을 얻어 '함께 만들어가는 공화의 세계'의 꿈을 믿음과 함께 자녀들에게 전해주고 싶은 한 부모이고 양식을 지닌 평범한 시민들이다.

끝으로 한글을 세계인이 공유하는 세계 공통 문화 언어로 발전시키고자 동분서주하는 로스 킹Ross King 교수의 노력을 특별히 성원하는 뜻에서 영어가 세계 언어가 된 경로를 짧게 복기해서 부족한 발간사에 보태고자 한다.

중세 발트해 연안 앙겔른Angeln(덴마크 슐레스비히) 지역의 앵글족과 게르마니아 중서부 작센 숲속 고트족의 일원이었던 색슨Saxon족이 5세기경 바다 건너의 땅 브리타니아로 이주하였다. 그 후 앵글로·색슨족의 언어로 불린 그들의 원시 고대영어Engles는 북쪽 노르드어와 서쪽 게일어, 교회의 라틴어와 궁정의 프랑스어와 접속하였다. 영어는 진화를 거듭한 끝에 옥스퍼드와 케임브리지를 포함한 잉글랜드 동남부와 런던 지역 중심으로 사용되는 일상 공용어의 지위를 얻었다. 다른 지역 언어와 문화를 포용하고 결합되면서 세련되게 다듬어진 영어English는 18세기 영국의 해상지배권을 타고 전 세계로 퍼져나가 지구상의 70개국, 약 22억 명이 사용하게 된 전 세계의 지배 공통어가 되었다. 그렇게 되기까지 3세기도 채 걸리지 않았다.

현재 영국의 영어 교육 관련 수입은 코로나와 상관없이 연간 60억 파운드로 추정되고 있다.

끝으로, 자유민주주의가 추구하는 공동선의 가치를 추구하며 함께 만들어가는 공화의 세상을 이뤄가는 과정에서 꼭 필요한 지혜, 즉 에라스뮈스의 새벽을 여는 방법론의 준거를 제시한 중세 플랑드르의 인문주의 철학자 게오르기우스 카산더Georgius Cassander(1513~1566)의 말을 소개하고자 한다. 그는 종교개혁 시기 가톨릭과 개신교 간의 참혹한 전쟁 종식과 상호 갈등을 해소하기 위해 명언을 남긴 바 있다.

"본질적인 것에는 일치를, 본질 이외의 사안에는 자유를, 그리고 서로에게는 관용과 자비를!"

집필자를 대표해서, 김영섭

대한민국 심장을 갈아 끼우자

맨땅에서 일어선 국가에는 비결이 있다. 전쟁의 폐허 위에서 선진국으로 올라선 대한민국은 특유의 역동성을 가지고 있다. '위기를 기회로 바꾸어낼 수 있는' 코리아 다이나미즘 Korea Dynamism 이 그것이다. 이 역동성은 때마침 등장한 글로벌 자유 시장 체제로부터 기회를 낚아챔으로써 대한민국을 후진국에서 탈출한 세계 유일의 선진국으로 만들었다. 작지만 강력한 심장으로 국가 전체 세포에 혈액을 공급함으로써 위기 때마다 새로운 성공을 일구어낼 수 있었다. 산업화와 민주화를 동시에 이루었으며 최근에는 한류의 창조화까지 덤으로 얻었다. 그러나 강건했던 그 심장도 어느덧 한계를 보이고 국가를 이루는 세포들의 활력이 점점 떨어지면서 저성장과 저출산의 그늘에서 좀처럼 벗어나지 못한 채 국가 소멸의 우려까지 나오고 있다.

국가의 심장으로 비유되는 핵심 동력은 한 번 성공했다고 영원히 지속되는 것이 아니다. 정부와 국민이 합심해서 시대정신과 환경 변화의 요구에 맞추어 시의적절하게 바꾸어내지 못하면 아무리 선진 강국이라도 추락하기 마련이다. 예를 들면 아르헨티나는 20세기 초인 1910년대만 해도 프랑스나 이탈리아보다 잘살았으며 당시 실질 임금은 산업화 선진국인 영국의 95% 수준에 이르렀다. 그 당시 아르헨티나는 10대 경제 강국 반열에 올라섰다. 그러나 1929년 미국발 경제 대공황의 충격을 수습하는 과정에서 정치 세력들이 포퓰리즘을 가동시키며 아르헨티나를 결국 경제 빈국의 나락으로 떨어뜨렸다. 지금까지 아르헨티나의 어느 정부도 포퓰리즘 경제를 치유할 엄두를 내지 못하고 있다. 오히려 포퓰리즘 경제에 편승해 자신들의 정치적 수명을 연장하려 한다. 그 결과 2021년에는 9번째 국가 부도 사태를 맞았다.

또한, 1980년대까지 G2의 반열에서 아시아를 대표하고 미국과 어깨를 나란히 했던 선진 일본도 최근까지 잃어버린 30년의 추락에서 벗어나지 못하고 있다. 1인당 국민소득이나 국가 이미지에서 한국과 대만에 추월당하는 수모를 겪고 있음에도 불구하고 좀처럼 위기에서 벗어날 기미를 보이지 못하는 것 같다. '국가 심장 갈아 끼우기'에 실패했기 때문이다. 그들의 심장은 메이지 유신 이후 등장해 아시아에서 가장 먼저 산업화를 이루어내고 강력한 제국주의 국가를 건설했다. 패전 이후에도 '사무라이 정신'과 '주식회사 일본'으로 무장한 기업들이 글로벌 경쟁력을 획득하는 데 강력한 동력을 제공했다. 그러나 G1인 미국의 견제와 4차 산업혁명의 물결에 대응할 만한 민간 창의력과 글로벌 도전력을 만들어낼 수 있는 새 심장으로의 전환을 정부와 국민 모두 등한히 한 결과 국가 추락의 위기를 맞이하고 있다.

한편 가끔 길을 잃은 것 같은 미국 자본주의는 확고한 G1으로서 입지를 공고히 하고 있다. 세계 경제의 조정자로서 중국의 역할은 점점 희미해진 반면에 미국은 인공지능, 로봇, 무인 자동차, 금융시스템 등 미래 산업을 주도하고 있다. 세계 경제를 지배해온 미국의 지난 100년을 돌아보면, 두 번의 '심장 갈아 끼우기'가 있었다. 첫 번째는 1929년 대공황에 맞선 루스벨트 대통령의 뉴딜 정책이다. 뉴딜의 새로운 심장은 거대 정부와 적극적 복지 정책 등을 내세워 정부 통제와 기업 규제를 강화하는 방향으로 국가를 이끌었다. 이는 지나친 자유방임주의로 인해 불안정해진 시장으로부터 자신을 구해달라는 국민의 요청이기도 했다. 이후 미국은 2차 세계대전을 발판으로 1970년대까지 고도성장을 구가했다. 그러나 생산 효율에 중점을 둔 안일한 민간 투자와 정부의 강력한 규제 등으로 국가의 혁신성이 크게 떨어지면서 일본과 유럽에 비해 국제 경쟁력이 쇠퇴하는 국면을 맞이하게 된다. 저성장의 침체 늪에 빠진 1980년대에는 정부의 압박으로부터 혁신의 자유를 풀어주어야 한다는 국민의 요구가 커졌다. 이에 따라 뉴딜 이후 쇠퇴해진 국가 심장을 레이거니즘이 대체하게 된다. 이 레이거니즘은 정부의 족쇄로부터 기업을 풀어줌으로써 창업과 혁신이 또다시 미국 경제 사회의 성장 동력으로 자리 잡게 했다. 이 두 번째 심장은 레이건 이후 H. W. 부시와 클린턴을 거치면서 경기 호황을 일으키는 데 결정적으로 기여했다. 이 '새 심장'이 일으킨 변화는 창업 정신의 부활, 규제 완화, 세계화 강화, 첨단 기술의 발전 등이다. 오늘날 미국이 4차 산업혁명의 미래 기술을 주도하고 있는 비결이기도 하다.

　미국은 이러한 '심장 갈아 끼우기'를 통해 포퓰리즘화하는 정치에도 불구하고 창업과 기술혁신에 있어 여전히 다른 나라보다 월등한 수준을 유지하고 있다. 미국이 세계에서 가장 강력한 경제 대국을 유지하는 데에는 진보와 보수를 초월하여 국민과 정부의 합의로 이루어진 '국가 심장'의 시의적절한 교체 작업이 있었기 때문이라고 할 수 있다. 그 결과 아메리칸드림으로 야심을 부추기고 실패를 용인하는 도전 문화를 바탕으로 아직도 G1 자리를 유지하고 있다.

그렇다면 대한민국의 심장은 어떠한가? 산업화와 민주화, 그리고 한류의 창조화까지 이루어낸 코리아 다이나미즘은 쇠약해진 심장 탓에 점점 약화되어, 곳곳에서 고혈압과 고지혈로 동맥경화 증세를 나타내고 있다. 가장 먼저 우려되는 것은 우리의 미래에 대해 스스로 비관론에 빠지고 있다는 사실이다. 세계 시장을 주도하고 있는 기업들의 혁신과 문화 강국 이미지를 만든 한류의 성과에도 불구하고, 약소국 마인드에서 벗어나지 못하고 있으며 스스로 미래를 암울하게 전망하는 실정이다. 둘째, 지속 가능성에 있어 기후 변화와 탄소 제로의 외부 요인뿐만 아니라 국내 경제·사회 시스템의 지속 가능성과 같은 내부 요인에 대한 대책이 너무나 허술하다. 민간 창의보다는 정부 주도의 통제를 중시하는 국가 자본주의가 아직 위력을 발휘하고 있으며, 국민을 이끌어가야 할 정치는 점점 더 포퓰리즘에 빠져들고 있다. 셋째, 10여 년간 정부의 대규모 예산 투여에도 불구하고 저출산 문제는 더욱 심각해지고 있다. 특히 서울에 치우친 국토의 공간 구조가 SNS와 정보통신의 발달 등 디지털화로 더욱 심화되어 청년들을 서울 중심으로 빨아들이며 심리적 스트레스를 유발하고 탈가치화를 부추김으로써 저출산 문제의 근본적 원인이 되고 있다. 넷째, 세계 최고 수준의 디지털화가 자칫 기술 지상주의에 변질되어 우리 사회의 인간성과 공동체의식을 잃어버리게 할 위험이 커지고 있다. 또한 '빨리빨리'의 접근 방식으로 인해 겉보기만 좋은 성과를 만들며 본원적 기술 역량의 축적에서 뒤떨어지고 있다. 특히 국민은 '빨리빨리'의 모래성 위에 세워진 사회 인프라 속에서 안전하지 않다는 불안에 휩싸이고 있다. 다섯째, 높아진 국제적 위상과 안보 역량에도 불구하고 아직도 약소국 마인드와 한반도 중심의 사고에서 벗어나지 못한 채 협소한 민족주의와 미시적이고 단기 안목의 평화 의식에서 벗어나지 못함으로써 격동하는 세계 안보 정세 속에서 실패할 확률이 커지고 있다.

위와 같은 '코리아 다이나미즘의 위기'에 공감한 필자들은 각기 속해 있는 분야에서 한국의 역동성을 진단하고 미래 대안을 제시함으로써 국가 미래를 위한 새로운 심장의 개념을 제안하고자 한다. 12명 필자의 생각을 하나의 개념으로 종합하기는 매우 어렵지만, 격동하는 시대 흐름에 맞추어 우리나라가 차별적인 선진국으로서 성공하기 위해서 기존 국가 심장을 갈아 끼우는 수준의 변혁을 하지 않고는 미래가 없다는 공감대를 가지고 〈그림〉과 같이 '대한민국 새 심장 개념도'를 제안한다.

대한민국의 첫 번째 심장은 20세기 중·후반 '한강의 기적'이라는 코리아 다이나미즘을 일으키고 민주화와 21세기 한류 문화 강국의 이미지를 만들어냈다. 그 중심에는 전쟁의 폐허 위에서 세계 최빈국에서 벗어나고자 하는 몸부림이 있었다. 그것은 '가난 극복'의 마음이었고 '잘살아보세'의 공감대였다. 그 심장의 힘찬 박동 덕분에 물질적 가난을 극복할 수 있었고 밝은 민주사회에 살게 되었다. 여기에 21세기에 들어오면서 전 세계로부터 문화 강국의 이미지를 덤으로 얻게 되었다.

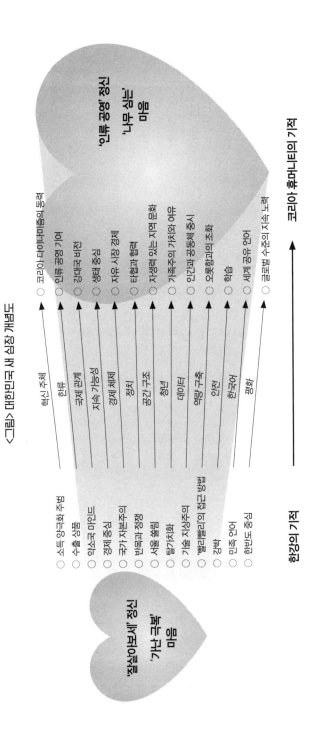

<그림> 대한민국 새 심장 개념도

혁신 주체
○ 코리아 다이나미즘의 동력

한류 → ○ 인류 공영 기여
국제 관계 → ○ 강대국 비전
지속 가능성 → ○ 생태 중심
경제 체제 → ○ 자유 시장 경제
정치 → ○ 타협과 협력
공간 구조 → ○ 자생력 있는 지역 문화
청년 → ○ 가족주의 가치와 여유
데이터 → ○ 인간과 공동체 중시
역할 구축 → ○ 우호국과의 조화
안전 → ○ 학습
한국어 → ○ 세계 공유 언어
평화 → ○ 글로벌 수준의 지속 노력

'인류 공영' 정신
'나무 심는' 마음

코리아 휴머니티의 기적 →

○ 소득 양극화 주범
○ 수출 상품
○ 약소국 마인드
○ 경제 중심
○ 국가 자본주의
○ 반목과 정쟁
○ 서울 쏠림
○ 탈가치화
○ 기술 지상주의
○ '빨리빨리'의 접근 방법
○ 강박
○ 민족 언어
○ 한반도 중심

'잘살아보세' 정신
'가난 극복' 마음

한강의 기적

그러나 앞에서도 설명했듯이 급속히 약해진 심장 박동으로 인해 저성장·저출산의 경제사회 구조를 극복하지 못한 채 지속 가능성의 위기를 맞이하게 되었다. 이러한 국가 소멸 수준의 위기를 극복하기 위해서는 두 번째 심장으로의 대전환이 불가피하다. 필자들은 모름지기 대한민국의 미래를 책임질 수 있는 새 심장이라면 다음과 같은 모습과 기능을 가져야 할 것으로 판단한다.

첫째, 낙관적 미래관이다. 이를 위해서는 위기를 기회로 바꾸어낼 수 있는 코리아 다이나미즘의 핵심 동력이 산업의 혁신 주체에 있음을 인정하고 이들이 소득 양극화의 주범이라는 족쇄에서 벗어나 자유롭게 혁신과 창조 활동을 할 수 있게 지원해야 한다. 그리고 우리만 잘 살면 된다는 편협에서 벗어나 인류 공영에 기여하고자 하는 한류의 나라를 지향하고 전 세계로부터 강대국으로 인정받고자 하는 자부심과 비전을 가져야 한다.

둘째, 지속 가능성을 중심에 둔다. 경제 일방의 중심에서 생태 중심으로 이동해 경제와 생태가 조화를 이루는 공화의 세상을 추구한다. 정부 통제와 규제 중심의 국가 자본주의를 극복하고 민간의 활력과 창의를 활용하는 시장 자본주의를 지향하며, 반목과 정쟁을 일으키는 정치 포퓰리즘을 경계한다.

셋째, 저출산과 청년의 삶에 대한 근본 대책을 우선적으로 마련한다. 자생력 있는 지역 문화를 만들어 서울 중심의 국가 공간 구조를 개조하고 청년에게 여유 있는 삶을 제공함으로써 가족주의 가치를 지원한다.

넷째, 디지털 시대에 인간과 공동체를 중시하는 행정과 안전 시스템을 추구한다. 기술 지상주의를 극복하고 '빨리빨리'의 접근 방법을 보완하기 위한 본원적 기술 역량 축적 과정에 집중하며, 디지털 시대에 적합한 국민 안전 제도와 시스템을 구축한다.

다섯째, 글로벌 수준에서 열린 시각으로 세계화와 한반도 평화를 추구한다. 한국어를 단순한 민족 언어가 아닌 세계인이 공유하는 언어로 발전시키며 한반도 중심의 사고로부터 벗어나 글로벌 수준에서 평화를 위한 지속적 노력을 수행한다.

이와 같은 새로운 심장의 모습과 기능이 자리를 잡기 위해서는 아직도 만연하고 있는 '국가만능주의'와 '국가의존주의'로부터 벗어나 진정한 민간 주도의 자유경제 시스템을 이룩하는 것이 중요하다. 이 토대 위에서만이 지속 가능성, 서울 일극 중심 체제에서 벗어난 국가 공간 구조의 개조, 그리고 개방된 세계주의 정신 등이 가능할 것이다.

필자들은 '대한민국 새 심장' 개념을 토대로 현실 분석과 미래 전망뿐만 아니라 구체적 대안들을 제시하고자 했다. 그러나 이러한 대안들의 실천은 결국 국민과 정부의 마음과 생각으로부터 작동할 수 있기에, 필자들은 대한민국의 두 번째 심장을 움직이는 우리 내면의 마음과 정신이 무엇인지에 대해 논의했다. 한마디로 종합하기란 쉬운 일이 아니지만, 필자들의 생각으로는 '나무 심는' 마음과 '인류 공영'의 정신이 아닐까 한다. 이는 첫 번째 심장의 내부 동인인 '가난 극복'의 마음과 '잘살아보세'의 정신과 대비된다. 지난 수십 년 동안 우리가 가난 극복의 물질적 생존 문제에 온 마음을 쓰면서 강력한 심장 박동을 만들어냈다면, 이제는 우리 공동체와 지구를 위해 '나무 심는' 생태 존중의 마음으로 심장을 작동시켜야 지속 가능한 미래를 만들어낼 수 있다는 생각이다. 본디 나무를 키워내는 일이란 물 주고 거름 주고 정성을 쏟아야 하며, 비바람 이겨내며 스스로 크도록 기다려주는 마음이 있어야 한다. 그리고 손질하고 다듬어준 묘목이 시간이 흘러 아름드리 나무로 크는 걸 보는 기쁨을 세상과 함께 할 수 있는 여유가 있어야 한다. '나무 심는' 마음은 생태, 창조, 키움, 정성, 기다림, 정직, 포용의 단어와 가까우며, 경제, 경쟁, 활용, 성실, 효율, 획득, 이익 등과 가까운 '가난 극복'의 마음과는 대비된다.

공교롭게도 우리는 과거 산림녹화의 세계적 성공 사례를 남겼다. 우리가 무엇보다 자랑스러워해야 할 것은 우리나라는 UN에서 인정하는 2차대전 이후 유일한 산림녹화 성공국이라는 사실이다. 그러나 이에 멈추지 말고 '기후 변화 대응을 선도하는 산림 강국'을 새로운 비전으로 설정해야 한다. 50년 전 국민 식수 운동을 시작할 때는 스스로 '잘살아보기' 위해 나무를 심었지만, 앞으로는 '인류 공영'의 정신으로 나무를 심어야 할 것이다. 이때 '인류 공영'의 정신은 교육법 1조에 등장하는 홍익인간의 이념과도 일치하는 것으로 우리에게는 "널리 인간 세상을 이롭게 한다"는 의미로 각인되어 있다. 나무를 심으며 얻게 되는 선물은 서로 존중하고 포용하는 마음이다. 이러한 마음을 전 세계인이 공유할 수 있도록 '나무 심기' 운동을 전개한다면 새로운 선진국 표상이 될 것이다.

기후 변화의 위기를 맞은 세계는 소득, 성별, 세대, 인종, 종교 등으로 갈라지고 서로 대립과 반목하는 분위기가 만연해 있다. 이러한 어려운 시기에 '나무 심는' 마음의 새 심장을 장착한 대한민국이 '추구해야 할 더 큰 가치'를 제시한다면, 집단이익과 피상적 이념에 매몰되어 서로를 배척하는 인류를 서로 이웃으로 함께 나아가는 길동무로 대전환시킴으로써 세계 평화의 길을 보여줄 수 있을 것이다. 특히 '나무 심기' 운동은 전 세계가 상호 존중의 정신으로 서로를 포용하고 지구의 미래를 위해 함께 정성을 다하는 새로운 가치 운동으로 발전할 것으로 기대되고 있다. 또한 국내 대기업과 벤처기업들은 2023년 CES 박람회에서도 알 수 있듯이 자동차, 가전, IT, 바이오 등 기존 제조 부문에서 지속 가능성과 휴머니즘을 주제로 한 기술혁신에 나서고 있다. 이렇듯 '새 심장 대한민국'이 지구촌을 위한 '인류 공영'의 가치 실현에 나선다면 경제 성장의 기적에 이어 '휴머니티의 기적'을 이루어낼 수 있으며, 대한민국은 그 과정에서 스스로 지속 가능한 선진 강국으로 발전할 수 있을 것이다.

저자 일동

차례

1장

세계로 향하는 대한민국의 비전

'강대국 대한민국'으로 가는 길

대한민국을 어떤 선진국으로 만들 것인가?

대한민국의 힘은 역사적으로 볼 때 위기를 기회로 바꾸어내는 역동성, 즉 '코리아 다이나미즘dynamism'에서 나온다. 이 역동성 덕분에 국제 질서의 변화로 인해 글로벌 자유 시장이 열리면서 불과 몇십 년 만에 '한강의 기적'을 이루어내고 '제조업이 강한 매력 국가'로 발전할 수 있었다. 특히 우리나라를 '제조업이 강한 매력 국가'로 발전시킨 역동성은 K-이노베이션으로부터 나왔다. 이 한국형 혁신은 지난 30여 년 동안 글로벌 제조 대기업, IT 벤처기업, 그리고 한류 문화 기업이라는 3대 경제 주체에 의해 발휘되었다. 미래에는 수많은 개인 혁신가, 즉 크리에이터들이 가세함으로써 혁신 국가로 성장할 것이 기대된다.

그러나 한국 경제는 이러한 기회 요인과는 별개로 지속 가능성 sustainability이라는 새로운 위기 요인에 봉착했다. 저성장, 저출산, 탄소 배출 절감, 사회 분열 등 위기 요인들을 동시에 해결해야 하는 어려운 상황에 놓였다. 이러한 위기를 기회로 바꾸는 핵심 전략은 기술혁신을 통해 새로운 휴머니티의 가치를 창출하는 것이다. 이를 통해 대한민국은 우수한 공산품과 제조 기술, 그리고 한류 콘텐츠를 수출함으로써 '자기만 잘사는' 나라를 넘어서, 지속 가능한 경제·사회 시스템과 휴머니티의 문화를 전 세계와 공유하고 확산하는 선진국으로 한 단계 더 업그레이드해야 한다.

대한민국은 한류의 나라다. 세계인이 사랑하는 한류의 힘은 휴머니티Humanity에 기반한 창조성에서 나온다. 세계가 SNS와 문화로 연결되는 미래에 한류의 선한 소프트 파워를 가지고 기후 변화와 인간성 상실로 고통받는 지구촌을 위해 의미 있는 역할을 해야 한다는 새로운 사명이 주어지고 있다. 그러므로 한류의 나라로서 대한민국은 인류가 꿈꾸는 휴머니티와 지속 가능성이 존재하는 미래의 생활 문화 생태계를 만드는 데 기여해야 한다. 이를 실천하기 위해서는 나무 한 그루가 세상을 바꿀 수 있다는 신념이 필요하다. 이러한 믿음에 기반해 '휴머니티 생태계의 중심 국가, 대한민국'의 비전을 실현시켜야 한다.

돌이켜보면 대한민국은 2000년이 넘는 역사 속에서 지리적 조건을 놓고 제로섬 투쟁을 하는 지정학의 시대에 한 번도 부강한 국가 혹은 민족인 적이 없었다. 하지만 산업혁명이 일어나고, 시장이 생기면서 커다랗게 형성된 국제 시장에서 무역을 통해 실력을 발휘하고 부를 창출할 기회를 획득했다. 그러므로 우리는 자유주의 국제 질서를 지키고 이를 발전시키는 것을 핵심 이익으로 소중히 해야 한다.

무엇보다도 대한민국은 자유주의 국제 질서의 미래를 다른 강대국들과 함께 만들어가는 실질적 '강대국'으로 인정받아야 한다. 이를 위해 우리의 소프트 파워를 활용해 문화력과 창의력에서 뛰어난 자유민주주의 국가 연합이라는 강대국 클럽을 주도적으로 만들 필요가 있다. 진정한 강대국은 경제력과 군사력만으로 만들어지지 않는다. 전 세계인이 인정하고 존중하는 매력을 지닌 나라가 되어야 한다.

1

'강대국 대한민국'으로 가는 길

이근(서울대학교 국제대학원 교수)

지금의 대한민국은 우리 민족 유사 이래 가장 부강한 국가이다. 경제적으로 세계 10위권에 들었고 군사력은 세계 6위 수준이며 문화적으로는 전 세계에 K-팝, K-시네마, K-드라마, 웹툰 등 한류의 열풍을 가져왔다. 우리 국민의 교육 수준은 평균적으로 세계 최고 수준이며, IT는 전 세계가 부러워하는 기술력을 가졌다. 사회 전체의 위생 수준, 발달한 공공 교통수단, 정전 없는 전기 공급, 깨끗한 수돗물, 밤에도 마음을 놓을 수 있는 치안 수준, 잘못하는 정치인이나 정부를 선거로 바꿀 수 있는 민주주의, 자유로운 언론과 종교, 높은 의료 수준과 의료시설, 전 국민적 의료보험 등 하나하나 따지면 마치 세계 최고의 국가에서 살고 있다는 생각마저 들게 한다. 실제로 해외여행이나 출장 혹은 해외 생활을 많이 해본 사람은, 어느 나라에서 귀국해도 인천공항에 들어오는 순간 이제 제일 앞서가는 선진국에 들어섰다는 생각을 하게 된다. 실제로 대다수의 한국 국민은 한국보다 더 살기 좋은 나라를 찾기가 어렵다. 절대적인 수준은 아니지만, 한국은 상대적으로 매우 부강하고 살기 좋은 선진국이다.

그런데 매우 신기한 사실은 우리 민족이 이러한 부강한 국가의 지위를 가져본 역사는 기록이 존재하는 기간만 따져보면 불과 30년 정도밖에 안 된다는 것이다. 신화시대를 제외하고도 2000년이 넘는 역사를 가진 민족이라고 한다면 우리 민족이 세계적으로 부강한 선진국이었던 시간의 비율은 0.015% 정도밖에 안 된다. 우리나라에 소위 '국뽕'이 많은 이유도, 그리고 그 국뽕의 정도가 심한 이유도, 다른 나라의 인정을 받아본 적이 거의 없이, 통계적으로 표현한다면 99% 이상의 민족 역사를 강대국 밑에서 눈치 보며 살아왔기 때문이 아닐까. 주로 중국이라는 강대한 제국 밑에서 변방의 조공국朝貢國 지위로 살아왔고, 근대 이후에는 일본이라는 제국 밑에서 식민지로 살았다. 1945년 겨우 일본에서 해방·독립되어 당시 전 세계에서 가장 빈궁한 민족 중 하나였던 우리가 1960년대부터 초고속 산업화를 시작하여 1980년대 민주화 그리고 1990년대 IT 기술혁신과 문화 산업 혁신 등을 통하여 이제 세계적인 국가를 건설해냈다.

이러한 우리 역사의 파노라마를 보면, 꼭 해야 할 질문이 하나 생겨난다. 그리고 이 질문은 너무나 중요함에도 학계나 지식 세계에서 크게 주목받지 못했다. 그건 바로 "2000년이 넘는 역사 속에서 지금 어떻게 예외적으로 부강한 국가가 되었는가?"라는 질문이다. 많이 들어본 질문인 것 같지만, 실제로 우리는 저 질문의 뒷부분, 즉 0.015%의 역사에만 학술적인 관심을 가져왔지, 99% 이상의 역사가 0.015%의 역사로 바뀌는 흐름을 의문시한 적은 없다. 즉 역사 전체의 흐름 속에서 현재를 읽어내는 질문을 하지 못하였다.

우리 민족 대부분의 역사, 즉 99% 이상의 역사가 약소국이었으면, 우리는 어찌 보면 약소국이 '정상'인 민족이다. 그런데 그 정상과 현재를 비교하는 비교사적 질문을 하지 않았다. 우리 민족이 원래 우수한 민족이어서 세계적인 국가가 되었다는 국뽕스러운 주장도 있는데, 그 우수한 민족이 어떻게 역사의 99%를 빈한한 약소국으로 지내왔는지를 설명할 수 있어야 한다.

우리가 국가의 미래를 생각하고, 지금 수준의 부강함을 유지·발전하기 위해서는 지난 부끄러운 역사를 애써 미화하기보다는 "왜 그때는 못살고 약해빠졌는데, 어떻게 지금 이렇게 훌륭한 국가를 만들 수 있었을까?"라는 매우 솔직한 질문을 하여야 한다. 그래야 취해야 할 것과 버려야 할 것, 발전시켜야 할 것과 반성해야 할 것을 제대로 구분하여 우리의 미래를 실용적으로 구상하고 만들어나갈 수 있다. 솔직한 비교의 시각을 갖고 제대로 된 비교의 질문을 할 수 있어야 한다. 그 질문이 바로 "왜 99% 이상의 역사를 약하고 빈궁하게 보내다가, 이제 약 30년 전부터 세계 최고 수준의 역사를 써나갈 수 있게 되었는가?"이다.

이 질문에 답하기 위해서는 **'국사'가 아니라 '세계사'의 시각**을 가져야 한다. 우리는 너무 우리만의 역사 안에서 우리를 보려는 경향이 강하다. 국제 정치와 국제 질서의 역사에 대한 이해가 필요하다는 말이다. 우리 국사 교과서에 등장하는 세계사는 주로 중국·일본과의 관계

대한민국, 넥스트 레벨

만 나올 뿐, 그를 넘어서는 세계가 우리 역사의 99%에 녹아 있지 않다. 그래서 우리는 세계사와 국사 교과서가 깔끔하게 구분되는 나라이다. 세계사 속의 우리 민족은 예외적인 몇 개의 사건을 제외하고는 사실 존재감이 없다. 대륙 동쪽 끝의 척박한 땅에서 고립되어 공동체의 정체성을 겨우 유지하면서 우리끼리 소박하게 생존해온 역사라고 해도 상당히 미화된 표현이 아닐까 싶다. 하지만 이렇게 우리 역사의 대부분에 세계사가 없었다는 사실은 지금의 부강한 대한민국을 이해하는 데 매우 중요한 단서를 제공한다.

│ 처음 나라의 터를 잘못 잡다

제목이 다소 자극적이지만, 저 제목대로 우리 민족은 어떠한 이유에서건 애초에 나라의 터를 잘못 잡았다. 우리 인간에게는 먹고사는 것보다 더 중요한 일이 없다. 생존을 위해서 먹고사는 문제의 해결이 그 무엇보다 우선이다. 전쟁도 먹고사는 문제가 해결되지 못하면 할 수가 없고, 또 먹고사는 문제 때문에 수많은 전쟁이 일어나기도 하였다. 그런데 인류 역사의 오랜 기간 먹고사는 문제를 해결하는 데 있어서 가장 중요한 조건이 바로 '지리적인' 요인이다. 즉 날씨가 좋고 비옥한 땅을 가지고 있고 농사가 잘되는 지리적인 조건을 가지고 있어야 한다. 그러한 천혜의 땅에 사람들이 모여들고, 먹고사는 문제를 더 잘 관리하기 위하여 국가와 제도가 생겨나고, 그 천혜의 땅을 방어하고 또 다른 천혜의 땅을 획득하기 위하여 국가는 군사력을 키우게 된다.

18세기 중반의 산업혁명 이전까지 인류 역사의 대부분이 농업 경제의 역사라고 할 수 있는데 이러한 농업에 최적화된 땅에 나라의 터를 잡아야 먹고사는 문제가 해결되고 부강한 나라가 될 필요조건을 갖게 되는 것이다. 날씨가 따뜻하고 비옥한 땅이 있고 비도 적절히 내려서 1년에 이모작, 삼모작을 하는 곳의 사람들과 산이 대부분이고 날씨도 변덕스럽고 추운 곳에서 보릿고개를 넘기면서 사는 사람들의 삶의 질은 엄청난 차이가 있다. 저런 천혜의 지리적 조건을 갖춘 곳은 항상 정복과 약탈의 대상이 되어왔으며, 그곳을 차지한 제국들은 그 지역을 방어하기 위하여 주변의 위협 세력과 잠재적 위협 세력을 토벌하고 관리하는 군사력을 키우게 된다. 중국의 경우에는 이런 위협 세력을 다 통제했을 때, 이를 '천하'라고 불렀다.

한편, 또 다른 지리적 조건에 의해서 강력해진 부족이나 민족이 있다. 초원에서 말을 달리는 유목 민족이 그들이다. 이들 유목 민족의 지리적 조건은 비옥한 땅을 가진 농경 민족에 비해 척박하지만, 말이라는 당대 최고의 테크놀로지를 갖는 행운을 얻었다. 이들은 비록 자연 조건이 좋지 않아 정주하지 못하고 유목 생활을 하면서 간신히 생존하지만, 말이라는 엄청난 운반 수단, 무기 그리고 에너지를 확보하고 있기에 비옥한 농경 민족의 땅을 약탈하고, 가능하다면 정복하려는 인센티브가 생긴다. 생존을 위해서는 못 할 것이 없다. 그래서 이들 유목 민족이 비옥한 농경 제국을 자주 약탈하고 정복하고, 패퇴하여 쫓겨나기도 했던 것이 대륙의 역사이다. 중국이라는 부강한 국가를 호시탐탐 노리는 초원의 유목 민족이 몽골, 여진 등이었고, 이들이 중국을 정복하여 원나라와 금나라, 청나라와 같은 제국을 건설하곤 했다. 대륙의 서쪽에서는 훈족, 게르만족이라는 유목 민족이 로마 제국을 괴롭혔다. 처음부터 나라의 터를 비옥한 농경지를 중심으로 잡지 못하였어도, 초원에서 말을 달릴 수 있었으면 '전쟁의 신'이 되어 비옥한 나라와 제국을 정복할 기회라도 생긴다.

비옥한 농경지, 말 달리는 초원에 더해서 또 하나의 좋은 지리적 조건은 '물'이다. 운반과 이동을 용이하게 하는 바다나 강·운하가 이에 해당한다. 물을 이용한 이동과 운반이 산업혁명 이전까지 중요했던 이유는 물길과 바람이라는 자연의 에너지를 이용하여 원거리 이동과 운반이 가능했기 때문이다. 물이 없으면 인간이 스스로 움직이거나 말을 타고 움직여야 하는데, 거기에 들어가는 에너지를 계산하면 지리적인 이동 범위는 제한적일 수밖에 없다. 반면 배를 타고 이동하고 운반하면, 원거리 이동이 가능하여 원거리에 있는 곳의 희귀한 물품 등을 가져와 비싸게 파는 무역이 가능해진다. 바닷가 도시 국가였던 베네치아, 제노바가 해상 무역을 통하여 부강한 국가가 되었다. 포르투갈·스페인·네덜란드는 대항해 시대에 바닷길을 따라 동남아시아의 향료, 아메리카 대륙과 일본의 은 등을 가져와서 부국이 되었다. 바다는 무역을 통해 부자가 되는 지리적 조건이다.

우리 민족은 부강한 국가가 되기 위한 필요조건인 위의 세 가지 지리적 조건을 하나도 제대로 갖추지 못한 곳에 나라의 터를 잡았다. 삼면이 바다에 접해 있는 반도이기는 하지만, 물길을 따라 무역을 할 수 있는 마땅한 특산품이 나는 자연을 가진 것도 아니고, 또 조상들이 그리 진취적이지 아니하여 해상 무역이라는 먹고사는 방법의 혁신을 만들어내지도 못하였다. 우리 조상이 터를 잡은 곳은 간신히 먹고살 수 있는 자연 조건을 갖춘, 산이 많은 대륙의 끝이고, 말을 타면서 위협을 가하는 민족도 아니기에, 중원의 제국인 중국의 입장에서 볼 때, 충성만 서약하면 굳이 크게 괘념치 않는 나라였음을 쉽게 짐작할 수 있다. 그리고 지리적 조건을 볼 때, 장래에 큰 위협을 가할 것 같은 대단한 자원을 보유한 나라로 여기지도 않았을 것이다.

이렇게 척박한 곳에 나라의 터를 잡다 보니, 우리 민족은 대륙의 동쪽 끝에서 고립된 채 2000년 이상 지속된 농업 경제의 시대를 근근이 살아왔다. 우리 민족이 원래부터 근면·성실하고 머리가 좋고 창의적인 유전자를 가지고 있었다는 국뽕의 주장을 사실이라고 인정하더라도(그러한 역사적 증거들이 좀처럼 보이지는 않지만), 그러한 장점들이 발휘될 수 있는 필요조건이 애초부터 존재하지 않았다. 땅덩어리는 척박하고 좁고, 경제는 성장하지 않고, 해외에 내다 팔 특산품도 딱히 없고, 외세와의 접촉을 극도로 꺼린 민족이 아무리 재주가 많아도 할 수 있는 일이 별로 없었다. 지배 계급은 대내외에서 최대한 위험 회피 전략을 택했다. 중국에는 알아서 사대事大하고, 일반 백성들에게는 엄격한 신분제를 강요하여 사회 전체를 정체된 사회로 만들었다. 발전이 아니라 후퇴의 길을 걸은 것이나 다름이 없다. 사실 조선 시대의 지배 계급은 스스로의 정체성이 백성과 함께하는 한민족이라는 정체성보다는 천자가 있는 중국에 더 가까운 것이 아니었던가 하는 생각도 든다. 조선의 지배 계급이 소중화小中華를 자처했던 것도 명이 청에 무너진 후, 스스로가 명이라는 중화를 이어받은 것으로 자부했던 것이니, 요즘 우리가 말하는 근대적 '민족' 개념을 조선의 지배 계급이 가지고 있었는지 상당한 의문이 든다.

▎국제 정치를 왜 지정학이라고 부를까?

우리는 흔히 국제 정치를 논할 때 지정학이라는 용어를 자주 사용한다. 국가 간에 분쟁이 발생하면 지정학적 분쟁이라고 하고, 지정학을 알아야 국가 생존의 비결을 알 수 있다고 한다. 한국은 동북아 끝 반도로 있다는 지정학적 이유로 끊임없이 외세의 침입을 받았고, 그래서 운명적으로 안보가 불안한 국가이니 외교가 매우 중요하다고도 한다 (실제로 우리의 위정자들이 국내 정치 못지않게 외교를 중요하게 생각하여 외교에 대한 엄청난 고민을 하고 사는지는 잘 모르겠지만). 위에서 논한 대로, 실제로 우리 민족은 지정학적인 이유로 강대국은커녕 중국이라는 제국 앞에서 당당하게 자주적으로 살아본 적이 거의 없다. 지리적 조건이 너무나도 안 좋기 때문이다. 그런데 어떻게 그 불리한 조건의 역사 끝에서 갑자기 세계적으로 부강한 국가가 될 수 있었을까? 이 수수께끼를 어떻게 풀어야 할까? **그 실마리는 바로 지정학적 국제 질서의 진화를 이해해야만 찾아낼 수 있다.**

지정학은 영어 'geopolitics'라는 말을 번역한 것이다. 말 그대로 지리적 조건에 정치가 영향을 받는다는 의미다. 그리고 동서고금을 막론하고 인류는 지리적 조건에 크게 영향을 받아왔고, 그 조건을 극복하기 위하여 다양한 노력을 해왔다. 토인비가 말하는 '도전과 응전'도 많은 경우 자연 조건을 극복하는 과정이었고 그 과정에서 문명도 생겨나고 인간의 창의성이 발휘된 것이라고 봐야 한다. 지리의 영향을 받는 공간에서는 외세의 침략도 지리적 자연 조건 때문에 기인하고 그 침략을 극복하는 과정은 응전이라는 형태로 나타난다. 지리적 악조건을 극복하기 위하여 말을 타고 무기를 개발하고 새로운 사회 시스템을 만들고 지리적으로 유리한 조건을 가진 공간을 정복한다. 반면 지리적으로 풍족한 국가는 거센 도전을 막아내기 위하여 장벽을 쌓고 무기를 개발하고 새로운 시스템을 만들고 변방을 넓혀가며 제국을 만든다. 그 넓디넓은 제국을 통치하기 위하여 제국의 이데올로기와 제국을 통합하는 문화를 만들어가는데, 그것이 상당 기간 지속되면 문명이라는 이름을 갖게 된다. 제국을 통합하는 가장 효과적인 수단이 종교였기에, 우리가 알고 있는 수많은 문명은 대부분 종교 문명이다. 기독교 문명, 이슬람 문명, 유교 문명, 힌두 문명 등은 제국이 남긴 유산들이다.

이러한 지리적 요인에 기인하는 도전과 응전이라는 이유로 인류 역사에서 가장 중요하고 오래된 국제 정치의 행위자는 '제국'이었다. 근대 국제정치학에서는 국제 정치의 가장 중요한 단위와 행위자를 '근대 민족 국가'라고 이론화하고 있지만, 이것은 서양에서 만들어놓은(의도적으로 만든) 몰역사적인 프레임이고, 1945년 2차 세계대전이 종결될 때까지 국제 정치의 주인공들은 제국이었다. 이 제국은 (특히 근대화 이전까지) 지리적으로 풍요로운 곳을 점령하고 그 공간에 끊임없이 침략을 시도하는 변방의 이민족들을 복속시킨 안정적인 공간을 말한다. 그래서 제국은 광대하고 다민족 사회이고 이들을 통합하는 강력한 이데올로기, 즉 문명을 갖게 된다. 경제사가들에 의해서 밝혀진 내용이지만, 18세기 중반 산업혁명 이전까지 이들 제국의 기반은 농업이고 경제 성장은 좀처럼 이루어지지 않는 정체된 경제를 가지고 있었다.

국제 정치는 이들 제국을 중심으로 이루어졌으며 주로 더 좋고 더 많은 땅(그로 인한 노동력)을 차지하기 위하여 끊임없이 전쟁이 일어났다. 제국은 좋은 지리적 공간에 안정과 평화를 가져오기 위하여 침략 세력을 복속시키는 전쟁을 해야만 했다. 중국은 변방이라는 주변 상황을 정리한 상태를 '천하'라고 불렀고, 제국의 공간 안으로 들어온 이민족들은 동화되거나 조공을 바치는 제후국 혹은 속국이 되는 운명을 갖게 된다. 이러한 조공 관계는 중국의 역사에서만 나타나는 것이 아니라 형식을 달리하여 모든 제국에 공통적으로 나타나는 현상이다.

이렇게 지리적 요인이 좌우하는 지정학의 시대에는 혁신을 통한 특별한 전쟁 기술을 갖거나, 아니면 풍요로운 지리적 조건에서 풍부한 노동력을 확보한 국가가 아니면 국제 정치의 강대국으로 등장할 수가 없었다. 제국을 넘볼 수도 없었으며, 심지어 국가의 생존 자체도 보장하기 어려웠다. 수많은 민족과 국가가 사라졌고, 또 생겨나고 하였는데, 다행히도 우리 민족은 소멸하거나 흡수되지는 않았지만, 제대로 기 한 번 펴보지 못한 채로 약 2000년을 보내온 것이다. 유목 민족보다 훨씬 더 말을 잘 타는 재주도 없고, 진취적으로 해양으로 진출한 것도 아니고, 그렇다고 무역을 할 수 있는 특산품이나 발명품이 있었던 것도 아니었으니, 반도 끝에서 척박한 땅에 갇혀 중국이라는 제국 앞에서 스스로 지위를 낮추어 생존해왔다고 할 수 있다. 약 2000년을 약소국으로서 겨우 생존해온 것이 지정학적 시대의 우리 역사라고 해도 과언이 아니다.

여기서 지정학적 시대의 국제 정치의 특징을 정리해보면 다음과 같다. 첫째, 더 나은 지리적·자연적 공간을 확보하려는 투쟁이 벌어지던 시대라 한정된 공간을 상대방과 나누어야 하는 제로섬의 국제 정치다. 내가 더 많이 가지면 상대방은 덜 갖게 되고, 그러한 관계가 계속되다

보면 나와 상대방의 관계는 일반적으로 '적대적 관계'가 될 수밖에 없다. 다시 말하자면, 잠재적인 적들로 구성된 적대적 제로섬 관계가 이 시대 지정학적 국제 정치의 특징이다.

둘째, 약육강식의 국제 정치라 할 수 있다. 잠재적 적들 간 제로섬 관계가 형성되면, 약한 놈은 계속 빼앗기게 되고, 결국은 강한 자에게 복속되거나 지구에서 사라지게 된다. 지리적 공간을 뺏고 빼앗기는 것은 무력에 의해 좌우되기 때문에, 어떠한 형태이든 강한 군사력을 갖는 것이 강자가 되는 길이고, 군사력이 약한 국가는 패망하게 되어 있다.

셋째, 농업 경제와 자급자족의 시대였으며, 이동 수단이 발달하지 못하였기 때문에 커다란 지리적 공간을 연결하는 시장이 발달하지 못하였고, 원거리 특산품 교역이라는 제한된 시장이 국가 간에 형성되어 있었다. 즉 국가 간에 교역이 활발히 이루어지는 국제 경제가 거의 존재하지 않았다는 의미다.

요약하자면, 약육강식의 제로섬 게임을 하는 무력의 국제 정치가 이 시대의 지정학적 국제 정치이고, 우리가 지금도 국제 정치 하면 머릿속에 상상하는 무자비한 전쟁의 국제 정치는 이 시대의 국제 정치인 것이다. 하지만 문제를 해결하고자 하는 인간의 끊임없는 노력은 세상을 변화시킨다. 국제 정치와 국제 질서도 마찬가지다. 제로섬 게임의 지정학적 국제 질서에만 머물러 있을 수 없다. 이러한 인간의 노력이 지금까지 논한 지정학적 국제 질서와 근본적으로 다른 새로운 국제 정치를 탄생시켰다. 그 새로운 국제 정치, 국제 질서로의 진화를 설명하기 전에, 그사이 잠시 존재했던 제국주의 국제 질서를 간략히 언급할 필요가 있다. 이 질서는 지정학과 자본주의 시장이 혼재되어 있던 시기의 국제 질서이다. 이 시대를 이해해야 자유주의 국제 질서라는 지금의 국제 질서를 더 정확히 이해할 수 있다.

▌산업혁명과 제국주의라는 새로운 지정학, 그리고 변화의 시작

지리적 요인이 국가 간의 관계를 규정하는 것이 지정학이라면, 그 지리적 요인을 초월하는 어떤 혁신이 일어나면서 그 지정학적 패러다임은 생명을 다하게 된다. 물론 인간은 지리적 공간에서 살기 때문에 지리적 요인을 완벽하게 초월할 수는 없지만, 지리적 요인을 극복하고 통제하는 다양한 방법들을 고안해왔다. 앞에서 말한 대륙이라는 지리적 조건을 극복하기 위하여 바다에서 항해술을 이용하여 무역을 한 것이나, 말을 타고 원거리를 가는 것이나 다 그러한 인간들의 노력과 혁신이라고 할 수 있다.

매우 오랜 기간 인간이 농업 경제와 특산품 시장을 중심으로 먹고사는 문제를 해결해오다가 18세기 중엽에 외딴 섬나라인 영국에서 엄청난 일이 일어나기 시작했다. 먹고사는 방식을 근본적으로 바꾸는 혁명이 일어난 것이다. 그 중심에는 에너지원의 혁신과 농업 경제에서 벗어나는 산업혁명이 있었다. 산업혁명 전까지 가장 강력한 에너지원은 동물이었다. 말이나 낙타와 같이 인간보다 강력한 에너지를 출력하는 동물을 원거리 이동이나 노동에 활용하였다. 물론 바람이라는 자연 에너지를 사용한 원거리 이동도 있었으나 이는 바다라는 공간에서만 활용할 수 있었기 때문에 에너지로서는 공간적 제약을 크게 받았다고 하겠다.

영국에서 출발한 산업혁명은 전혀 새로운 차원의 에너지를 고안해낸다. 그리고 농업이 이제는 다양한 산업 중 하나의 산업으로 변모하게 된다. 이러한 혁신은 세상을 엄청나게 변화시킨다. 우선 증기기관과 철도의 발명은 전국을 하나의 단위로 묶을 수 있는 교통·수송 네트워크를 만들어내는데, 이는 곧 하나의 국가적 규모의 시장national market을 만들었다는 의미다. 기차에 의해서 운반되는 상품들이 국가적 규모에서 교환될 수 있다는 의미다. 그전까지의 지리적 장벽을 뛰어넘는 이러한 기술·에너지 혁신은 당연히 철광석과 석탄이 풍부한 영국에 유리할 수밖에 없었고, 영국이 단숨에 세계 최강의 국가로 등장하는 조건이 되었다. 몽골 기병과 같은 군사적 기술과 말이라는 에너지를 뛰어넘는 기술혁신이 영국에서 일어났고, 영국은 새로운 시대의 몽골 기병과 다름없이 제국을 건설하기 시작한다.

한편, 산업화와 시장화라는 소프트 혁신 역시 세상을 근본으로부터 바꾸는 혁신이다. 경제 성장이 없는 농업 경제로부터의 탈출을 의미한다. 이는 국제 정치에도 대변화를 일으키는 사건인데, **지리적 공간을 제로섬의 관계로 나누는 무력 투쟁의 국제 정치가 협력과 윈윈의 관계로 진화할 가능성을 열었다**고 할 수 있다. 경제 성장이 가능하고, 그 경제 성장이 지리적 제약을 초월한 시장이라는 새로운 공간에서 발생하니, 지정학적 제로섬 경쟁을 하지 않아도 되는 기회의 창이 열린 것이다. 하지만 기회의 창이 완전히 열리기까지는 시간이 걸린다.

넓은 지리적 범위에서 시장이 형성되고 농업도 하나의 산업이 되면서 농산품을 포함하여 다양한 산업에서 쏟아지는 상품을 교환하는 시장이 생겨난다. 이제부터는 먹고사는 것의 핵심이 제한된 지역에서의 농업 경제에서 다양한 산업의 상품 생산과 시장에서의 교환으로 바뀌게 된다. 자본주의가 발달하면서 더 많은 이익을 내기 위한 자본가들이 공격적으로 시장을 개척하고, 이를 위해 필요한 자원·상품·노동력이 있는 곳을 식민지로 탈취하여 자국 시장과 식민지 시장을 하나의 시장으로 묶기 시작한다. 이제 농업 경제와 광대한 영토를 기반으로 하는 이전 시기의 제국이 아니라, 광범위한 규모의 자본주의 시장으로 엮이는 새로운 형태의 제국이 탄생한다. 그리고 무력까지 동반한 공격적 시장 개척이 제국주의라는 이름으로 불리게 되었다. 당시의 제국주의는 본국과 근처, 혹은 원거리에 있는 식민지를 자본주의 시장으로 연결하는 형태로 나타났으며, 이 역시 식민지를 확보하려는, 즉 지리적 공간을 제로섬으로 제국 간에 나누어 갖는 무력 투쟁의 국제 정치를 낳았다. 지정학의 영향은 계속되었다는 의미다.

농업 경제에서 산업 경제로 바뀌고, 자본주의 시장을 통해 경제 성장이 일어나는 조건에서도 제국 간에 식민지 확보, 그리고 어떤 경우에는 보호 무역, 중상주의를 통하여 무역에서도 제로섬 경쟁이 벌어졌다. 19세기 말에는 1차 세계화를 통하여 국제 시장이 형성되기도 하였으나 이 국제 시장을 원원의 자유 무역으로 안정적으로 열어놓는 국제적인 제도와 국제적인 치안을 제공하는 패권 국가가 존재하지 않아(그런 의미에서 볼 때 영국을 당시의 패권 국가라고 부르는 것에 동의하기 어렵다) 제국주의라는 불안정한 국제 질서가 지속되었다. 그리고 이러한 제국 간의 경쟁은 2차 세계대전까지 지속되어 2차 세계대전이 종결되면서 비로소 '제국'이 국제 질서에서 '거의' 다 소멸하게 된다.

정리하자면, 이 **시대의 국제 질서는 농업 경제 기반인 이전의 지정학적 국제 질서에서 자본주의 세계 시장 기반인 자유주의 국제 질서로 넘어가는 과도기의 국제 질서라고 할 수 있다.** 아직 국가 간에, 특히 제국 간에 시장을 지리적 형태로 확장하려고 경쟁하면서 제로섬 충돌을 하는 국제 정치, 국제 질서라고 하겠다. 산업화와 자본주의 시장이 등장함으로 인해 농업 경제 기반의 지정학을 넘어설 수 있는 조건이 형성되었지만, 국제 정치의 패턴은 아직도 지정학 시대와 마찬가지로 제로섬 투쟁을 하는 약육강식의 시대로 이어졌다.

이 시기 조선은 농업 경제 시대의 제국인 중국 밑에서 속국으로 있다가 근대화·산업화를 이루지 못하고 지도층의 무능력과 조공 질서의 관성에 밀려서 시간을 낭비하다가, 순식간에 산업화 시대의 제국인 일본의 식민지로 전락했다. 중국 밑에 있다가 일본 밑으로 들어가는 굴욕적 역사가 연속된 셈이다. 약육강식의 제국주의 지정학 시대에서, 근대화와 산업화로 힘을 키우지 못하고 다시 한번 강대국 밑으로 들어가는 비정한 역사에 갇혔다. 우리 민족이 아무리 능력이 있고 재주가 뛰어났다 하더라도 이러한 약육강식의 국제 질서에서는 강대국이 아닌 한 그 능력과 재주를 발휘할 기회조차 주어지지 않는다.

| 자유주의 국제 질서로:
'범용 국제 시장' 등장이 대한민국의 희망

2차 세계대전 종전은 제국주의와 제국주의 지정학의 종언을 의미

한다. 식민지는 해방되었고, 동시에 제국도 해체되었다. 두 차례의 세계대전이라는 비극을 되풀이하지 않기 위하여 인류는 또 한 번의 혁신을 이루어내었는데, 그 혁신의 중심에는 범용 국제 시장generalized international market이 있었다. 2차 세계대전 이후의 국제 질서를 논할 때, 서구의 이론가를 포함하여, 국제 정치 이론가들이 대부분 놓치는 매우 중요한 개념이 바로 범용 국제 시장이다. 2차대전 이후의 국제 질서에 대하여 다양한 논의와 이론적 설명이 있지만, 주로 미국 패권에 관한 이야기나 미소 냉전, 핵 균형, 미국적 제도와 민주주의의 확산 등에 주목하고, 세계적 범위에서 형성된 범용 국제 시장에 대해서는 거의 다루지 않는다. 하지만 이 범용 국제 시장은 인간이 고안해낸 혁신 중 가장 뛰어난 소프트 혁신이 아닐까 할 정도로 매우 중요한 국제 정치 및 국제 질서의 변화를 끌어낸다. 이제 그 이야기를 해보겠다.

　과거에도 시장이라는 것이 존재하였지만, 일상생활에 필요한 모든 것을 다 사고파는 이른바 '범용 시장generalized market'이 등장한 것은 오래된 일이 아니다. 특산품이나 자급자족으로 충당이 안 되는 것을 사고파는 전근대의 시장에서 출발한 시장이 지금은 삶의 모든 것을 다 사고파는 범용 시장으로 발전하였다. 전기·가스에서부터 노동력·배달·강의를 비롯하여 치약·칫솔 같은 생필품, 아파트와 같은 주거 시설, 여행 상품, 결혼 상품 등에 이르기까지 일상의 모든 것이 다 시장에서 거래되는 것이 현대의 시장이다. 시장은 산업혁명과 자본주의가 발달하면서 점차 범용 시장으로 진화하였는데, 이 범용 시장은 매우 복잡한 분업과 밸류 체인으로 인간들이 연결되고, 그 체인이나 분업 구조가 막히면 시장이 정지하여 사람들의 일상생활에 막대한 지장을 초래한다. 주유소에 기름이 떨어지는 순간 교통은 원시 시대로 돌아가고, 전기가 끊기면 거의 아무것도 할 수 없게 되고, 식료품이 시장에 올라오지 않으면 밥을 먹을 수가 없다. 경제 위기나 안보 위기 시 이렇게 밸류 체인이 끊길 것을 예상한 사람들은 생필품 사재기를 하고, 은행에서 돈을 인출하기 위해 소위 뱅크런을 일으킨다. 그래서 **이러한 범용 시장이 멈추지 않고 원활하게, 안정적으로, 그리고 공정하게 잘 돌아가게 하는 것이 현대 정부의 가장 중요한 책무 중 하나이다.**

이러한 범용 시장이 잘 돌아가기 위해서 필요한 기본적인 요건들이 있는데, 하나는 시장을 뒷받침하는 법과 제도이다. 다양한 경제 제도와 관련 법들이 이에 해당한다. 이러한 법과 제도가 시장의 투명성과 확실성·예측성을 높이기 때문에 시장이 합리적이고 안정적으로 돌아갈 수가 있다. 또 하나는 공공 인프라라는 공공재이다. 도로와 같은 교통망, 상하수도, 공공 에너지의 공급망, 위생 환경, 정보통신 인프라 등 공공 인프라가 정비되어 있어야 시장이 안정적으로 돌아간다. 정보통신망이 몇 시간만 멈추어도 시장과 일상생활에 엄청난 혼란이 생긴다는 것은 2022년 카카오톡 통신망이 먹통이 되었을 때 이미 직접 경험해보았다. 마지막으로, 범용 시장이 돌아가기 위해서 필요한 또 하나의 기본 요건은 치안이다. 치안이 불안하여 폭동이 일어나고, 약탈이 빈번하며, 조폭이 시장을 왜곡시키곤 하면 시장이 제대로 돌아갈 수 없다. 그래서 범죄율을 낮추고, 사회 안정을 도모하는 것 역시 범용 시장이 안정적으로 기능하기 위하여 매우 중요한 요건이다. 물론 이러한 요건만 충족되어 있다고 범용 시장이 잘 돌아가는 것은 아니겠지만, 다양한 분업과 밸류 체인이 엮여 있을 때 시장이 제대로 기능할 수 있도록 하는 공공재가 이들 요건이다. 법, 제도, 인프라, 치안 등은 모두 국가가 제공하는 공공재이다.

이상에서 알 수 있듯이 시장이라는 사적 영역이 잘 돌아가기 위해서는 국가라는 공적 영역 역시 제대로 잘 돌아가야 한다. 국가가 제공하는 공공재가 공급 부족 상태에 놓이거나, 국가가 부패하여 공공재 공급이 부실하거나, 국가에 위기가 발생하여 공공재 공급이 일시 정지한다면 시장이라는 사적 영역에 커다란 피해를 준다. 그래서 공공 부문만 발달하거나, 사적 영역만 발달하는 국가나 사회는 장기적으로 발전하기 어렵다. 시장만 있으면 기업인들이 중무장한 경호 차량을 타고 다니며 아슬아슬한 하루하루를 보내고, 마약이나 성매매와 같은 어두운 시장이나 비공식 부문이 커질 것이다. **공공 부문만 발달하면 사회주의화 되어 기업이나 상인들이 열심히 일하고 혁신할 인센티브를 잃게 된다.**

이렇게 범용 시장과 공공재의 관계를 비교적 자세하게 설명한 이유는 바로 이 시스템이 2차 세계대전 종전 이후 국제 질서에 서서히 도입되었기 때문이다. 그리고 범용 시장에서 엮인 밸류 체인은 기본적으로 남을 위하여 일하는 시스템이기 때문에—예를 들어 시민의 밥상에 올려놓기 위하여 벼농사를 짓고 벼농사가 잘되게 하기 위하여 비료를 만들고 비료가 잘 전달되도록 하기 위하여 비료를 운송하고, 운전기사의 건강을 유지하도록 약국에서 약을 파는 등등— 서로가 서로를 위해서 존재하는 상호 협력이 필요한 시스템이다. 그리고 이러한 협력 시스템을 통하여 경제가 성장하면 각기 돌아오는 소득이 커질 확률이 높아(분배가 잘된다는 전제에서), 이 시스템은 제로섬이 아니라 윈윈의 시스템이다. 즉 더 좋은 지리적 요건을 차지하기 위하여 제로섬 투쟁을 하여 한정된 공간을 더 많이 차지하지 않아도, 내가 먹고사는 문제를 시장에서 협력을 통해 원원으로 해결할 수 있는 매우 이상적인 시스템이 아닐 수 없다. 시장 참여자가 경쟁력을 가지고 시장에 자유롭게 참여하여 소득을 올리고, 분배가 비교적 공정하게 이루어지며, 시장 시스템이 안정적으로 돌아가서 경제 성장이 이루어진다면, 무력으로 약탈하거나 전쟁으로 남의 것을 빼앗고 복속시키고 할 이유는 사라진다.

범용 시장이 국가 간에 연결되고, 밸류 체인이 국경을 넘어 글로벌 밸류 체인으로 묶이고, 그 밸류 체인 안에서 각기 서로 다른 나라 국민을 위해 노동력과 상품·용역을 제공하게 되면 그 시장 안에 들어와 있는 국가는 서로가 서로를 필요로 하는 원원의 구조 속에서 묶인다. 과거 지정학 시대의 지리적 공간이 시장이라는 제도적 공간, 일종의 가상 공간으로 치환되는 것인데, 이 시스템이 자리를 잡으면 지정학이라는 지리적 공간에 대한 전쟁보다는 시장에서의 경쟁이라는 경쟁력 싸움으로, 그리고 최첨단 무기나 군사력보다는 세계적인 경쟁력을 갖는 기업이나 자본이 더 중요해지는 국제 관계가 탄생하게 된다.

정말 놀라운 일은 이러한 범용 국제 시장이 국제 관계의 한가운데에 자리 잡는 국제 질서를 2차 세계대전 종전 후에 미국과 소위 G7 국가들이 만들어가기 시작했다는 사실이다. 19세기와 20세기 초까지의 제국주의 전쟁에 대한 반작용으로 종전 후 지구의 반은 사회주의 체제가 들어섰고, 나머지 반은 자본주의 자유 시장 경제 체제가 들어섰는데, 이들이 서로 경쟁하던 시대를 냉전기라고 한다. 이 냉전기 동안 소위 '자본주의 자유 진영'은 미국이라는 패권국을 중심으로 국제 범용 시장을 만들기 시작했다. 그리고 자본주의 자유 진영의 시각에서 보면 사회주의권의 군사적 위협은 국제 시장 질서를 교란하는 전형적인 '치안'의 위협이라고 할 수 있다.

미국이 중심이 된 자본주의 자유 진영의 국제 범용 시장 프로젝트는 국내의 범용 시장을 국가 간의 공간인 국제 범용 시장으로 연결하고 확장하는 프로젝트였다고 할 수 있다. 국가 간 밸류 체인을 엮고, 미국과 G7 국가의 정부는 국제 시장에 공공재를 제공하는 것인데, GATT를 중심으로 자유 무역과 관세 인하를 꾸준히 추진하여 자유롭고 개방된 국제 범용 시장을 구축하고, 이에 필요한 경제적 제도 및 관련 법과 규범을 IMF, 세계은행 등 다양한 국제기구와 협약 등으로 구비하고, 국제 범용 시장에 필요한 치안, 즉 군사력을 미국이 NATO나 미일 동맹, 한미 동맹 등 동맹 네트워크를 통하여 제공하였다. 이 프로젝트는 대성공을 거두어 1960년대에서 1차 오일 쇼크가 발생한 1973년까지 자본주의 경제권은 이른바 '자본주의 황금기'라고 불릴 정도로 눈부신 경제 성장을 이룩하였다. 그리고 그 경제 성장의 수혜는 G7 국가만 본 것이 아니라, 후에는 개발도상국에서 탈출하여 선진국에 진입하는 국가들도 나오기 시작하였다. 대표적인 선진국 진입 국가가 한국이고, 여타 아시아 개도국들도 전반적으로 과거에 비해 풍요로운 경제생활을 향유하게 되었다.

냉전이 종식되면서, 이러한 자본주의 자유 진영의 범용 국제 시장 질서가 구사회주의권까지 확장되는 이른바 세계화가 급속히 진전되었는데, **이 세계화에 의해서 형성된, 전 세계를 포괄하는 '범용 국제 시**

장 질서'를 우리는 '자유주의 국제 질서'라고 부르고 있다. 즉 우리가 부르는 자유주의 국제 질서의 핵심은 바로 '범용 국제 시장'임을 알아야 한다.

이 자유주의 국제 질서가 이전의 국제 질서와 근본적으로 다른 점을 여기서 명확히 해야 할 필요가 있다. 첫째는 '가치'의 중요성이다. 자유주의 국제 질서를 구성하는 국가들은 냉전 및 2차 세계대전 이전까지의 국제 질서와 다르게 공통의 가치를 공유하는 국가들이다. 실제로 지정학의 국제 정치 시대에는 가치의 공유라는 것이 존재하지 않았다. 더 좋은 지리적 요건을 차지하기 위한 투쟁의 시대였기 때문에 언제든지 상대방이 적이 될 수 있는 잠재적 적성국 간의 국제 정치라고 할 수 있다. 하지만 냉전기에 태동한 자본주의 자유 진영의 국가들은 윈윈의 국제 정치를 하면서 '인류 보편 가치'라는 공통의 가치를 공유하고 발전시켜왔다. 여기서 말하는 인류 보편 가치란 주로 근대화 이후에 발전한 가치로서, 자유·인권·법치·열린 시장·민주주의와 같은 것들이다. 이러한 보편 가치를 공유한 국가들은 서로 같은 방향으로 나아가는 국가로서 잠재적 적국이 아니라 '제도화된 우방'으로 인식하게 된다. 그래서 이들 국가로 구성된 동맹은 편의에 따라 상대방을 갈아타는 지정학 시대의 유동적 동맹이 아니라 자유주의 국제 질서가 지속되는 한 꾸준히 같은 동맹 안에 남아 있는 우방의 정체성을 갖는 국가들의 동맹이다. 국제 정치에서 이렇게 가치가 중요해지고, 국가 간의 관계가 제도적으로 우방화된 것은 이전 국제 질서에서는 존재하지 않았던 매우 새로운 특징이며, 이는 잠재적 적국 간의 약육강식으로 표현되던 이전 지정학적 국제 정치와의 근본적 차이라고 할 수 있다.

두 번째로 '다자주의'라는 개념을 이해하여야 한다. 이 역시 이전 국제 질서 및 국제 정치와는 근본적으로 다른 자유주의 국제 질서의 특징이라고 할 수 있다. 풀이하자면, 자유주의 국제 질서에 이해를 공유하는 셋 이상의 국가들이 서로 합의하여 만든 규범·절차·원칙이라는 '공공재'에 의거하여 국제 정치를 운영하는 것을 말한다. 흔히들 '다극 질서'와 '다자주의'를 혼동하는 경향이 있는데, 영어로 'multilateralism'이라고 하는 다자주의는 제도화된 다자적 합의와 규범에 의한 거버넌스를 의미하고, 영어로 'multipolar order'라고 하는 다극 질서는 법·규범과는 상관없이 국가 간 힘의 분포가 세 개 이상의 국가에게 비교적 균등하게 배분된 구조를 의미한다. 다극 질서가 꼭 다자주의가 아닌 것이, 강대국이 여럿 분포하고 있어도 법과 규범에 기반한 자유주의 국제 질서 안의 다극 질서가 아니면, 이는 다자주의가 아니라 그냥 국가 간 힘의 분포일 뿐이다. 따라서 미국 일국 중심의 세계 질서를 강대국 여럿이 균등하게 힘을 나누어 끌고 가는 세계 질서로 바꾸자고 하는 중국은 '다자주의'가 아니라 '다극 질서'를 말하는 것이어서 어떤 의미에서는 다자주의라는 개념을 호도하고 있다고 할 수 있다.

마지막으로 군사력의 용도에 있어서 자유주의 국제 질서의 군사력 용도는 이전 국제 질서의 군사력의 쓰임과 근본적으로 다르다. 그래서 이전 국제 정치에서 볼 수 없었던 기이한 현상들이 나타나기도 한다. 자유주의 국제 질서는 기본적으로 지정학을 넘어서는 시장 중심의 국제 질서이기 때문에 시장의 안정을 지키는 군사력이지 유리한 지리적 조건을 더 차지하려는 제로섬 투쟁의 군사력이 아니다. 범용 국제 시장을 지키는 군사력은 범용 국제 시장에 참여하는 우방 간에 '협력적'일 수밖에 없으며, 그 군사력의 대상은 식민지 획득이 아닌, 범용 국제 시장의 안정, 즉 국제적 치안이 된다. 따라서 미국의 군사력이 아무리 강해도 같은 동맹 네트워크 안에 있는 국가들은 그 강대한 군사력을 두려워하지 않고 오히려 당연하게 여기게 되며, 역설적으로 자국의 국방비를 줄이고 그 줄인 예산을 경제와 복지에 돌리려 한다. 그래서 트럼프 대통령 때의 미국은 국제 치안 유지에 필요한 국방비를 미국만 부담하는 것이 불공정하니 나토의 동맹국들에게 국방비를 늘리고 군사력을 강화하라고 압력을 가하기도 했다. 이때 유럽의 선진 강대국들이 강하게 반발하고 저항하는 기현상이 나타났다. 잠재적 적국들을 상대하는 과거의 지정학적 국제 질서에서는 상상도 할 수 없는 일이다. 지정학적 국제 질서의 시대라면 상대 군사력을 약화시키면 약화시켰지, 국방력을 강화하라고 요구하는 것은 바보가 아닌 이상 하기 힘든 일이다. 거기에 더해서 국방력을 강화할 기회가 주어졌는데, 유럽 선진국들은 이에 저항하고 반발하는 '반反지정학적' 현상이 나타난 것이다. 이와 유사하게 기이한 현상은 공적 개발 원조ODA라는 것이다. 과거 지정학적 국제 질서에서는 약소국이 있으면 식민지 획득의 대상으로 삼았을 터인데, 지금은 오히려 혼자서 잘살라고 막대한 돈을 주고 있다. 그런 약소국에 내전이 일어나면, 과거와 다르게 정복군이 아니라 평화유지군을 보낸다. 자국 국민의 생명을 걸어가면서 약소국의 평화를 만들고 유지해주는 일을 요즘의 강대국들이 하고 있다. 이는 오직 자유주의 국제 질서라는 새로운 질서에서만 가능한 일들이다.

이상과 같이 **국제 질서는 지정학적 국제 질서에서 자유주의 국제 질**

대한민국, 넥스트 레벨

서로 매우 근본적인 질서의 변화를 이행했음을 알 수 있다. 지정학적 국제 질서가 인류 역사의 99% 이상에 해당하는 시간 동안 존재했던 국제 질서였으니, 대다수의 국제정치학자와 일반 시민들은 국제 정치나 국제 질서 하면 지정학이나 지정학적 국제 질서를 떠올리곤 한다. 하지만 지금 우리가 속해 있는 국제 질서는 아직 그 1%도 안 되는 시간에 속하는 자유주의 국제 질서이다. 많은 사람이 이 차이를 인식하지 못한다. 더 긴 미래 역사에서 이 1%가 50% 이상으로 변하는 지점도 있겠지만, 지금은 매우 새롭게 등장한, 이전 질서와는 근본적으로 다른 국제 질서를 우리가 목도하고 있는 것이다. 이러한 국제 질서의 변화를 제대로 보지 못하면, 우리 민족이 왜, 어떻게 21세기에 들어서면서 비로소 역사상 처음으로 세계적인 강국이 되었는지를 이해할 수가 없다. 또한, 앞으로의 외교 비전과 국가 비전을 만들 때도 지정학이라는 잘못된 분석 틀에서 비전을 만들게 되어 국가를 다시 2000년 전으로 돌리는 엄청난 우를 범할 수 있다. 다시 한번 강조하지만, 지정학적 국제 질서는 이미 2000년 이전 시대에 만들어진, 매우 원시적인 국제 질서이다. 기원전 그리스의 역사가 투키디데스가 말하는 그 국제 질서이며, 우리는 지금의 국제 질서를 기원전 투키디데스의 시대로 돌릴 수는 없다.

| 자유주의 국제 질서와 대한민국의 도약

이제 다시 이 글의 첫 질문으로 돌아가보자. 우리 민족은 2000년이 넘는 우리 역사의 99% 이상을 보잘것없는 소국으로 살다가 어떻게 최근 약 30년 정도에 세계적인 강국이 될 수 있었을까? 우연의 일치인지 모르겠지만 우리의 이러한 역사는 국제 질서 변화의 역사와 놀랍도록 일치한다. 지리적 조건을 놓고 제로섬 투쟁을 하는 지정학의 시대에 우리는 한 번도 부강한 국가 혹은 민족인 적이 없었다. 하지만 산업혁명이 일어나고, 시장이 생기면서 동북아 끝 척박한 땅에서 어렵게 농사짓고 살던 민족에게 새로운 기회가 열린다. 지리에 크게 제약받지 않는 농업 이외의 산업에서 무역을 통하여 실력을 발휘할 수 있게 된 것이다. 자급자족의 농업 생산이 아닌 이른바 커다란 국제 시장에서 부를 창출할 기회가 생겼기 때문이다.

이 기회가 당장 우리 민족에게 온 것은 아니다. 식민지라는 또 한번의 고난을 거치고 약육강식의 제국주의가 끝나면서 우리 민족에게 역사상 처음으로 '주권'이라는 독립적 공간에 대한 소유권이 주어졌고, 냉전기 자본주의 자유주의 진영에 속하면서 드디어 척박하고 좁은 지리적 공간을 벗어나 특산품만이 아닌 모든 산업의 상품을 거래할 수 있는 '범용 국제 시장'이라는 부의 원천을 만나게 된다. 국토가 좁고 척박해도 우리는 거기에 구속되고 제약받지 않는 국제 시장이라는 크디큰 기회의 공간을 갖게 된 것이다.

이제 제대로 된 산업화를 이루어내고, 국제 시장에서 팔리는 경쟁력 있는 상품을 만들 수 있고 인적 자원의 꾸준한 개발이 있으면, 그리고 공공 부문과 사적 영역이 조화롭게 발전하면, 그동안 핍박만 받던 국가가 국제 시장이라는 기회의 공간에서 기적적인 경제 성장을 할 수 있는 시대가 온 것이다. 대한민국 경제 성장에 기인한 다양한 국내적 요인 등은 이미 많은 연구가 나와 있기 때문에, 여기서 자세한 분

대한민국, 넥스트 레벨

석과 설명을 할 필요는 없을 것이다. 하지만 한 가지 분명한 것은 우리가 국제 시장을 활용하는 '수출 주도형' 경제 성장을 하였고, 제조업을 비롯한 다양한 산업에서 세계적인 기업과 뛰어난 인적 자원을 가지고 있다는 점이다. 어떠한 이유에서건 우리 기업은 변화하는 최첨단 산업과 기술을 따라잡았고, 이제는 문화 산업이라는 또 하나의 분야에서 세계 최고의 경쟁력을 갖는 한류 역시 만들어내었다. 쫓아가는 경제 성장에서 선도할 수 있는 실력까지 생긴 것이다. 지리적 요인 중심으로 승부하는 농업 경제 시대의 지정학적 국제 질서에서는 절대로 있을 수 없는 일이다.

이상의 논의를 중심으로 앞으로 대한민국 외교 안보 비전의 방향을 제시한다면 우선, **우리의 핵심 이익이고 동시에 가장 중요한 일은 바로 자유주의 국제 질서의 보전과 발전이다.** 북한 핵 문제도 중요하지만, 현재 이것보다 더 중요한 외교 안보 사안은 대한민국에 존재하지 않는다. 설사 북한 핵 문제를 해결하더라도 자유주의 국제 질서가 무너지고 다시 지정학적 질서로 회귀한다면, 대한민국의 기회의 창이 다시 닫히게 된다. 자유롭고 개방되어 있는 넓은 시장이 없는 세상은 남과 북이 함께 고난의 행군을 해야 하는 시대를 초래한다.

┃ 대한민국이 자유주의 국제 질서의
강대국으로 인정받는 길

자유주의 국제 질서를 지키고 이를 발전시키는 핵심 이익을 관철하기 위해서는 대한민국이 자유주의 국제 질서의 미래를 (다른 강대국과)

함께 만들어가는 강대국으로 인정을 받아야 한다. 그렇지 않으면, 우리는 향후 국제 질서를 만들어나가는 다른 강대국 간의 협의와 경쟁의 결과에 좌우되는 종속변수의 신세로 전락하게 된다. 그래서 우리의 국익을 관철하는 외교 안보 정책의 최우선 과제가 바로 강대국으로 인정받기이다.

강대국으로 인정받아야 할 또 하나의 이유는 **자유주의 국제 질서에 대해 가장 위협적인 현상 변경 세력으로 등장한 중국과의 관계 설정 때문이다.** 중국은 2000년 이상의 세월을 제국에서 거의 벗어나본 적이 없는 국가이다. 냉전기에도 사회주의 제국을 유지하였고, 지금도 제국의 모습을 가지고 있다. 중국이라는 제국은 항상 외세의 침략과 내부의 위협으로 붕괴하였기 때문에 중국은 지금도 그 역사의 교훈을 새기면서 국경선 주변을 외세의 위협으로부터 청정한 공간으로 만들려 하고, 내부에서 강력한 통제 체제를 공고히 하고 있다. 현대판 '천하'의 구축이다. 이러한 제국의 모습이 가장 적나라하게 나타나기 시작한 것은 시진핑 주석이 통치하던 시기부터인데, 세계 2위의 경제력과 군사력을 바탕으로 '위대한 중화 민족의 부흥'을 이루어내고, 향후에는 미국을 넘어서는 세계 최강의 국가를 건설한다는 목표를 걸었다.

그러한 목표를 위하여 시진핑 치하의 중국은 과거 제국의 속성을 반영한 '지정학적 세계관'을 따르는 경향이 보인다. 쌍순환双循环이라는 이름으로 추진되는, 외세에 종속되지 않는 자기 완결적 경제를 만들고 중요한 기술과 제품은 중국이 다 자체 생산하는 '제조 2025'라는 비전을 제시하고, 주변국은 중국을 중심으로 하는 디지털 플랫폼에 접속시키고 중국 중심의 밸류 체인에 종속시켜 중국에 의존하는 경제 구

대한민국, 넥스트 레벨

조를 형성하려 하고 있다. 중국 내부는 AI와 광범위한 데이터 수집에 기반한 빅브라더형 통제 체제가 고도화하고 있고, 정치·사회·문화·경제 부문에 공산당의 통제 기제가 강력하게 설치되고 있다. 그리고 중국이 생각하는 현대판 제국의 완성은 대만 통일과 미국이라는 외세의 배제로 귀결될 것으로 보인다. 이는 시진핑 주석의 연설과 발언을 통하여 계속 강조되어왔다.

이러한 중국의 등장과 현상 변경의 시도는 우리 대한민국에는 자유주의 국제 질서의 보전과 발전이라는 핵심 이익에 직접적인 위협을 가하게 된다. 우선 지금의 중국은 자유롭고 개방된 세계 시장이 아니라 중국을 중심으로 하는 지역 패권의 경제권을 꿈꾸고 있고, 중국을 위시한 강대국들이 각기 지역을 블록화하여 세력권을 형성하는 '다극 질서'를 공정한 국제 질서라고 이야기하고 있기 때문이다. 따라서 중국은 강대국이 아닌 주변 국가는 중국이라는 천하 밑으로 흡수하고, 강대국 중심의 새로운 다극 질서를 만들고자 할 것이다. 중국이 계산하는 낙관적 시나리오로 어느 순간 미국을 추월한다 하더라도, 미국·유럽·인도·러시아와 같은 강대국들을 일거에 제압하여 단일한 세계 패권을 구축하는 것은 불가능하기 때문에 이러한 강대국들이 서로 공존하면서 안정적인 다극 질서를 만들고자 하는 것이 '제국 중국'이라는 시점에서 바라본 논리적 귀결이다. 물론 중국이 실제로 이러한 방향으로 나아갈지, 나아갈 능력이 있을지는 앞으로 계속 검증하면서 중국에 대응해야 하겠지만, 강력한 중국의 등장이 주는 구심력과 원심력이 이러한 방향으로 작동하지 않도록 선제적으로·예방적으로 국제 사회와 함께 대응하는 것이 우리의 국익에 맞는 방향이다.

강대국 중심의 다극 질서를 꿈꾸는 중국은 강대국이 아니라고 생각되는 국가는 서열화하여 2등·3등 국가로 취급할 가능성이 매우 농후하다. 협상이나 의전이나 경제 관계를 포함한 다양한 관계 설정에서 마치 과거 대국이 소국을 상대하는 것과 같은 외교의 패턴을 보일 것으로 예상된다. 만약 그러한 관계 설정에 응하지 않으면, 중국이 가지고 있는 다양한 수단들, 예를 들어 경제 관계, 군사력, 기술력, 정보력, 인맥 등을 무기화하여 서열화된 관계 설정을 강제할 가능성이 크다. 요즘 미국과 일본, 호주, 유럽 등지에서 강조하는 '경제 안보'와 중국의 정보전information warfare, 기술 탈취, 부패의 무기화weaponized corruption 등의 논의는 이러한 중국의 다양한 위협 수단들에 대한 경고이고, 약소국의 경우에는 이러한 중국의 위협에 더욱 크게 노출될 수 있다.

따라서 한국은 자유주의 국제 질서를 지키고 발전시키기 위하여 강대국의 위상으로서 다른 강대국들과 함께 현상 변경을 시도하려는 중국에 맞서야 한다. 이는 당위적인 목표가 아니라 실현 가능한 목표이다. 그 이유와 방법은 다음과 같다.

우리는 2000년 가까이 약소국으로 살아와서 그런지, 스스로에 대한 평가에 상당히 소심한 경향이 있다. 지금껏 우리가 꿈꾸는 국가 비전은 '중견국'이나 '교량 국가', '강소국' 이상을 넘어가 본 적이 없고, 항상 강대국 사이에서 살아남는 전략을 연구해야 한다고 외친다. 그리고 막상 그러한 정교한 전략을 제시하지도 못한다.

하지만 밖에서 우리를 바라보면, 대한민국은 이미 '선진 강국'의 위상을 가지고 있다. 중국이나 미국과 같은 규모의 국토와 인구 규모를 갖고 있지 않아서 선진 강대국이 아니라 선진 강국이라고 부를지 모르지만, 지정학적 국제 질서가 아닌 자유주의 국제 질서에서의 강국은 그냥 강대국이다. 국제 질서 위계에서 상위에 위치하고 있으면, 그것이 바로 강대국이며, 여기서 '대大'라는 한자가 들어간 것은 지정학 시대의 관성이라고 생각하면 된다. 경제 규모는 세계 10위권이고, 군사력은 세계 6위권, 연구개발 투자나 기술력도 최상위권에 위치하고 있다. 반도체·배터리·바이오 기술은 미국도 인정하는 세계적 수준과 생산력을 보유한 국가이고, 문화 산업에 있어서는 세계 문화 시장을 석권하는 수준이다. 문화 산업 경쟁력은 단순히 경제적 이익뿐만 아니라 소프트 파워라는 정신적·문화적 영향력을 갖게 하는 것이어서 통계로 잡히는 수치를 훨씬 넘어서는 영향력과 힘을 발휘할 수 있다. 인적 자원의 면에서는 인구 전체가 고등 교육을 받은 것과 다름없는 수준이고, 특히 40대 이하의 젊은 세대는 선진국이 된 이후에 태어난 세계화 세대이기 때문에 매우 개방적이고 국제적이고 혁신적이며, 자유민주주의와 함께 창의적인 문화에 노출되어온 고급 인력이다. 세계 어디에서도 실력을 인정받을 수 있는 세대라고 할 수 있다. IT 기술과 잘 정비된 공공 인프라, 우수한 공무원, 세계적인 수준의 의료 시스템, 그리고 복원력이 있는 자유민주주의 등은 다른 선진국과 비교할 때, 우리 스스로가 생각하는 것보다 훨씬 뛰어난 부문들이다. 그리고 동계 및 하계 올림픽, 세계 육상 선수권 대회, 월드컵, 아시안 게임 등 전 세계를 대상으로 하는 스포츠 행사를 계속 유치하고 성공적으로 개최한 것도 우리의 세계적 수준의 행정력과 기획력을 증명하는 것이다. 이걸 다 해낼 수 있는 나라는 그냥 강대국이다. 그리고 밖에서도 우리를 그렇게 보고 있다.

문제는 우리의 실력과 위상에 비해 우리 스스로가 강대국 위상을 만들어내지 못하는 데에 있다. 그래서 우선 강대국이 되기 위해서는 다른 강대국들과 함께 다니고, 함께 모임을 가져야 한다. **즉 강대국 클럽의 멤버십을 얻어야 한다. 대표적으로 G-7의 멤버가 되거나, 아니면 새로운 형태의 G-7 같은 모임을 만들어 거기에 들어가야 한다.** 강대국과 함께 있을 때, 우리가 강대국으로 인정받게 된다. G-7이나 유사한 다른 모임을 만들기 위해서는 자유주의 국제 질서의 핵심 이해 상관자stake-holder로서 꾸준히 발언하고 행동하는 것을 보여주어야 하는데, 가장 중요한 것이 인류 보편 가치에 대한 강한 원칙과 발언, 그리고 정책을 일관되게 보여주는 것이다. 특히 인권, 자유 등에 대한 정상의 발언이나 국제기구에서의 투표는 매우 중요하다. 인류의 공통 과제 중 하나인 기후 변화에 대해서도 매우 전향적인 입장을 견지하여야 한다. 이러한 것들을 업적으로 쌓아가면서 기존 선진 강대국들과 계속 연합하여 입장을 발표하고, 공동 대응하고, 모임을 정례화해나가면 어느 순간 선진 강대국 클럽의 멤버십을 얻을 수 있다. 아시아에서 가장 성공적인 민주 국가인 대한민국을 제외하고 일본만이 선진 강대국을 대표한다는 것은 균형이 맞지 않는다는 논리도 개발할 수 있다.

두 번째로 우리가 할 수 있는 일은 지정학적 제국 수준의 문화 영토를 가지고 있는 한류를 활용하는 것이다. 현시점에서 우리가 대중문화 선진 강대국이라는 사실은 그 어느 나라도 부정하지 못한다. 그리고 그 위상은 앞으로도 계속 이어질 것이다. 한국의 대중문화 산업이 지속적인 혁신 능력을 보유하고 있다는 것이 증명되었기 때문이다. 1차 한류가 끊길 것 같으면 2차 한류가 나오고, 2차 한류가 끊길 것 같으면 3차 한류가 나오는, 그런 혁신 능력을 계속 증명해왔다. 그리고 한국의 대중문화 산업 경쟁력은 자유민주주의라는 자유롭고 다양성을 존중하고 개방되어 있는 정치 제도가 있기에 가능한 일이다. 전체주의 국가나 권위주의 국가에서 우리 한류와 같은 문화 산업이 나올 수 없다. 그리고 대중문화는 전 세계 팬들의 굉장히 강한 연대감과 우호적 감정을 만들어내고 때로는 부러움의 대상이 된다. 대한민국의 전반적인 이미지가 개선되기도 한다. 전 세계의 한류 팬들 사이에서 한국은 이미 선진 강대국이다.

그래서 위에서 말한 강대국 클럽을 새로 하나 만드는 프로젝트로서 문화력과 창의력에 뛰어난 자유민주주의 국가 연합을 출범시키는 것이다. 가칭 'C4 Creative 4'라는 이름으로 문화 및 혁신 능력이 뛰어난 강대국 4개를 모아서 정상 회의를 정례화하는 것인데, 대상이 될 수 있는 국가로는 미국·영국·일본·한국을 들 수 있다. 이들 국가의 정상들이 매년 정상 회담을 열고, 정상 회담도 지루한 회의 형식을 벗어나 정상 페스티벌의 형태로 매년 인류 보편 가치의 테마를 잡아 문화 축제를 열면, 문화 산업 시장을 확대할 수 있고, 중국이나 북한과 같은 전체주의 국가 국민에게 자유·창의·다양성·개방성의 중요성을 일깨우고, 자극을 줄 수 있다. 정상들은 '자유주의 국제 질서와 문화'라는 주제로 공동 성명을 내고, 자유주의 국제 질서의 연대를 강화하는 노력을 할 수 있다. 그리고 문화 축제 기간 우리의 발전된 IT 및 관련 혁신 기술을 선전하는 기회도 가질 수 있어, 매년 개최국을 바꾸면서 하는 C4 정상 페스티벌은 세계인이 고대하는 획기적인 정상 회담이 될 것이다. 그리고 우리는 미국·일본·영국과 같은 반열의 국가로 인정받는 계기가 된다.

세 번째로는 향후 미래를 이끌어가는 과학기술 분야의 강대국 협의체를 만드는 것이다. 이는 현재 다양한 아이디어가 나와 있으나, 우선은 양자 기술이나 AI, 핵융합, 바이오 등 게임 체인저가 될 분야의 기술에 대한 이른바 인식 공동체Epistemic Community를 기술 강국을 중심으로 만드는 일을 할 수 있다. 인식 공동체라는 것은 문제의 설정·해결 그리고 규범에 대한 패러다임을 공유하는 전문가들의 연합체인데, 대표적인 인식 공동체로 들 수 있는 것이 기후 온난화와 관련된 전문가들의 공동체이다. 우리는 주요 대학과 연구소를 중심으로 강대국 간 이런 인식 공동체를 주도해나갈 수 있다. 일례로 한국·일본·미국·캐나다라는 아시아와 북미 선진 민주주의 네 나라를 모아 'Quantum Quad'라는 양자 기술의 인식 공동체를 만들어 이 분야의 기술과 관련된 제반 문제를 논의하고 협력하는 전문가들의 공동체를 구성할 수 있다. 마찬가지로 다른 분야에서도 선진 강대국과 함께 이러한 인식 공동체를 만들고 기존 인식 공동체에 붙여나가면 미래를 선도하는 강대국의 지위를 얻을 수 있을 것이다.

마지막으로 군사적 강대국의 지위를 더욱 확실히 하는 일이 필요하다. 이는 우리의 군사력을 자유주의 국제 질서의 치안력을 위해 적극적으로 제공하는 일이다. 우리의 국익을 위해서도 절대적으로 필요한 일이고, 강대국의 지위를 얻기 위해서도 필요한 일이다. 자유주의 국제 질서의 강대국은 국제 공공재를 적극적으로 제공함에 비례해서 지위가 상승하게 되어 있다. 그러한 의미에서 동아시아 지역에서 한미일 군사 협력은 새로운 단계로 업그레이드되어야 한다. 각기 한미, 미일 동

대한민국, 넥스트 레벨

맹으로 분리되어 있기보다는 하나의 동맹으로 변환하여 상호 간 긴밀한 정보 교환과 협력 체제를 구축하면 오히려 더 깊은 신뢰를 쌓을 수 있다. 일본의 군사력 증강에 감정적으로 반대하는 것보다 오히려 일본의 군사력과 정보, 의사 결정 과정에 더욱 가깝게 접근하여 실제로 보고 경험하면서 협의하는 체제를 만드는 것이 한일 관계에도 도움이 될 것이다. 한미일 군사 협력이 새로운 단계로 제도화된다면 대한민국은 자유주의 국제 질서를 수호하는 동아시아의 매우 강력한 군사 강국으로 등장하게 된다.

결론적으로 우리의 외교 안보 비전은 자유주의 국제 질서를 보전하고 발전시키는 강대국으로 가는 것이고, 그 방향으로 가는 몇 가지 방안을 위에서 제시하였다. 앞에서 서술한 바와 같이 자유주의 국제 질서가 등장한 이후에야 비로소 한국은 세계적인 국가가 될 수 있었다. 따라서 이에 대한 현상 변경을 가하는 세력이 등장하면, 자유주의 국제 질서의 다른 강대국들과 함께 이에 대응하여 현상 변경을 저지하고, 궁극적으로는 현상 변경 세력을 자유주의 국제 질서의 멤버로서 사회화socialize시켜야 한다. 필요에 따라서는 매우 강경한 대응도 하여야 하고, 동시에 문화와 같은 소프트 파워로도 자극하여 현상 변경이 이루어지지 않도록 적극적인 협력 외교를 해야 할 것이다. 대한민국이 21세기에 잠시 강대국으로 반짝하다가 다시 예전의 초라한 국가로 돌아가는 역사를 우리 후손에게 물려주어서는 안 된다.

2
대한민국을 어떤 선진국으로 만들 것인가?

이장우(성공경제연구소 이사장, 전 한국경영학회장)

| 또다시 위기 극복의 역사를 만들기 위해

한국은 현재 전 세계로부터 선진국으로서 지위를 인정받고 있다. 하지만 선진국의 위치란 지속 가능한 국가 경쟁력 구축 없이는 순식간에 추락하기가 십상이다. 기술혁신을 통한 경쟁력 강화와 노동과 교육 개혁 같은 정공법은 회피하고 돈 풀기식 포퓰리즘으로 일관한다면 국가미래를 기대하기 어렵다. 대부분 국민도 대내외적 위기에 봉착해 미래가 밝지 않다고 생각하고 있다. 지속 가능한 국제 경쟁력을 만들어낼 수 있는 어젠다가 제시되어야 한다.

과연 한국이 지속 가능한 선진 경제로 전진하기 위한 방향과 전략은 무엇인가? 먼저 '제조업이 강한 매력 국가'로서 한국이 극복해야 할 가장 중요한 위기 요인은 지속 가능성이다. 차별화된 선진국으로 발전하기 위해서 RE100, ESG 등 기존 선진국들이 제기하고 있는 지속 가능성이라는 퀘스트Quest를 풀지 않을 수 없게 되었다. 이러한 '지속 가능성'이라는 위기를 기회로 바꾸는 핵심 전략은 기술혁신을 통해 휴머니티의 가치를 창출하는 것이다. 이를 위해서 K-이노베이션의 핵심 주체들이 계속 도전해야 하고 정부가 이를 지원하고 전략적으로 활용해야 한다.

K-이노베이션은 1990년대 중반 이후 제조 대기업, IT 벤처기업, 한류 문화 기업 등이 이루어낸 선도형first mover(퍼스트 무버) 혁신을 말하며 한국을 차별화된 선진국 경제로 지속시키기 위한 핵심 엔진의 역할을 하고 있다. 앞으로 한국인이 가지고 있는 휴머니티의 엄청난 잠재력의 구현은 K-이노베이션의 핵심 전략이 되어야 하며 한국은 이를 통해 차별화된 선진국으로서 새로운 기회를 획득할 수 있을 것이다. 이를 위해서는 성장 동력을 만들어내는 혁신가들에 주목하고 이들이 일으킨 혁신을 존중하고 소중히 여길 필요가 있다. 그리고 이들의 혁신 능력을 국가적으로 활용하기 위한 방안을 강구해야 하며 혁신 주체들의 특징에 적합한 맞춤형 정책으로 이들의 혁신을 확대하고 재생산할 필요가 있다.

혁신 역량과 관련해 한국 경제의 강점은 역동성, 즉 '다이나미즘'에 있다. 이러한 한국 경제의 역동성은 앞으로 지속 가능성과 휴머니티와의 관계 정립에 달려 있다. 따라서 이 글은 지속 가능성이라는 위기를 기회로 전환시킬 국가 전략으로서 '휴머니티의 세계적 실천 국가'가 될 것을 제안한다.

▎ K-이노베이션과 '제조업이 강한 매력 국가'

한국 경제는 최근 몇 정부를 거치면서 어느 순간 국가 미래에 공감할 만한 비전과 어젠다를 잃어버린 것 같다. 그러다 보니 부처들이 뛰어도 국가 전체가 어디로 가는지 우왕좌왕하는 모습으로 비추어지고 국민의 불안감은 커진다. 100개가 넘는 국정 과제들이 제시되어도 국민은 대한민국호가 어디로 가고 있는지 그림을 그려내기 어려운 실정이다.

그럼에도 불구하고 한국은 현재 전 세계로부터 선진국으로서 지위를 인정받고 있다. 2021년 유엔무역개발회의UNCTAD는 1964년 설립 이후 개발도상국으로는 유일하게 우리나라의 지위를 선진국으로 변경했다. 한국이 과연 어떤 선진국으로 발전할 것인가는 우리뿐만 아니라 세계인이 주목하는 관심사가 된 것이다. 실제로 한국은 세계 10대 경제 규모로 성장했고 민주화를 이루어냈다. 그리고 문화와 스포츠, 엔터테인먼트, 국방력 등에서 선진국 수준에 도달했고 상당한 미래 잠재력도 보유했다는 평가를 받는다.

그러나 선진국의 위치란 지속 가능한 국가 경쟁력의 구축 없이는 순식간에 추락하기가 십상이다. 20세기 초까지 세계 10대 경제 대국에 속했던 아르헨티나는 1929년 세계 대공황의 충격 이후 경제적·정치적 혼란을 극복하지 못하고 선진국 대열에서 이탈했다. 일본은 '잃어버린 30년'으로 상징되는 추락을 지속해 2010년 이후 세계 2위의 경제 대국 자리를 중국에 내주었다. 1인당 GDP도 대만에 추월당했고, 2015년부터는 평균 임금에서 한국에 못 미치는 수준이 되었다.

심각한 것은 일본 추락의 원인이 우리나라에도 유사하게 작용하고

있다는 사실이다. 근시안적 안목과 정치적 이해 때문에 재정 확장과 금융 정책에만 매달림으로써 국가 경쟁력의 근본적 제고를 등한히 하는 우를 범하고 있는 것은 우리나라도 마찬가지다. 일본 추락기와 우리나라의 현재 모습이 크게 다르지 않다. 기술혁신을 통한 경쟁력 강화와 노동·교육 개혁 같은 정공법은 피하고 돈 풀기식 포퓰리즘에 치우쳐 국가 미래를 좀먹는 것이다. 저출산·고령화 대응, 반기업 정서 극복, 노동과 교육의 개혁이 실제로 이루어지지 못하면 일본이나 아르헨티나와 같은 추락은 언제라도 일어날 수 있다.

현재 대부분 국민은 대내외적 위기에 봉착해 미래가 밝지 않다고 생각하고 있다. 저성장 경제 구조 고착화, 여야 정치적 대립, 소득 양극화 등 중단기 문제뿐만 아니라 세계 최고 수준의 저출산율과 고령화 등 심각한 구조적 난제가 존재하며, 이와 함께 높은 대외 의존도로 인해 언제 국가적 위기 상황이 발생할지 모른다는 불안이 팽배해 있다. 이를 극복하기 위해서는 국민이 공감할 만한 미래 비전과 정책 대안이 꼭 필요하다. **지속 가능한 국제 경쟁력을 만들어낼 수 있는 어젠다가 제시되어야 한다.** 이를 기초로 대한민국을 어떤 선진국으로 만들어나갈 것인가에 관한 청사진을 그릴 수 있을 것이다. 물론 이 어젠다는 선진화·혁신 성장·부국강병 같은 기존의 익숙한 가치를 뛰어넘는 것이어야 한다.

선진국으로서 한국의 위상을 파악하고 미래 나가야 할 방향을 정립하기 위해서는 다음과 같은 세 가지 논의가 필요하다. 첫째, 우리가 어떻게 선진국이 될 수 있었는지를 돌아봐야 한다. 마치 어쩌다 선진국이 되었다거나 정부가 다 알아서 이루어냈다는 식의 이해로는 미래 대비를 시작조차 할 수 없다. 성공 요인을 정확히 파악하고 거기에 집중해야 한다. 둘째, 선진국으로서 우리의 강점이 무엇이고 미래에 어떤 위기와 기회가 있는지를 파악해야 한다. 이를 토대로 선진국으로서 우리가 차별화해나가야 할 방향이 어디인지를 정해야 한다. 셋째, 위기를 기회로 바꾸어낼 전략을 마련해야 한다. 그리고 그 전략을 실천할 수 있는 핵심 방안들을 제시해야 한다. 이러한 핵심 논의 사안에 따라 한국이 지속 가능한 선진 경제로 전진하기 위한 방향과 전략을 제시하면 다음과 같다.

① 한국이 선진국으로 진입하는 데 성공한 가장 큰 요인은 혁신 동력을 잃지 않고 꾸준히 혁신 역량을 축적했기 때문이다. 변화의 고비마다 혁신가들이 등장해 새로운 시장과 산업을 일으켰다. 즉 민간 경제 주체들이 글로벌 수준에서 경쟁력 있는 혁신 능력을 축적하고 발휘한 것이 선진 경제 진입의 가장 중요한 요인이 되었다. 한국 경제는 1960년대와 1970년대 전쟁의 폐허 위에서 정부 주도의 투자 지원을 통해 민간 자본을 축적하고 노동력을 공급하면서 경제 규모를 키우고 산업화를 이루었다. 또한, 1980년대 이후 민간 주도의 기술 투자가 본격화되면서 혁신 능력의 축적이 시작되고 자본과 노동력의 효율이 높아지고 그 결과 경제 성장률이 지속 증가했다. 그러나 1990년대 중반 이후 선도형 혁신이 등장하지 않았다면 자본과 노동의 효율성도 정체하고 오늘날 선진국 지위에 오르는 성장도 없었을 것이다. 즉 선진형 혁신인 K-이노베이션의 탄생으로 개인 국민소득 3만 달러 시대를 열 수 있었다.

한마디로, 한국 경제가 선진국으로 진입하게 된 직접적 원인은 '빠른 추격자(fast follower)'에서 탈피해 세상에 없는 일등 제품을 만들어내는 '선도자'로 나가기 위한 혁신에 성공했기 때문이다. 필자는 이 혁신을 K-이노베이션이라고 정의한다. 그리고 이것을 한국형 선진 경제의 핵심 동력으로 관리하고 확장해야 한다고 주장한다. K-이노베이션은 1990년대 중반 이후 제조 대기업, IT 벤처, 한류 문화 기업 등이 이루어낸 선도형(퍼스트 무버) 혁신을 말한다. 이는 한국을 차별화된 선진국 경제로 지속시키기 위한 핵심 엔진 역할을 한다. K-이노베이션은 '제조업이 강한 매력 국가'로 한국의 차별화된 이미지를 만들었다. **그리고 미래에는 수많은 개인 혁신가, 즉 크리에이터들이 가세하면서 메타버스와 NFT의 발전을 주도하는 창의 혁신형 선진국을 만드는 데 결정적으로 기여할 것으로 기대된다.**

② '제조업이 강한 매력 국가'로서 한국 경제가 극복해야 할 가장 중요한 위기 요인은 지속 가능성 문제이다. 물론 위기를 극복한 후에는 차별화된 선진 경제를 구축할 새로운 기회가 열릴 것이다. 한국 경제는 수출 의존도가 높은 제조업 강국이다. GDP 대비 제조업 비중이 세계 2위 수준이며 석탄 에너지 의존도가 높을 수밖에 없다. 이에 반해 G7으로 상징되는 기존 선진국들은 탄소 중립 경제의 비전으로 세계 경제의 판을 새로 짜려 한다. 즉 탄소 제로의 신기술을 개발함으로써 신재생 에너지 중심의 제조 산업과 새로운 경제·사회를 주도하려 한다. 우리와 같은 제조업 강국으로서 큰 위기이자 도전이 아닐 수 없다. 여기에 점점 더 심해지고 있는 글로벌 기후 환경 변화의 위기는 선진 국가로서 정부와 경제계 모두가 적극적으로 대응하지 않을 수 없는 상황이다.

물론 한국 경제 내부에도 혁신 동력을 약화시키는 위협 요인들이 산재해 있다. 예를 들면 최저 임금의 과속 인상 등 각종 정책의 부작용과 함께 코로나 여파로 인해 더욱 어려워진 자영업과 중소기업의 상황은 경제의 양극화를 심화시키고 있다. 그리고 실물 투자보다는 주식과 부동산 등 금융 투자가 더 증가함으로써 금융화가 가속화하는 반면 기업가 정신의 쇠퇴가 우려되며 저출산·고령화 추세는 경제의 활력을 떨어뜨리고 있다. 이러한 내부 위협 요인들은 우리 경제가 생존을 위해 해결해야 할 과제이며 이와 함께 **차별화된 선진국으로 발전하기 위해서 기존 선진국들이 제기하고 있는 지속 가능성이라는 퀘스트를 풀지 않을 수 없다.** 이를 위해서는 한국 경제를 선진국으로 이끈 혁신 주체들을 전략적으로 활용해 우리 강점을 더욱 강화해나가는 것이 바람직하다.

③ **'지속 가능성'이라는 위기를 기회로 바꾸는 핵심 전략은 기술혁신을 통해 휴머니티의 가치를 창출하는 것이다. 이를 위해서 K-이노베이션의 핵심 주체들이 계속 도전해야 하고 정부가 이를 지원하고 전략적으로 활용해야 한다.** 이를 기반으로 새로운 혁신 주체로 등장할 창의적 개인들이 가세해 강력한 K-이노베이션 생태계가 구축된다면 한국은 새로운 선진국 모델로서 전 세계로부터 주목을 받을 것이다.

사실 휴머니티에 기초한 위기 극복과 기회 획득은 이미 K-이노베이션 주체들에 의해 실천되기 시작하고 있다. 예를 들면 한류 문화 기업들은 부모와 자식이 함께 즐기는 K-팝, 가족애와 인간미에 공감할 수 있는 K-드라마 등 휴머니티가 담긴 혁신적 콘텐츠를 만들어내고 있다. 그 결과 한류 콘텐츠는 단순히 즐기고 소비하는 문화 상품을 넘어 인류가 하나의 세계 시민으로 휴머니티에 공감하게 하는 잠재력을 발휘한다. 또한, 제조 대기업을 대표하는 현대자동차는 '휴머니티를 향한 진보'라는 비전을 가지고 2045년 탄소 배출 제로를 목표로 탄소 중립에 도전하고 있다. 이를 위해 수소 연료 자동차 시대를 주도하기 위한 기술혁신에 집중 투자 중이다. 이 회사는 카타르 월드컵을 맞이해 '세기의 골Goal of the Century' 캠페인을 벌였다. '지속 가능한 세상'이라는 골(목표)을 축구로 하나가 된 세계인들에게 제안한 것이다. 방탄소년단 등과 함께 이 캠페인의 홍보 대사를 맡은 세계적 축구 스타 스티브 제라드는 '나무 심기'와 같은 작은 실천이 모여 지구 살리기와 같은 최고의 목표를 달성할 수 있다고 믿는다. 그는 영국 대표팀이 골을 넣을 때마다 현대자동차와 함께 500그루의 나무를 심기로 했다. 영국 대표팀은 더 많은 나무를 심어 지구를 지킨다는 마음으로 힘을 낼 것이라고 기대한 것이다.

한 사람의 작은 행동이 미래를 바꿀 수 있다는 비전은 프랑스의 대표적 소설가인 장 지오노의 『나무를 심은 사람』에도 잘 묘사되었다. 세계적인 베스트셀러인 이 소설은 평범한 농부 한 사람이 황무지에 해마다 나무를 심어 드디어는 황폐한 땅에 생명을 불어넣고 지구의 모습을 바꾼 실화를 바탕으로 한다. 누구라도 '나무 심기'와 같은 작은 일을 굽힘 없이 함으로써 목표를 추구해나가면 위대한 결과를 이루어낼 수 있다는 희망을 증명해 보인다. 이러한 **휴머니티의 엄청난 잠재력은 K-이노베이션의 핵심 전략이 되어야 하며 한국은 이를 통해 선진국으로서 새로운 기회를 획득할 수 있을 것이다.**

결론적으로 한국을 차별적인 선진국으로 발전시키기 위해 K-이노베이션의 핵심 주체에 주목해야 하며, 이들이 '지속 가능성'이라는 위기를 '휴머니티 전략'을 통해 기회로 바꿀 수 있도록 격려하고 지원해야 한다. 이를 위해서는 혁신 주체의 특징과 그들의 정책 니즈를 정확히 파악한 주체별 맞춤형 접근이 필요하다. 지금까지 혁신 이론과 정책이 혁신을 유발하는 일반적 환경 조성에 중점을 두었다면, 앞으로는 혁신을 이끄는 핵심 주체를 이해하고 활동해야 하며 각 주체에 맞는 제도와 정책을 입안해야 한다. 즉 일반적 혁신 환경론과 함께 혁신 주체론에 입각한 맞춤형 접근이 필요하다는 것이다.

| K-이노베이션의 탄생과 진화

한국 경제는 1990년대에 들어와 반도체, IT, 바이오 등 첨단 기술 분야에서 선진국과 거의 대등한 기술 능력을 축적하기 시작했다. 이에 따라 기업들은 선진국을 모방하거나 추격하기보다는 자체 연구개발의 대폭적 강화, 해외 연구개발 전진 기지 구축, 기업의 합병과 전략적 제휴 등 다양한 방법을 활용해 새로운 지식을 창출하고 독자적인 혁신 능력을 발휘했다. 이렇듯 K-이노베이션은 1990년대 중반 이후 시작된 신지식 창조의 혁신을 말한다. 이는 전형적인 기술 발전 전략이다. 처음에는 해외에서 기술과 지식을 수입하거나 단순 모방한 이후, 이를 자신의 이점에 맞게 개조하고 시행착오를 통해 학습이 이루지는 1단계 혁신을 거쳐서, 점차 독자적인 기술개발과 혁신을 통해 신지식 창조의 단계에 이른다.

K-이노베이션의 출발을 알리는 대표적 사건은 1993년 이건희 회

장의 '신경영 선언'이다. '신경영 선언'은 1세대 추격형 혁신의 상징인 선대 이병철 회장의 '반도체 독자 개발' 선언에 이어 2세대 선도형(퍼스트 무버) 혁신을 주도함으로써 한국 경제의 선진국 진입에 크게 기여했다. 예를 들면 1994년 반도체 산업에서 256MD램의 세계 최초 개발을 시작으로 2006년 TV 산업에서 세계 1위의 소니를 추월했고, 2012년에는 휴대전화 산업에서 노키아를 누르고 1위를 차지하였다. 드디어는 2017년 세계 반도체 1위 기업인 인텔을 추월해 선두 자리에 올랐다.

반도체 산업으로 상징되는 제조 대기업의 혁신 활동은 디스플레이, 연료전지, 자동차 등 대규모 첨단 산업에서 퍼스트 무버로서 경쟁력을 갖게 만들었다. 이와 함께 K-이노베이션의 또 다른 핵심 주체로서 기술 벤처가 등장했다. 1995년 중소 기술 벤처들에 의해 벤처기업협회가 설립되고 정부와 협력해 1996년 코스닥 시장 개설과 1997년 벤처기업특별법 제정을 이루어낸다. 이후 기술 집약적 벤처기업들의 혁신 활동으로 IT와 인터넷 산업이 발전했다. 1996년 국내 최초의 온라인 쇼핑몰 인터파크가 설립되고 1999년 네이버의 검색 서비스가 시작되었다. 2010년과 2011년에는 모바일 메신저 서비스인 카카오톡과 라인이 출시되었다. 현재 약 4만 개 가까운 벤처 인증 기업이 존재하며 생존 중인 누적 벤처기업 수는 7만 개에 달한다. 이 중 매출액 1,000억 원이 넘는 기업이 570개가 있으며, 매출액 1조 원이 넘는 기업도 11개나 된다. 이들의 매출액 총합은 2017년 기준 약 225조 원으로 국민총생산GDP의 14.5%를 차지하며 삼성전자(258조 원)와 현대자동차(162조 원)의 중간을 차지하는 규모로 발전했다. 또한, IT 벤처의 대표 주자인 네이버의 시가총액은 2022년 11월 기준 약 30조 원으로 제조 대기업의 대표 격인 현대자동차 시가총액(약 36조 원)과 맞먹는 수준이다.

다음으로는 K-이노베이션의 세 번째 주체로서 한류 문화 기업을 주목해야 한다. 최근 K-팝, 게임, 한류 드라마 등 문화 콘텐츠 산업은 주력 수출 품목으로 부상할 정도로 성장했다. 2021년에는 가전 산업을 누르고 12위 수출 품목이 되어 국제 경쟁력을 획득한 최초의 서비스 산업으로 발전했다. 그동안 문화 콘텐츠 산업은 그 규모가 작아 정책적으로 큰 주목을 받지 못하였다. 그러나 국가 전체의 창의성과 혁신 분위기를 고취하고 국가 브랜드에 가장 큰 영향을 끼치는 산업으로서 전 세계적으로 그 중요성이 날로 커지고 있다. K-팝 산업을 예로 볼 때 1990년대 등장한 K-이노베이션의 핵심 주체 중 하나로서, 제조 대기업과 IT 벤처기업과 함께 혁신 활동에 나섰다. 국내 최초 이메일 서비스 기업인 다음커뮤니케이션이 창업한 해인 1995년에 SM엔터테인먼트가 설립되었고 1996년 H.O.T.가 데뷔했다. 이어서 2001년 보아의 일본 진출, 2004년부터 2007년까지 동방신기·슈퍼주니어·빅뱅·소녀시대의 데뷔, 2012년 싸이 「강남스타일」의 세계적 히트와 엑소의 데뷔, 2018년과 2019년 BTS와 슈퍼M의 빌보드 1위 등이 이루어졌다. 이러한 한류 콘텐츠의 혁신 성과는 반도체와 IT 정보통신 등 제조 산업에서의 혁신과 함께 한국 경제의 소프트 파워를 대변하고 있다.

한국을 선진 경제로 만든 역동성은 K-이노베이션이라는 혁신 역량으로부터 나온다. 이러한 국가적 혁신 역량은 앞에서 언급한 바와 같은 3대 핵심 주체에서 비롯되었다. 글로벌 제조 역량을 갖춘 대기업, 빠른 기술적 대응력을 갖춘 IT 벤처, 그리고 국가 매력도를 제고시키는 한류 문화 기업이 그 주체다. 이와 같이 일본과 유럽 등 선진국을 능가하는 메모리 반도체 제조 역량과 네이버와 카카오 등 혁신적 플랫폼을 가지고 있으면서 국가 이미지를 '문화 초강대국'으로 만드는 문화기업을 동시에 가지고 있는 나라는 드물다. 따라서 한국 경제는 이들을 효과적으로 활용하고 동기 유발하기에 따라 미래가 결정될 것이다.

그러나 이것이 전부는 아니다. 웹 3.0 시대가 도래함에 따라 크리에이터 또는 프로슈머로 불리는 개인 혁신가들이 제4의 핵심 주체로 떠오르고 있다. 이들의 혁신 활동은 SNS 정보통신 기술과 메타버스의 사이버 세상이 열리면서 세상을 바꿀 영향을 미칠 것으로 전망된다. 이들은 블록체인, NFT, 메타버스 등 4차 산업혁명이 만들어내는 범용 기술로 무장한 개인과 소규모 혁신 주체들이며, 현재 프로슈머, 창업가, 소상공인, 자영업자, 문화예술 창작자, 귀농자, 사회적 기업 등의 모습으로 스스로 자신의 일자리를 만들어내는 잡 메이커job maker이기도하다. 앞으로 창의적 아이디어가 있는 국민은 누구나 잡 메이커가 될 수 있는 창의 혁신 생태계 조성이 국가적으로 중요한 과제가 될 것으로 전망된다.

| 지속 가능한 한국 경제의 조건 (1) 혁신 환경론

K-이노베이션의 성공 경험에도 불구하고 현재 한국 경제는 성장엔진이 식어간다는 위기 의식이 심화되고 있다. 세계 평균의 세 배 정도의 성장률을 보이던 국가가 평균 이하의 저성장으로 떨어진 것은 국가적으로 혁신이 위축되고 성장 잠재력이 급속히 하락했기 때문으로

분석된다. 한마디로 한국 경제의 구조적 위기는 혁신 주체들의 도전 의욕과 기업가 정신이 사라지는 데에서 찾아야 한다. 따라서 경제 성장의 핵심 동력인 혁신을 지속해야 하며 이를 위해서 핵심 주체의 활동을 촉진해야 한다.

K-이노베이션은 핵심 주체들의 자유로운 혁신 활동에 기초한 신지식 창조와 퍼스트 무버 전략이 본질이다. 따라서 제조 대기업, IT 벤처, 한류 문화 기업, 그리고 차세대 개인 크리에이터들의 특성을 정확하게 파악해 동기를 유발해야 한다. 결국 혁신은 사람이 만든다. 정부는 과거 모방의 시대와 달리 개인과 기업 등 민간 부문의 혁신을 지원하고 촉진하는 데 중점을 두어야 한다. 혁신의 주체인 사람이 자유롭게 생각하고 행동할 수 있게 분위기를 조성하는 일이 가장 먼저다. 그리고 개인이 이룬 혁신 성과에 대해 충분한 보상이 돌아가도록 힘써야 하며 정당한 실패에 대해서 지원이 이루어져야 한다. 한마디로 국가 차원에서 전면적인 혁신을 원한다면, 아이디어와 잠재력을 갖추고 퍼스트 무버로 행동하는 주체들이 그 혁신적 시도를 주저하지 않도록 하는 사회·문화 구조를 구축해야 한다.

미래를 위한 산업 전략도 달라져야 한다. 즉 '먹거리 찾기'나 '유망한 산업 타깃팅'이 이제 통하지 않기 때문이다. 이것보다는 사람이 활동하고 창의성을 발휘할 수 있는 사회 환경을 조성하는 것이 근본적인 산업 전략이 된다. 한국을 선진 경제로 이끈 K-이노베이션이 민간 주도로 이루어졌음을 상기해야 한다. 반도체·벤처·K-팝 사례를 보면 환경 변화의 고비마다 혁신가들이 등장해 새로운 산업을 일으켰다. 특히 미래를 예측할 수 없는 4차 산업혁명 시대에서 혁신의 핵심 주체들을 집중적으로 관리하고 지원해야 한다. 정부 차원에서 의도적으로 '먹거리 찾기'를 해봐야 정확한 예측을 할 수 없다. 미래 유망 산업이란 어느 순간 창발emerging하므로 사전 계획이 매우 어렵기 때문이다. 정부의 연구개발 투자액이 GDP 대비 세계 최고 수준이지만 투자 대비 성과가 세계 최저 상태인 것도 같은 이유다.

퍼스트 무버의 선진형 산업에서는 창의적 개인과 민간 기업이 위험을 무릅쓰고 스스로 기회 획득을 위해 도전하는 수밖에 없다. 지금은 세계적 퍼스트 무버로 성장한 메모리 반도체와 K-팝 산업은 결코 유망 산업 타깃팅으로 성공한 것이 아니다. 오히려 정부가 과도한 위험 투자에 난색을 짓거나 시장 규모가 작다고 방치했지만, 민간 스스로 '도전과 기회 획득'으로 혁신에 성공한 것이다.

이에 따라 개인과 민간 주체들이 창의성을 발휘하고 자유로이 활동할 수 있는 여건을 조성하는 것이 가장 효과적인 산업 전략이라는 '혁신 환경론'이 중요하다. 혁신 환경론이란 제도를 혁신 친화적으로 전환해야 한다는 주장이다. 다시 말해 경제·사회 제도를 공정하고 유연하게 개선해 혁신 친화적인 경제 환경을 조성해야 한다는 것이다. 이를 간단히 정리하면 다음과 같다. 첫째, 공정한 제도로 혁신가가 보상을 받을 수 있고 자유로운 시장 경쟁을 통해 혁신이 촉진되어야 한다. 둘째, 시장의 역동성을 키우고 기업과 개인의 혁신 활동이 자유롭고 충분히 일어날 수 있도록 각종 규제를 완화해야 '혁신의 싹'이 살아난다. 셋째, 교육 개혁을 통해 창의적 사고가 혁신의 뿌리를 이루도록 해야 한다. 질적 저하를 하고 있는 고등 교육 수준을 획기적으로 제고시키고, 가정과 학교에서의 교육뿐만 아니라 직장과 사회의 문화가 창의적 사고 친화적으로 바뀌어야 한다. 넷째, 정치 개혁을 통해 혁신 친화적 경제·사회 환경을 위한 근본적이며 장기적인 해결책을 모색해야 한다. 이를 통해 혁신의 주요 장애 요인인 사회 갈등과 분열의 증폭을 막고 더욱 미래 지향적 사회 문화를 조성해야 한다.

| 지속 가능한 한국 경제의 조건 (2) 혁신 주체론

그러나 앞에서와 같은 혁신 환경론의 처방만으로는 K-이노베이션의 미래를 담보할 수 없다. 즉 혁신 환경론이 미래 혁신 동력 확보를 위한 필요조건은 되어도 충분조건으로는 부족하다는 것이다. 왜냐하면 '혁신의 싹'을 북돋을 수 있지만 '혁신의 씨앗'을 미리 확보할 수는 없기 때문이다. K-이노베이션의 '씨앗'이자 핵심 주체만 보더라도 혁신 친화적 환경이 아니라 황무지에 가까운 척박한 혁신 환경 속에서 싹을 틔우고 꽃을 피웠다.

K-이노베이션을 이루고 있는 메모리 반도체나 K-팝 산업의 부상을 두고 왜 한국에 그런 세계적 산업이 등장할 수 있었는지 해외로부터 종종 질문을 받는다. 그 대답으로서 정부의 지원이나 혁신 친화적 환경이 성공 요인이라는 말은 적절하지 않다. 정확한 답변은 "그 산업에 도전한 혁신가가 한국에서 등장한 반면 경쟁국인 일본이나 미국에서는 찾아볼 수 없었다"라는 것이다.

예를 들면 1980년대 세계 반도체 산업을 이끌었던 일본 반도체 기업들이 몰락하고 삼성전자가 글로벌 리더로 부상한 이유에 대해 알아볼 필요가 있다. 이에 대해 대만 반도체 기업 TSMC 창업자인 모리스 창은 삼성전자에는 이건희 회장의 리더십이 있었고 히타치·도시바·NEC에는 이건희 같은 인물이 없었기 때문이라고 단호하게 말한다. 오너 회장의 과감한 결단과 전문 경영인의 실행력이 결합한 결과가 퍼스트 무버 혁신의 핵심이라는 말이다. 이에 반해 일본은 혁신가가 없는 전문 경영인 체제 아래에서 과감한 혁신에 실패했고 그 결과 양국 반도체 산업의 명암이 갈렸다고 할 수 있다.

K-팝 산업에서도 유사한 답변이 나온다. 한때 J-팝 등으로 세계적 경쟁력을 가졌던 일본 음악 산업은 쇠퇴하고 그동안 일본을 학습하던 한국의 음악 산업이 세계적으로 부상한 이유 역시 비슷하다. K-팝은 국내 음악 시장의 붕괴라는 위기에도 이수만을 비롯한 소수의 프로듀서 혁신가들이 이를 기회로 바꾸어낸 도전을 감행했다. 반면 일본의 프로듀서들은 국내 시장에 안주해 혁신에 도전하지 않았다. 혁신가의 유무가 양국 산업의 성패를 나눈 것이다.

그렇다면 벤처기업 육성을 위한 특별법과 코스닥 시장의 개설 등 정부 주도의 모범적인 제도와 시스템을 만들어낸 벤처 산업은 얼마나 다른가? 각종 정부 지원책을 기반으로 벤처 열풍이 일고 벤처 생태계가 어느 정도 형성된 것은 혁신 환경론의 중요성을 드러내는 모범적 사례임이 틀림없다. 특히 모바일 혁명을 거치면서 내수 위주의 국내 스타트업도 치열한 경쟁을 벌이면서 경쟁력을 갖춰 글로벌 시장에 도전하는 정책적 성과를 거두고 있다. 그런데 여기서 눈여겨볼 점은 이 정책이 벤처 인증제라는 세계적으로 보기 어려운 혁신 주체 중심의 접근을 하고 있다는 사실이다. 벤처 인증을 통해 혁신 주체를 확정하고 이들을 지원하는 접근 방법이다. 또한, 주목해야 하는 사실은 정부 정책 이전에 벤처 혁신가들이 1980년대 후반부터 창업의 불모지에서 등장한 것이다. 메디슨, 삼보컴퓨터, 큐닉스, 한글과컴퓨터 등 혁신가들에 의한 창업이 이루어졌다. 이들은 기술 국산화라는 1세대 혁신을 이끌었으며 K-이노베이션의 토대가 되는 벤처 혁신의 제도와 문화를 정부와 함께 조성해나갔다. 특히 이민화 전 메디슨 회장을 중심으로 벤처기업협회를 설립해 혁신친화적 벤처 정책을 입안하는 데 앞장섰다.

혁신 주체론 관점에서 볼 때 혁신 친화적 제도와 문화가 있어도 정작 혁신가가 등장하지 않으면 소용이 없다. 이유가 무엇이든 혁신 친화적 제도가 부족하고 심지어 황무지와 같은 악조건 속에서도 혁신가가 나올 수 있다는 것이 K-이노베이션의 경험이다. 따라서 성장 동력을 만들어내는 혁신가들에 주목하고 이들이 일으킨 혁신을 존중하고 소중히 여길 필요가 있다. 그리고 이들의 혁신 능력을 국가적으로 활용하기 위한 방안을 강구해야 하며 혁신 주체들의 특징에 적합한 맞춤형 정책으로 이들의 혁신을 확대하고 재생산할 필요가 있다. 다음은 K-이노베이션의 핵심 주체별로 고려해야 할 정책 대안이다.

① 현재 한국 경제의 대표 주자는 글로벌 제조 역량을 갖춘 대기업이다. 이들은 반도체, 연료전지, 모빌리티 등 대규모 차세대 산업의 퍼스트 무버 자리를 놓고 국가 단위에서 경쟁하고 있다. 국가의 명운을 건 혁신 경쟁을 하는 것이다. 반도체의 경우 미국, 일본, EU는 물론 대만조차도 국가 수준에서 지원하고 있다. 한국 경제에서도 반도체는 국가 경제의 거의 20%를 차지하는 기술 안보의 대표 품목이다. 그러나 한국에서 혁신 대기업은 정치적 이념 때문에 국가 경제를 선진국으로

이끄는 혁신 주체로 인정받기보다는 규제의 대상이 되고 있다.

그러는 사이에 반도체 시장은 지각 변동을 해 새로운 기술 환경이 등장하고 있다. 다양한 용도의 시스템 반도체를 유연하게 생산하는 위탁 생산 방식의 파운드리가 반도체 시장의 핵심으로 떠오르고, 자율 주행차, 스마트폰용 이미지 센서, 인공지능, 슈퍼컴퓨터 등 다양한 용도의 시스템 반도체 수요가 증가하고 있다. 이러한 기회를 잡기 위해 일본이 국가 차원에서 재도전에 나서는 상황이다. 도요타, 소니, NTT, NEC, 미쓰비시, 여기에 소프트뱅크, 키옥시아, 덴스, UFI 등이 가세해 8개 기업이 드림팀을 꾸리고 집단적 혁신 주체를 형성했다. 2027년까지 한국에 빼앗겼던 반도체 제국의 위상을 되찾겠다는 목표로 움직이고 있다. 여기에 기존 강자인 대만의 TSMC는 인프라 구축과 인재 공급 등에서 국가로부터 전폭적 지원을 받고 있다. 중국은 반도체 굴기를 내걸고 대규모 자본을 쏟아붓고 있고 미국도 자국 내 반도체 생산에 박차를 가하고 있다.

이에 반해 한국은 혁신 주체가 특정 대기업이라는 이유로 손발을 묶는 상태이다. 반도체 클러스터 인허가 절차 간소화 등을 담은 「반도체 산업 경쟁력 강화법」이 국회에서 '대기업 특혜'라는 이유로 멈추어 있어 국가 경제의 미래이자 안보 무기인 반도체 산업을 가로막고 있는 형국이다. 실로 구한말 봉건 시대에나 일어날 일이다. 또다시 일본에 미래를 내주어서는 안 된다. 따라서 제조 대기업이라는 혁신 주체에게는 이들이 국가를 위해 달릴 수 있게 정치적 족쇄를 풀어주는 일이 시급하다. 글로벌 제조 산업에서의 경쟁은 이미 선수가 확정된 게임이기 때문에 누구를 어떻게 뛰게 할지가 분명하다. 막연히 인프라와 풍토

조성의 정책보다는 선수들을 뛰게 함으로써 국가에 확실히 기여하게 하는 것이 국익을 위해 절실하다.

② IT 기술과 디지털 플랫폼 구축의 혁신 주체인 벤처기업을 위한 정책 방안을 살펴보자. 첫째, 모빌리티 서비스, 금융 서비스, 의료 및 바이오 산업 등의 사례에서 보듯이 규제와 기존 이해 집단과의 갈등으로 신규 시장으로의 진입에 가장 큰 애로를 겪고 있다. 이것은 주로 기술개발과 새로운 사업 모델로 신시장 개척을 해야 하는 혁신 주체에게 가장 큰 위협이 아닐 수 없다. 세계 10대 유니콘 기업 중 절반 이상이 한국에서는 합법적 시장 진입이 불가능할 정도이다. 둘째, 혁신적 벤처 창업가의 기업가 정신과 경영 능력을 지킬 수 있는 '차등 의결권 제도'가 필요하다. 점점 늘어나는 적대적 인수합병 가능성에 대응할 무기가 필요하다는 것이다. 창업 기업이 세계적인 기업으로 성장하려면 벤처캐피털 등 자금 시장으로부터 지속적인 자금 조달이 필요하다. 이 과정에서 창업자의 지분은 희석될 수밖에 없다. 창업자의 지분이 낮아지면 언제든지 적대적 M&A에 노출될 수밖에 없다. 이는 지속 가능한 성공 가능성을 낮춤으로써 벤처 생태계에 부정적 영향을 미치게 된다. 셋째, 그동안 한국 벤처 생태계 조성에 기여한 벤처 인증제와 같은 혁신 주체 중심 정책은 유지 및 강화될 필요가 있다. 이 정책들은 지난 25년 넘게 시행되면서 일반적 혁신 환경론 입장에서 개별 주체에 대한 지원이 시장 경쟁을 교란시킬 수 있다는 비판의 대상이 되기도 했다. 그러나 벤처 인증제는 벤처기업을 K-이노베이션의 핵심 주체로 성장시키는 데 긍정적 영향을 미친 대표적인 성공 정책으로 꼽을 수 있다. 혁신 주체론 관점에서 볼 때 한국은 벤처기업 육성을 위한

특별법을 만들어 벤처 인증제를 시행해 벤처로 인증된, 즉 잠재적 혁신 주체를 국가가 인정하고 지원하겠다는 의지 표명과 함께 실질적 혜택을 부여함으로써 자연 발생적 생태계 형성에 성공했다고 평가할 수 있다. 앞으로 혁신 주체로서 벤처기업들이 더욱 다양화하는 만큼 오히려 더 세분화하여 접근할 필요가 있다.

③ 한류 문화 기업이 지속적으로 혁신을 주도하기 위해 다음과 같은 정책적 고려가 필요하다. 첫째, 주로 해외 시장을 대상으로 해야 하는 한류 문화 기업은 글로벌 수준에서 창의적인 콘텐츠를 지속적으로 창출해야 하기 때문에 혁신 주체의 창의적 활동이 가장 중요하다. 이를 위해서는 기본적으로 표현의 자유와 비즈니스의 권리를 보장해주는 것이 중요하며, 노력에 대한 보상이 제대로 돌아가도록 사회·경제적 보상 체계를 확립하는 것이 필요하다. 이와 함께 이해관계자들 간 상생 관계의 구축이 중요하다. 정부는 창작자, 실연자, 프로듀서, 제작사, 유통 회사, 투자자, 관련 미디어 등 다양한 이해관계자들이 함께 생존하고 성장할 수 있도록 균형을 잡아주는 역할을 할 필요가 있다. 둘째, 한류 콘텐츠는 해외 진출과 세계화 전략을 본질적으로 추구하기 때문에 정부는 매우 조심스러운 태도를 취해야 한다. 자칫 정부의 지원이 정치적 의도가 개입된 문화 침략으로 오해받을 수 있기 때문이다. 일본에서 증가하고 있는 혐한류나 중국의 한한령 등은 정부가 외교적으로 지혜를 발휘해 해결해야 할 영역이다. 혐한류나 한한령 같은 국가 간 문제는 민간 기업 수준에서 해결하기 어렵기 때문이다. 셋째, 4차 산업혁명의 기술들과 콘텐츠를 융합해 새로운 시장 기회를 창출하는 프로젝트를 지원할 필요가 있다. 예를 들면 문화 콘텐츠와 타 산

업 간 융합을 강화하고, 산학 협동 프로젝트를 통해 콘텐츠 연구개발 기반을 조성할 필요가 있다. 문화 콘텐츠 산업은 특성상 전문 인력 의존도가 높은 편이기 때문에, 산학 협동으로 체계적인 인력 양성 시스템을 구축하여 전문 인력을 배출할 필요가 있다. 넷째, 지식 재산권에 역점을 두어야 한다. 해외에서 한국 콘텐츠에 대한 지식 재산권을 보호하는 것은 콘텐츠 산업 발전에 매우 중요한 일이다. 이와 함께 협소한 국내 시장과 유통 구조의 문제는 국제 경쟁력 제고에 가장 큰 걸림돌로 작용하고 있다. 이러한 의미에서 국내 시장의 활성화가 필요하며 국내 유통 시장의 이익 구조 개편에 노력해야 한다. 이 문제가 해결되어야 혁신 기업들이 투자 재원을 확보할 수 있고, 더욱 경쟁력 있는 콘텐츠들을 생산할 수 있을 것이다.

④ 앞으로 등장할 네 번째 핵심 주체인 개인 크리에이터(또는 프로슈머)에 대해 관심을 가져야 한다. 앞으로 4차 산업혁명이 만들어내는 범용 기술로 무장한 수많은 개인과 소규모 집단이 제조업뿐만 아니라 농업, 문화 예술, 상업, 온라인 등 다양한 분야에서 새로운 서비스와 직업을 스스로 창출할 것이다. 이러한 크리에이터들을 잡 메이커라고 부를 수 있다. 이들은 프로슈머, 창업가, 소상공인, 자영업자, 문화 예술 창작자, 귀농자, 사회적 기업 등의 모습으로 혁신의 주체로 떠오를 것이다. 이들이 자신의 일자리와 새로운 비즈니스를 창출할 수 있도록 창의 혁신 생태계를 조성해야 한다. 이를 통해 창의적 아이디어가 있는 국민은 누구나 잡 메이커가 될 수 있는 경제·사회 구조를 만들어나가야 한다.

| '다이나믹 코리아'의 미래와 휴머니티

혁신은 국가 경제 발전을 위한 가장 중요한 요인이다. 특정 국가의 혁신 역량이 기업 성장, 산업 발전, 국가 경쟁력을 좌우하기 때문이다. 기술혁신과 신지식 창출 없이 자본과 노동의 투입만으로는 개발도상국 수준을 뛰어넘을 수 없다. 특히 4차 산업혁명의 핵심인 AI, 빅데이터, VR, 사물인터넷, 블록체인 등 신기술을 개발하고 활용하는 혁신 역량에 따라 국가의 경제 발전 수준을 달리할 것으로 전망된다. 급변하는 세계 정세 속에서 국가 경쟁력을 확보하고 기술 안보를 달성하기 위해 혁신 역량의 중요성은 날로 커지고 있다.

혁신 역량과 관련해 한국 경제의 강점은 역동성, 즉 '다이나미즘'에 있는 것 같다. 한국이 '다이나믹 코리아'로 불리는 이유도 여기에 있다. 한국 경제를 선진국 수준으로 올려놓은 것도 이 역동성에서 찾을 수 있다. 즉 3대 혁신 주체인 글로벌 제조 대기업, IT 벤처, 그리고 한류 문화 기업으로부터 비롯된 경제의 역동성이 경제를 선진국 수준으로 올려놓았다고 평가할 수 있다. 그렇다면 이러한 역동성은 4차 산업혁명의 기술 변화와 지속 가능성의 위기 속에서 과연 계속 유지될 것인가? 계속 유지·발전하기 위해서는 어떤 전략이 필요한가?

필자는 이 질문에 대한 답변으로 다음 그림에 제시한 바와 같이 '한국 경제 역동성의 바람직한 방향'을 제안한다. 한국 경제의 역동성은 전통적으로 신바람이라고 부를 수 있는 집단 에너지로부터 나왔다. 특히 '하면 된다'의 정신Spirit과 '빨리빨리'의 속도Speed는 한국 경제의 급속 성장을 만들어낸 일등 공신이다. 한국인이라면 누구나 이것들이 지금까지 고속 성장을 이어온 비결이라는 데 동의할 것이다. 특히 '빨리빨리'와 '하면 된다'의 역동성은 선진국으로부터 기술과 노하우를 습득하고 앞선 경쟁자의 경험을 학습함으로써 선발 주자를 신속히 따라잡기 위한 캐치-업 전략, 즉 추격형 성장의 성공 요인이 되었다.

그러나 선진국으로서 지속 가능한 혁신 역량을 구축해야 하는 선도형 성장을 지향하지 않고서는 국제 경쟁력을 지속할 수 없게 되었다. 특히 지속 가능성의 위기는 한국 경제의 내부와 외부로부터 긴박하게 몰아닥치고 있다. 내부적인 지속 가능성 위기는 이미 1993년 292명의 목숨을 앗아간 서해훼리호 침몰과 1994년 성수대교 붕괴 이래로 2014년 세월호 사건과 2022년 이태원 참사로 이어지고 있다. 탄소 중립화와 기후 변화 대응 문제뿐만 아니라 해외발 금융 위기, 환율 변화, 중국 경제의 경착륙 등 언제라도 경제적 충격이 가해질지 모르는 상황이다.

사실 우리에게 위기는 지난 50년 동안 수시로 찾아왔던 과제이자

<그림 1-1> 한국 경제 역동성의 바람직한 방향

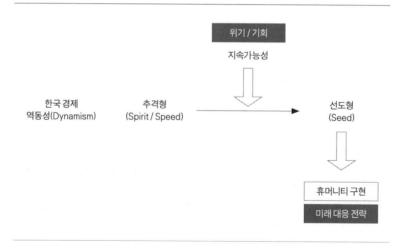

기회이기도 했다. 재빠른 추격형 역동성도 그렇게 만들어졌다. 하지만 이러한 혁신 역량만으로는 지속 가능성의 위기를 극복하고 새로운 기회를 잡을 수 없다. '지속 가능성'의 퀘스트를 풀어야 하는 미래에는 전혀 다른 성공 논리와 생각의 패러다임이 필요하다. 힘과 속도를 앞세워 세상과 거래하는 방식으로는 한계가 있기 때문이다. 세상을 진정으로 사랑하면서 끈기와 정성으로 기술을 개발하고 비즈니스 모델을 실천하는 과정에서 위기를 극복하고 새로운 기회도 주어질 것이다. 이를 통해 한국 경제는 진입 장벽이 높고 추격당하기 어려운 장주기 산업으로 이행하면서 지속 가능한 선진국형 산업 구조를 구축할 수 있다. 목표 산업을 확정하고 재빠른 추격과 성장을 이루어내는 전통적인 선형적 성장 모델에서 벗어나 지구를 살리고 사람에게 행복을 가져다주는 다양한 영역에 씨앗을 파종함으로써Seed, 새로운 기회를 찾는 전략을 추구해야 한다. 이를 토대로 한국은 휴머니티 관련 세계 최고의 선진국으로 우뚝 설 수 있을 것이다.

결론적으로, 한국 경제의 역동성은 앞으로 지속 가능성과 휴머니즘과의 관계 정립에 달려 있다고 생각한다. 따라서 **지속 가능성이라는 위기를 기회로 전환 시킬 국가 전략으로서 '휴머니티의 세계적 실천 국가'가 될 것을 제안한다.**

2장

지속 가능한 한국 경제

우리에게 지속 가능성의 위기는 기후 변화, 경제 및 정치의 문제, 피폐해진 시민의 삶 등 총체적으로 나타나고 있다. 이러한 위기의 극복을 위해서는 경제와 생태 환경 문제에 대한 공생의 해법을 찾아 공화의 세계를 열어가야 한다. 특히 기후 변화 방지를 위한 자연과의 공생 문제도 '생태와 경제' 중간 어디쯤에서 절반의 성공을 도모하는 것이 공화의 세계에 더 가까이 다가가는 길이다. 지금까지 대한민국의 도시와 국토 환경을 정부와 지자체 그리고 국민이 함께 망가뜨린 결과 지금과 같이 혼재된 도시와 농산어촌의 풍경을 만들어냈다고 자책하고 반성할 필요가 있다. 앞으로 정부와 지자체는 모든 일을 A부터 Z까지 다 해야 한다는 생각을 이제는 내려놓아야 한다.

도시 지역의 개선되고 지속 가능한 삶을 위해서는 밀도를 이중으로 규제하고 있는 용적률과 건폐율 규정을 손질해야 하며, 망쳐진 농산어촌의 풍경을 복원하기 위해 농민이 우선이 되어 농산어촌의 일상을 고려한 주거 디자인과 지역의 풍토를 존중하는 노력이 필요하다. 지역성에 기반한 재료와 양식을 적절히 사용하여 한국형 K-전통 촌락 주거를 새로 마련하는 시도를 하여야 한다.

또한, 한국 경제가 지속 가능한 성장을 하기 위해서는 국가 자본주의를 버리고 시장 자본주의로 적극 나아가야 한다. 이를 위해서는 시장에 대한 국가의 개입을 최대한 걷어내야 한다. 한국에서 자유 시장 경제에 대한 핍박은 진보 정권에서만 이루어지는 게 아니다. 보수 정권도 선거에서의 유불리에 따라 언제든 시장에 개입하고 시장을 규율하려 달려든다. 국가가 시장에 개입하는 방식을 전면적으로 쇄신하면 우리는 얼마든지 2% 이하로 떨어진 성장 잠재력을 회생시킬 수 있다. K-팝은 정부가 시장에 개입하지 않음으로써, K-뷰티는 정부가 개입의 방식을 바꿈으로써 세계적 산업으로 성장했다.

결국 한국은 정치가 문제다. 우리는 국가 스스로 경제를 망가뜨리는 것을 경계해야 한다. 아르헨티나의 경우와 같이 포퓰리즘Populism과 정치 자본주의Political capitalism가 번성하면 기존의 경제 생태계가 무너지고 미래의 국가 경제도 죽는다. 불행한 것은 정치권에서는 자신들의 행위가 국가 경제를 망가뜨리는 결과를 만들 것이라고 생각하지 않는다는 것이다. 먼 훗날 역사가들이 누구의 잘못인지는 따질 것이지만 그사이 국가 경제는 무너져 내리고 난 이후가 될 것이다.

1

정주와 평화가 함께
지속 가능한 공화의 세계

김영섭(건축가, 전 성균관대학교 건축학과 교수)

▌풍경으로 기억되는 자연환경과 도시 공간을 꿈꾸며

도시의 길목에서 시민들은 저마다의 생각 속에서 길을 걷는다. 가는 길을 잠시 멈춘 한 시민이 오래된 담벼락에 붙어 있던 빛바랜 포스터를 물끄러미 바라본다. 낡은 포스터는 "당신들은 이 도시의 주인입니다"라고 말하고 있다. 다시 가던 길을 걸으며 그는 혼잣말을 한다. 아니 내가 이 도시의 주인이라니, 언젠가 주인처럼 권리를 행사하며 살수 있는 날이 오기나 할까? 그런 허황한 꿈을 갖는다는 것 자체가 이 척박한 현실에서 과연 어울리기나 해! 날마다 황량하고 부산스러운 도시 풍경과 맞닥뜨리며 살아가야 하는 숙명을 지니고 태어난 도시민들에게 '걷고 싶은 거리'는 고사하고 생각하면서 걷는 동안만이라도 안전하게 걸을 수 있는 거리를 꿈꾸어 본다는 것이 그렇게도 요원한

일일까? 건물과 건물들이, 간판과 간판들이, 전신주와 가로등과 도로 표시판들이, 키오스크와 정류장들이 서로 싸우는 가운데 보도 위로 짐을 실은 오토바이와 자전거, 그리고 전동 킥보드들이 질주하는 거리 장면에 섞여버린 시민들은 한없이 움츠러들고 작아진다. 시민들은 이런 배타적이면서도 혼재된 거리 풍경들을 정온하고 품위 있게 바꿀 수 있다는 가능성을 포기한 지 이미 오래다. 매일 체념 상태가 계속되면서 앞만 쳐다보고 무표정한 거리를 빠른 걸음으로 지나치는 사람들의 모습에 익숙해져 버린 것이다. 그러나 혼자 중얼거리는 마음속에 체념과 분노도 함께 일렁이고 있음을 우리는 알고 있다.

지금 세대는 하는 수 없이 그렇게 살아왔더라도 우리의 다음 세대들마저 이 혼재된 길목을 지나가게 할 것인가 하는 생각에 이르게 되면 분노는 걷잡을 수 없는 절망으로 치닫는다. 사람들의 의식 속에 정겨웠던 가로의 기억들이 희미해지고 모든 길모퉁이의 장면들이 구별되지 않고 한결같이 반복되는 거리 풍경으로 떠오르는 현상이 지속된다면 도시민의 일상에서 활력과 미소가 사라지고 점차 경쟁력이 사라지는 회색 도시로 변할 것이다.

나치 독일의 마수에서 탈출을 시도하다 1940년 짧은 생을 마감한 문화비평가 발터 벤야민은 대도시에서 겪게 되는 특정 장소에 대한 사회적 집단적 도시민의 경험과 기억이 깃든 공간적 특성이 사라지고 중심 가로街路들이 소멸해가는 도시를 보고 제임스 조이스의 "율리시스 읽기"에 비유했다. 어느 페이지를 펼치더라도 문맥을 쉽게 파악할 수 없는 난해함과 혼재로 가득 찬 율리시스의 소설처럼 닮아가는 도시에서 시민 개개인의 정체성과 삶의 질은 보장될 수 없을 것이라고 말했다. 벤야민은 정주성定住性과 걷는 권리마저 침해받을 지경에 이르면 시민들은 도시의 고독이라는 병을 얻게 될 것이라고 예견하였다.

삶에 지친 시민들의 피곤한 육신을 받아줄 쌈지 공원조차 쉽게 찾을 수 없는 도심, 딱히 갈 데 없는 숨이 가쁜 노인들이 잠시나마 쉬어가는 벤치조차 없는 가로, 보도의 여유 공간이 전혀 없어 가로수도 시름시름 고사해가는 도시는 창의력과 경쟁력이 사라지는 도시가 될 것이다. 그런 도시에서 시민들은 더 우울해지고 고독해질 것이다. 오늘날 GDP 순위 세계 10위권의 경제 대국이 된 대한민국은 수려한 산하를 가진 천혜의 자연환경과 함께한 장구한 역사와 문화 정체성을 가진 나라다. 그러나 세계 속의 경제적 위상은 차치하고라도 국민이 자긍심을 가질 수 있도록 우리의 도시와 촌락 공간들을 '지속 가능한 정주 환경'으로 가꾸어왔는지 절절하게 반성하지 않을 수 없다. 시민들은 대도시의 정주 공간에서조차 도시 유목민이 되고 있다. 도시의 가로 공간을 포함한 공유 공간에 온갖 사익 추구의 욕망과 사유 공간에 들이기 싫은 것들을 쏟아내놓고 있다. 그뿐만 아니라 공공 기관들조차 예산과 행정 편의주의를 빌미로 삼아 걷기에도 좁은 가로 공간에 온갖 지장물들을 설치하여 방기하고 있다.

1000년 전 산자수명한 한반도 땅에 **"드높은 이상**理想**을 가지고 아름다움을 추구하는 나라를 만들겠다는 어젠다"를 국호로 천명한 고려**高麗**국 Korea의 기상**을 이어온 현재 대한민국의 도시와 국토 환경은 어떠한가? 정부와 지방자치단체 그리고 국민이 함께 망가뜨려 오늘날과 같이 혼재된 도시와 농산어촌의 풍경을 만들어냈다. 몹시 자책하고 반성해야 할 일이다.

과거 산업화 과정에서 도시와 촌락의 자연환경 회복과 공유 공간의 공동성 구축에 실패하였다면 바로 우리 모두에게 책임이 있다. 반성을 토대로 다시 일으켜 세울 의무 또한 우리 모두에게 있는 것이다. 미래를 위해서, 우리 후손들에게 혼재된 도시 환경과 혼탁한 자연 속의 정주 환경을 이대로 물려주어서는 안 되겠다는 각오에서 건축을 비롯한 도시 공간과 농산어촌의 지역 환경을 되살리는 총체적 사고와 지속 가능한 전략을 세우고 실행하여야 한다.

| 지속 가능성의 전제

기후 변화와 생물 다양성 감소

인류학자들은 지구상에 인류가 출현한 이래 대략 1,000억 명의 사람들이 살고 갔다고 말한다. 46억 년 전 우주의 섭리로 탄생한 지구의 하늘과 대지와 바다는 어머니의 넉넉한 품과 같아서 1,000억 인류의 삶과 수천만 종의 동물과 식물이 생명을 품었다. 생명의 기원에서 진화된 3,000만 종의 다양한 생물 중 추정할 수 있는 것은 절반가량이고 오늘날 확인된 것은 약 175만 종에 불과하다. 20세기 고도성장을 이룬 산업화의 결과, 지구 표면의 오염과 심각한 기후 환경의 변화는 생물 다양성에 큰 변화를 가져와 매년 약 2만 5,000종, 많은 해는 오만 종에 이르는 종들을 사라지게 하였다. 이 같은 추세라면 향후 30년 내 지구 전체 생물 다양성 총량은 25% 이상 감소할 것으로 UN의 2020년 「생물 다양성 보고서」는 전망하고 있다.

생물 다양성의 상실은 인류에게 식량과 에너지뿐만 아니라 건축 재료와 비료, 의약품 등에 이르기까지 많은 자원의 소멸과 미래 먹거리 개발 기회의 상실을 가져온다. 생물 다양성의 상실은 토양과 공기, 물을 정화하는 기능과 자연재해를 감소시키는 기능을 사라지게 한다. 또한 나비와 꿀벌 개체 수 감소와 같이 자연 수분受粉율 저하로 농작물과 과수의 수확량 감소를 초래한다. 생물 다양성 감소는 기후 변화를 완화시키는 환경 조절 기능이 사라지는 것을 뜻하기도 한다. 20~30년 후 미래의 어느 시점에 가서는 세계 어느 지역이든 급격한 기후 변화 가속이라는 대재앙과 마주하게 되는 돌이킬 수 없는 사태를 맞게 될 것이다. 최근 모든 나라는 동식물 등 천연자원의 감소 현상이 국가 경쟁력 감소와 인구 감소 등과 같은 근본적 공통 문제와 서로 연관되어 있다는 것을 알게 되었다. 그러나 생물 다양성의 본질이 겉으로 드러나는 동식물의 형태와 분류에 의한 보존뿐만 아니라 생물 종Species, 생태계Ecosystem, 유전자의 다양성Genetic diversity 등을 모두 나타내는 지표라는 것은 잘 알지 못하고 있다.

정주와 고향 상실

선사 시대 인류는 수렵과 채집으로 생활을 영위하였다. 농경사회 이전에는 동굴이나 움집 등에서 끊임없이 식량 획득원에 따라 이동해야 하는 유목민의 생활을 이어갔다. 고대 그리스인들이 만든 정주定住라는 말의 어원은 집이나 가구家口를 뜻하는 오이코스Oikos이다. 그리스인은 집을 유지하는 지식과 관리 체계를 뜻하는 노모스Nomos를 합성하여 Oikonomos(가사)를 만들었는데 획득한 재화와 소득을 잘 활용하는 사람을 뜻하기도 하였다. 오이코노모스Oikonomos는 경제를 뜻하는 영어 'Economy'의 어원이 되었다. 자연환경과 생태 연구를 뜻하는 생태학Ecology은 17세기 독일에서 오이코스와 로고스를 합쳐 만든 오이콜로기Oikologi/Ökologie에서 나온 말이다. 생태학은 경제학과 같은 정주定住라는 어원에 뿌리를 두고 있다. 어원으로 따지면 재화를 관리하고 소득을 늘려나가는 데 관심이 집중된 경제 분야와 생산 활동이 축소되더라도 환경 보존을 위한 투자를 해야 한다는 생태 분야는 같은 동전의 양면이다. 어찌 보면 끝이 보이지 않는 기후 변화 위기를 막기 위해 극한 투쟁도 마다하지 않는 그린피스 같은 생태 환경 운동가와 서민들에게 고통만 안기고 늘 부자 편만 드는 것 같은 경제학자들은 모두 같은 모친에서 태어난 이란성 쌍둥이였던 셈이다.

정주와 반대의 뜻을 가진 말로는 '정처 없이 떠도는 삶'을 떠올릴 수 있는데 전쟁이나 경제난으로 정착할 주거를 찾아 떠돌아다니는 난민 또는 더 나은 삶을 영위하기 위해 다른 지역과 도시로 향하는 이주민들의 삶을 표현하는 데 사용되는 말이다. 도시Polis라는 말 역시 고대 그리스어로부터 나왔는데 '경계'라는 의미가 강하고 안팎의 개념이 따라다닌다.

현대인들의 삶은 도시 공간과 도시 경계 밖의 지역인 촌락 공간(농어촌과 산림 지역, 이하 '농산어촌')으로 나눠진다. 우리나라의 경우 국토 면적의 80% 이상을 촌락 공간이 차지하고 있는 것과는 달리 인구의 80% 이상은 도시 공간에 거주한다. 한자어 촌락村落이란 "사람들이 무리를 이루어 사는 곳"을 뜻한다. 농산어촌 지역에서 사람들이 모여 사는 가장 작은 단위를 취락聚落이라 하는데 취聚는 고유한 우리말의 '마을'에 해당한다. 마을은 무리라는 어원에서 출발하였다. 마을에 해당하는 일본어 '무라村' 역시 우리말에서 전이된 것으로 알려져 있다. 농산어촌 지역의 작은 마을을 뜻하는 촌락 구조 단위 이(리)里에 해당하는 도시 지역의 단위로 동洞이 있다. 동은 문헌상으로 고려시대 초기에 그 명칭이 등장하고 있다. 그때의 동은 행정적인 촌락 단위가 아니라 이里나 촌村과 같은 주민들 간의 공동체 또는 인보단체隣保團體에서 출발한 촌락의 아칭雅稱으로 시작되었다. 동洞의 원래 뜻은 한 우물을 사용하는 동일 식수원 가구 수를 기초로 한 고대마을 단위에서 시작된 것이지만 기초 행정 단위로써 동이 다시 등장한 것은 근대 도시 형성기인 1909년 「지방구역 명칭의 변경에 관한 법률」이 공포되고 나서부터다. 당시 200 내지 500가구 출발하였으나 오늘날은 5,000~2만 가구 정도의 인구까지도 동洞 단위에서 수용하고 있다. 우리나라는 이른바 「국토의 계획과 이용에 관한 법률(국토법)」에서 도시 계획 지역과 도시 계획 외의 지역(법률 용어로는 군 관리계획지역으로 표기한다)으로 나누어 관리하고 있다.

산업화 이후 유럽의 도시들은 자연적 환경인 농산어촌의 개인적 일상의 삶과 대비되어 인공적 환경의 집단, 즉 주거와 병치 되거나 공존하는 집단적 일터가 전개되는 방향으로 급속하게 변화되고 팽창해 갔다. 1960년 영국의 건축학자 레이너 베넘Reyner Banham은 그의 저서 『첫 번째 기계 시대의 이론과 디자인Theory and Design in the First Machine Age』에서 다음에 올 두 번째 기계 시대(미래의 고도 산업사회)를 예언했다. 그가 말했던 '자동화와 대량 소비'의 총체적 도시 공간으로 등장하는 인공 환경으로 완벽하게 기후가 조절되는 미래 도시는 오늘날 사우디아라비아의 네옴NEOM 시티와 유사한 것으로 이미 실현 단계의 문턱에 와 있다. 다만 미국의 블룸버그 통신의 기사에서 "네옴의 가장 큰 문제는 비용과 규모가 아니라 권력 의지의 거대함이 새로 태어날 네옴 시티의 유전자DNA에 새겨 있다는 것"이라는 지적을 분석해볼 필요가 있다. 20세기 후반 현대 도시들이 도시민의 삶의 질 향상과 더불어 과잉 생산과 공급에 따른 과소비가 점차 문제점들을 드러내기 시작하였다. 도시 쓰레기 매립과 소각, 생활 하수 등의 심각한 오염의 폐해가 고스란히 대도시 경계 밖의 주민들에게 전가되는 것들을 대표적 예로 들고 있으나 더 중요한 것은 과소비로 인한 자연환경 파괴다. 경계 안쪽 도시 내에서도 빈부 격차로 소외 계층이 생겨나고 차별화된 고소득층이라 할지라도 공동성 결핍과 어메니티Amenity 부족으로 인해 생겨난 고독과 고립에서 탈출하려는 다양한 시도를 벌이는 현상들이 나타나고 있다. 과도 쇼핑과 같은 초 소비적 행태와 거주 환경의 변화를 추구하는 주거패턴 규모를 끊임없이 바꿔가는 '도시 유목민' 현상을 보이는 것이다.

| 도시 문제와 해법

대도시의 죽음

지난 1961년 현대 도시 계획에 가장 큰 영향을 끼친 저작 중 하나인 『미국 대도시의 죽음과 삶 The Death and Life of Great American Cities』을 저술한 제인 제이콥스Jane Jacobs는 기존의 도시 계획 방식―재개발과 재건축의 반대편에 서서 전혀 다른 방법론을 말했던 사람이다. 제이콥스는 도시 거주민의 일상에서 보아왔던 생활 시각을 공유하면서 거침없이 문제 해결의 대안을 제시했던 여성 선각자로 주목받았다. 제이콥스는 새로운 주거 공급과 경제적 이유만으로 끊임없이 자행되고 있는 도시 재개발과 재건축이 만들어내는 낯선 도시 공간들은 결코 동네를 살기 좋은 곳으로 만들지 않는다고 말했다. 오히려 그런 종류의 개발 행위가 기존 거주 환경과 자연을 파괴시키고 거주민의 삶을 이리저리 내몰리게 함으로써 종국에 가서는 자연과 인간의 삶 모두를 황폐시킬 뿐이라고 비판했다. 건축가들과 도시 계획가들의 뉴타운 찬양론에 정면으로 반기를 든 그녀는 도시 계획 분야에서 전문 교육을 받은 적이 없다. 그러나 도시 행정가들이 도시 계획 전문가들과 공모하여 그들이 실제로 살지도 않는 다른 지역에 일방적인 계획을 시도하고 폭력적인 시행 방법으로 밀어붙이는 전시 행정을 비난하기 시작했다. 제이콥스는 신도시로 지정되는 순간부터 지역 주민의 삶이 해체되기 시작하고 빈민가가 청소되면서 고급 주택들이 들어와 저소득층이 쫓겨나는 젠트리피케이션Gentrification 현상에 실망했다. 제이콥스는 재개발 시행으로 새로 들어서는 건물들이 고밀화로 높이 치솟으며 일조량이 사라지는 것과 동시에 주민 간의 접촉 기회가 사라지는 현상을 안타깝게 지켜보았다. 집적화로 관리되는 인공 시스템들에 숨겨진 에너지 과소비와 사고 발생 위험에 대해서도 염려의 눈길로 지켜보았다. 제이콥스는 뉴타운 사업이나 도시 재개발 행위가 오래된 도시를 살리는 대안이 결코 될 수 없다고 말해왔다. 도시 재개발 사업들이 종국에는 그렇게 개발된 지역을 슬럼화시켜 또다시 슬럼화를 치유하기 위한 도시재생 사업에 시민의 세금이 끊임없이 투입될 것이고 재생 사업 기간에 발생하는 공사 소음과 분진으로 인한 시민의 삶의 질 저하를 감내해야 하

대한민국, 넥스트 레벨

는 악순환, 즉 지속 가능하지 않는 현상이 반복되는 결과에 대해 더욱 분노했다.

제인 제이콥스는 대안으로 시민의 관찰과 상식에 의존하여 특정 장소가 작동하는 이유와 그렇지 않은 장소를 개선하기 위해 무엇을 할 수 있는지를 보여주었다. 거리에 많은 사람이 다니도록 하는 것, 오래된 건물들을 그대로 두는 것, 인기 있는 업종만이 아니라 여러 용도의 혼합이 이루어져야 한다는 것 등을 말이다.

대도시의 삶과 부활

도시민의 삶의 질의 지표에서 빼놓을 수 없는 것이 고용과 일자리 문제이다. 한국의 대도시들은 산업화 이후 대부분의 도시 내 산업 부문이 도시 경계 밖으로 밀려나거나 이전을 경험한 역사를 가지고 있다. 1960~1970년대 도시 경계 밖의 급격한 인구 유입으로 과밀화된 탓에 도시 경계가 크게 확장된 수도권의 경우 도시 경계 외곽 지역의 산업 시설 부지들은 주거 지역 또는 주거와 상업 복합 지역으로 탈바꿈되었다. 용도지역 변경으로 얻게 된 과도한 부동산 시세차익은 산업 자본 확충에 큰 뒷받침으로 작용하였다. 다른 한편으로 직장과 주거 사이의 거리가 멀어지면서 도시 경계 안팎을 오가는 교통량과 시간이 늘어나게 됐다. 에너지 소모가 증가하고 교통 인프라 개선에 일정 비율 이상의 예산투자가 지속돼야만 하는 부작용이 뒤따랐다. 서울을 포함해서 수도권의 대도시들은 지자체마다 서비스와 금융기술Fintech, 지식 정보 산업 위주의 진화된 고부가가치 산업을 보유하기 위한 투자 유치 경쟁 등의 문제로 늘 긴장된 상태에 놓여 있다. 그러나 인구 과밀화에도 불구하고 질 좋은 일자리는 도시 유입 인구 증가와 반대로 점점 찾기 어려워지고 있다. 이런 현상을 극복하기 위해서 도심 내 노후 산업 생태계를 기능 혁신을 통해 새로 부활시키고 새로운 창발 산업을 탄생시킬 수 있는 플랫폼 조성이 필요해진다. 이는 필연적으로 도시 공간의 재편 요구를 불러일으킨다. 60년 전 제인 제이콥스가 분노해 마지않았던 공동체 해체와 도시민 일상의 삶의 질 저하 없이 말이다.

같은 이유에서 미국과 영국, 독일 등 주요 선진국에서는 중앙정부 차원에서 노력과 새로운 시도를 하고 있다. 미국은 2022년 '국가 첨단 제조업 전략계획National Strategic Plan to Advanced Manufacturing'을 수립해 중소기업 투자 촉진, 숙련 인력 확충, 첨단 제조 연구개발 분야 투자 증대 등 제조업 경쟁력 강화에 주력하고 있다. 독일 역시 4차 산업혁명을 뜻하는 2011년 'Industry 4.0'을 통해 전통적인 첨단 기술 전략에 제조업과 특화 정보통신 기술ICT을 융합하여 지능형 공장Smart Factory으로 진화시키는 전략을 총리실 주도로 수립한 바 있다. 그러나 지속적 경제 성장(산업 생산성 30% 향상과 일자리 창출)은 물론 기후 변화 등 전 지구적 당면 과제에 대응하는 전략의 실행과 제안은 이제 민간 주도로 이루어지고 있다. 영국은 2010년 정부가 런던 동부 지역을 세계 최대 첨단 기술 중심지로 육성하겠다는 강력한 비전을 제시하면서 세계적으로 주목받아 왔는데 도심에서 약 2km 떨어진 지역에 Tech City를 조성하고 도시혁신센터Urban Innovation Center와 구글 캠퍼스 런던, 스타트업과 협업하는 공간을 제공하는 HERE EAST 등을 유치 운영하고 있다. 대도시의 삶이 기존 거주민의 삶을 지속 가능하게 하면서 동시에 끊임없이 새로 부활하기 위해서는 앞서 말한 혁신지역Innovation

District 플랫폼들이 신중하게 선정되고 섬세하게 기획 운영되어야 한다.

최근 미국의 전통적 동부 지역의 대도시 보스턴Boston Innovation District과 뉴욕의 로어 맨해튼Lower Manhattan 지역에 선보인 혁신 도시재생 사업(스마트 시티로 부르기도 한다)과 우리나라 울산광역시와 비슷한 입지와 성격의 미국 서북부 공업도시 포틀랜드에서 50년 동안 추진된 도시재생의 명암을 반면교사로 제안한다.

포틀랜드의 사례와 도시재생의 교훈

포틀랜드의 교훈은 산업화가 초래한 디스토피아를 시민들의 권리 행사인 선거를 통해 도시 회복의 전환점을 마련했고 이후 지속 가능한 행정 체계 구축과 주민 참여, 토지 사용과 개발 및 보존 목표 등의 적극적 행위로 상당 부분 괄목할 만한 성과를 보여주었던 것은 특기할 만한 점이었다. 특히 50년 동안 지속해서 이루어진 도시재생 과정은 세계의 모든 대도시가 벤치마킹할 수준이다. 그러나 현실은 『포틀랜드, 내 삶을 바꾸는 도시 혁명: 세상에서 가장 살고 싶은 도시』라는 책 제목처럼 작동하지 않는 부분이 있는 것도 주지의 사실이다. 현재 포틀랜드 도시재생 사업의 젠트리피케이션 현상 여파로 홈리스가 증가하고 있다. 시민 자치로 도시 계획 사업을 경영하는 포틀랜드시 메트로METRO가 간과한 부분 중 하나이다. 시정이 도시 경계 안의 시민들로만 운영될 때 이민자와 같은 사회적 약자와 저소득층이 함께 살 수 있는 공간이 줄어든다는 점을 유념해야 한다. 즉 도시재생 사업에서 모든 결과가 만족한 완벽한 해결책은 없고 제일 나은 선택만 있음을 알아야 하는 것이다. 다만 결코 간과해서는 안 되는 것은 사회적 약자들에 대한 우선적 배려와 형평성이다. 이 문제는 인기가 없더라도 중앙 정부와 지자체, 그리고 무엇보다도 선거를 의식해서 포퓰리즘에 내둘리기 쉬운 입법 관련자들이 유념해야 할 대목이다.

새로운 한국형 도시 주거와 주거 유형의 다양화 및 구릉지 이용 개발 전략

구릉지는 해발고도 300m 이하 언덕 지대를 말하며 평지와 산지의 중간적 성격을 지닌다. 우리나라는 전형적인 동고서저형의 지형으로 산림이 전 국토의 65.4%를 차지하고 있다. 산이 많은 우리나라와 같이 구릉지 도시 주거를 떠올릴 수 있는 곳은 유럽이다. 양쪽 모두 구릉에 집을 지었다는 점은 같을지 몰라도 그 배경은 다르다. 현대의 우리나라 구릉지 주거가 평지에서의 수요 충족 부족으로 발생했다면, 유럽은 그곳의 기후, 풍토에 맞는 바람 방향과 일조에 가장 적절하고 살기 좋은 주거 유형 선택이 바로 구릉지 도시 주거였다. 우리나라도 양동 마을과 같은 옛 전통 마을을 보면 산수를 내려다보는 구릉지 위쪽에 양반들이 거주하고 경작지와 가까운 구릉 아래에는 소작농들이 거주했던 것을 볼 때 구릉지는 양호한 거주지를 제공해왔음을 알 수 있다. 경사지 집합 주거 단지의 경관은 환경 요소로서의 인공과 자연의 관계뿐만 아니라 형상과 바탕, 즉 그림과 배경의 관계에서 파악하는 접근이 필요하다. 도시에서의 경관이란 건물과 같은 인공물들의 집합이 자연과 대응하여 어떻게 하나의 유기체적 전체를 이루느냐 하는 집합의 문제이다. 주거 단지 자체의 경관과 구릉지 자연환경 간의 집합관계에 따라 경관의 질이 결정되므로 구릉지 지형의 특성과 자연환경 등을 검토하여 주거지 계획을 여러 요소와 기준을 가지고 크로스 체크하는 총체적인 접근이 필요하다.

생활 수준의 향상과 진보에 맞춰 소비자의 요구가 다양해지고 개성 표현을 수용하는 도시 주거 유형의 다양화에 대한 필요성도 나타나고 있다. 지금까지의 선분양 후시공형 도시 공동주택의 공급 방식에 따른 신축 아파트들은 입주와 동시에 발코니 개조와 내장재 교체가 전면적으로 시행되고 있는 곳도 많다. 이는 비경제적이고 동시에 반환경적인 현상이라고 볼 수 있다. 내부 마감재의 차별화가 주거 유형의 다양화를 의미하는 것은 결코 아니며 근미래형 주거 문화의 다양성, 즉 가족 구성 및 생활 방식의 변화를 수용하는 도시 주거 유형 개발이 시급히 필요하다. 동시에 저 소득층을 위한 도시형 공동주택 계획 시 유연성을 부여하여 주택의 부가 서비스 기능들을 수요자 옵션 항목 제도를 도입해 자원 낭비를 줄이는 방안을 모색해야 한다.

도시 지역 건폐율과 용적률, 용도지역지구제 문제 제기 및 개선안
공급혁신을 위한 원가절감이 가능한 인공대지 기단형 도심 주거 도입

단순한 건축 밀도만으로 개발 용량을 규제하는 법 규정은 도시와 건축의 관리 측면에서는 편리하지만, 실제 주거 환경의 질적 수준을 나타내는 데에는 한계가 있다. 건폐율과 용적률이 같더라도 대지 규모나 건물 배치, 녹지 공간 등에 따라 사람들이 느끼는 공간감(개방감/폐쇄감)은 달라질 수 있기 때문이다. 거주자의 밀도감에 가장 큰 영향을 주는 밀도 지표는 건축 밀도가 아니라 인구 밀도다. 밀도를 이중으로 규제하고 있는 용적률과 건폐율 규정을 손질하여 용적률만 남기고 건폐율은 상한제/인센티브제를 도입하면 새로운 기단형 도시 주거를 저렴하게 공급할 수 있으며 새로운 도시 경관도 조성할 수 있다. 또한 지하층 심층 굴착이 사라져 공사 비용이 현저하게 줄어들고 기존 지하 용도가 지상화될 때, 주차 시설은 물론 지상 1~3, 4층에 에너지 소비가 적은 스튜디오 공간이 주민들 수요와 선택에 따라 제공되므로 실 주거 공간의 활용과 변용은 더욱 다양하고 효율적인 방식(디지털화된 모듈 등)으로 이뤄질 것이다.

인공대지 기단 상부 생태면적률의 확대 적용과 보행자 공중보도

기존 건축/도시 공간 개발의 주요 지표인 건폐율이나 용적률은 개발의 한계를 규정할 뿐, 개발 공간의 생태적 가치와 환경의 질을 관리하지 못한다. 이를 보완하기 위해 도시 공간의 생태적 기능 유지와 개선을 종합적으로 유도할 수 있는 거시적 공간 계획 차원의 새로운 지표면 개발이 필요하다. 인공대지의 활용으로 도시 생태 공간의 질적 향상을 도모할 수 있는 생태 면적 확보율을 개선하고, 택지 조성과 공동주택 건설 관련 개발 사업에 주로 적용되고 있는 생태 면적 제도의 적용 범위를 확대할 수 있다. 기단 상부에 새롭게 조성되는 인공대지는 안전한 통학 및 산책용 보행로를 수용할 수도 있다. 등하굣길과 출퇴근길은 기단이나 포디움 상부의 인공대지를 연결하면 일본 동경도 시노노메東雲지구의 사례처럼 교통사고 없는 안전한 공중 보도로 이용될 수 있을 것이다.

대한민국, 넥스트 레벨

기단형 복합 주거 인공대지를 활용한 도시형 오픈 스페이스/옥상 녹지 활성화

기단형 복합 주거 적용 후 늘어난 옥상 녹지들은 도시형 텃밭(생산 녹지)으로 활용할 수 있다. 도심 옥상 텃밭은 기존 주거 환경과 재개발로 인한 새로운 주거 환경의 '버퍼 존Buffer Zone'이 되어 근미래에 도입될 드론 택배나 에어 택시 계류장으로 활용되면서 미래 도시의 새로운 시간성 수요에 대한 공극을 빠르게 충족시키는 오픈 스페이스로 진화될 것이다. 또한 인공대지 개념의 도시 인프라로서 광활한 옥상 조경 개념으로 자리를 잡고, 건물만 들어서는 것이 아니라 주민 스스로가 생명을 가꾸는 신개념의 도시 건축으로 자리매김할 것이다. 인공대지로 조성된 도심의 열린 공간 풍경은 혁신과 변화에 대한 거부감을 상쇄하는 완충 지대 역할도 하게 된다.

┃ 농산어촌農山漁村 지역 문제와 해법
농산어촌 지역의 전략 수립과 기본방향

촌락 지역은 도시 지역과 비교하여 인구 밀도와 가옥 밀도가 낮고 1차 산업 종사자 비율이 높다. 영어권에서는 'Settlement(정주, 정착지)'와 Hamlet(촌락)'으로 구분하는데 전자는 농산어촌 지역민의 역사와 문화가 깃든 자율적 집합 주거 단위의 사회적 의미로 쓰이고 후자는 지리적 개념으로 자연적으로 형성된 촌락으로 구분한다. 촌락은 거주민의 생산 활동에 따라 농촌, 어촌, 산촌으로 구분기도 하고 형태에 따라 집촌과 산촌으로 나누기도 한다. 이렇듯 촌락의 발생 배경이나 입지, 형태, 기능은 자연 지리적 환경 특성과 밀접하다. 지역별 촌락에 대한 이해는 주변 자연환경에 적응해온 방식의 차이와 문화와 역사를 지닌 마을의 전통적 장소와 경관들이 만들어온 시공간적 총체적 풍경을 섬세하게 고찰하는 태도에서 접근해야 한다.

1992년 우리나라의 농산어촌 인구는 약 570만 명이었으나 30년 동안 60%나 감소해서 현재 약 220만 명이다. 가구 수는 약 103만 호이나 인구 중 47%가 65세 이상의 고령자들이고 농산어촌 지역의 가구나 인구수 모두 전체 5% 내외에 머물고 있다. 그리고 국내총생산GDP에서 차지하는 농산어업 부분의 비중은 3%를 넘지 않는다. 그러나 더 이상의 농촌 인구 감소를 국가가 방치하는 것은 미래 전략상 손실을 크게 할 뿐만 아니라, 앞으로 각자도생처럼 전개될 극단의 세계 정세를 대비한다면 우리나라 5,000만 국민의 식량 자급원을 무너뜨릴 우를 범하는 일이 되고 말 것이다. 조심스럽게 전망하면 식량의 자급률 유지는 국가 식량 안보 이상의 의미를 지니므로 농산어촌의 현황 유지와 귀농 장려, 농어촌 공간 환경 개선 등은 지속적인 국가 기간 사업으로 다루어야 할 주요 국정 과제이다. 시급한 과제 중의 하나로 정부가 도농都農 간의 소득 격차 해소를 명분으로 1984년 농촌 소득원 개발 촉진법을 근거 삼아 산업단지의 4대 천왕(국가산단, 일반산단, 도시첨단산단, 농공산단)의 하나로 만들었던 농공산업 단지 문제를 집중적으로 들여다볼 필요가 있다. 전국적으로 흩뿌려진 농공산업 단지들은 농민들의 경작지를 반세기도 안 돼서 476개 단지, 7,700만m² 면적으로 잠식하며 농산어촌의 오래된 풍경들을 훼절시켜놓았다. 환경 폐해도 매우 커서 농업용수와 음용 수원의 지하 수계의 교란은 물론이고 마을 앞을 흐르던 작은 시내와 하천 오염도를 현격히 악화시켰다. 여기에 더하여 영농 축산 단지 조성은 축산 농가 인근의 농민들에게 되풀이되는 방역과 살처분, 반복되는 지역이동 제한 등으로 고통을 가중시켜 평화롭던 촌락을 악취와 유해 곤충과의 전쟁터로 바꾸어놓았다. 필연적으로 농촌을 떠나는 이농 인구가 늘어갈 수밖에 없는 농어촌의 주거 현실조차 농산어촌민의 삶의 질을 급격히 떨어뜨려 고즈넉한 농산어촌을 이토록 분탕질 쳐놓은 역대 정부의 농산어업의 정책 실패는 혹독하게 비난받아야 마땅하다. 좀 더 심하게 표현하면 이제 전통적 의미의 농산어촌은 없다고 해도 과언이 아니다. 경작지는 있으나 전업 농민들이 거의 없고 사람의 기척은 있으나 동질적 농산어촌 공동체는 사라지고 있다. 농업은 있는 듯하나 몰락해가는 1차 산업이라는 인식에서 벗어나지 못하고 있다. 도시 계획 지역 외 국토인 농산어촌의 경작지는 언제든지 도시 계획 지역이나 농공단지로 팔려 가거나 수용당할 수 있는 바람 앞의 등불 같은 신세로 남겨져 있을 뿐이다. 이런 도중에 전국의 농어촌 기반 소도시조차 세계화 물결에 평준화되는 특징 없는 도시로 변모해갔다. 따라서 농산어촌과 도시라는 이분법이 중요한 것이 아니라 전통적 의미의 농산어촌의 개념에서 벗어나 실질적인 생활 권역 중심으로라도 농산어촌은 재구조화를 거쳐 다시 탄생 되어야 한다.

이런 가운데 2021년 7월 당시 정부는 다시 한번 '도시와 농촌 간의 지역 균형 발전'을 이루기 위해 농공단지를 '산업과 문화의 공간'으로 탈바꿈하는 시도를 결행하였다. 자평도 곁들였다. 총리 주재 회의에 참석한 면면을 소개하면 총괄은 산업통상자원부가 하고, 단지 조성은 국토교통부가, 조성 지원은 농림축산식품부와 해양수산부가, 중소벤처기업부는 공단 입주 신청하는 중소기업을 대상으로 창업 지원을, 고용노동부는 고용정책 기본법에 따른 고용 지원을, 환경부는 환경정책 기본법에 따라 환경성 검토 시 환경 관리 기술 지원을 해주겠다고 나섰다. 마지막으로 문화체육관광부까지 자발적으로 나서서 문화 기본법에 따라 농공단지의 '문화진흥 및 운영'에 관한 협력과 지원을 아끼지 않겠다고 덧붙였다. 한마디로 말하자면 코미디다.

그러나 최근 드러난 바로는 농공단지가 '구조 고도화 및 지역 특화산업 육성'을 위해 전문 단지, 지역 특화 단지, 일반 단지로 세분되어 시행된다는 것이다. 또한 30년 전부터 지지체에 입지 선정과 관리가 위임되었음에도 2022년부터는 농공단지 지원 통합지침에 따라 지원 의사를 밝힌 정부 각 부처에 성과를 분기별로 보고(사실상 승인받아야) 할 의무가 다시 추가된다는 것이다. 즉 정부 예산으로 마련하는 농림축산식품부와 해양수산부의 국비 지원을 받으려면 시, 군, 구에서 광역시나, 도道로 절차탁마切磋琢磨하는 과정을 거쳐 예산을 신청해야 함은 물론이고 분기별로 예산 사용 집행 성과를 부처별로 보고하는 절차가 늘어났다는 것이다. 그런데 정작 '농공단지의 개발 및 운영에 관한 통합지침'에 수혜 대상이 돼야 할 주인공(농산어촌민)들은 설 자리가 사라지고 없다. 살펴보면 이 지침은 농산어촌민을 위한 것이 아니다. 지자체가 도시 경계 밖(농산어촌)에서 농산어촌민들이 소유한 영농지를 수매하여 입주 희망 회사에 공급하는 방편을 더 정교하게 다듬어놓은 것에 불과하다. 즉 농산어촌 사람들이 일궈놓은 일터에서 손을 놓게 하는 결과를 가속하게 만든 것이다. 농업과 임업, 수산업을 지원하는 정부 부처와 산하 기구의 전문 인력을 정보 공개된 자료만 보더라도 농림축산식품부, 한국농어촌공사, 농촌진흥청, 농수산물 유통 공사 등 1만 5,000여 명의 내로라하는 직원들이 있고 농협은행과 수협중앙회, 수협개발 등을 합치면 정부와 산하 단체의 숫자만 4만 명이 넘는다. 전체 농산어민 인구 220만 명의 2% 가까이 되는 거대 전문 인력군이다. 그런데 이렇게 비대해진 조직과 인원들이 과연 농어민들의 종복인지 상전인지 알 수 없는 일들이 벌어지고 있다. 지자체와 관계 기관에 각종 실태 조사와 기획 및 설계, 예산 신청과 이행 보고서 작성 대행 등의 용역 라인을 꽂아놓고 있는 행정 용역사들과 공사 관련 기업들 역시 인터넷에 절차 대행 용역 광고를 남발하는 것을 보면 뭔가 감이 온다. 이 같은 행태를 들여다보면 농산어촌민들의 삶과 일터는 대상에서 이미 사라져버렸고, 절차의, 절차를 위한, 절차에 의한 인위적 과정만 남아 행정용역비가 과도하게 지출되는 것은 아닌지 우려된다. 이를 증명하듯 대한민국의 민법과 형법, 상법 및 소송 관련 절차법 등이 집성돼 있는 법전보다 더 두꺼운 책이 이런 사실을 뒷받침하고 있다. 그것은 바로 국토 이용과 도시 계획, 건축과 주택 관계법, 농지전용과 산업단지 입지 계획과 시행 절차, 지자체 조례 등을 담은 건축법규 해설집이다. 대한민국 역대 정부와 입법기관의 법률개정 과욕이 절차와 규정이라는 딸린 식구들을 과도하게 늘린 결과 지난 45년 동안 이 책은 거의 매년 개정 증보되어 난해한 한국의 행정절차법 체계에 걸맞은 몬스터 크기로 늘어났다. 최신 개정판은 4,300페이지, 두께 12cm의 몸집이다. 덕분에 출판계는 힘들이지 않고 태평성대를 구가하며 낙양의 지가紙價를 올렸겠지만, 다른 한편으로 거리에서 컵밥으로 끼니를 때우는 공시 준비생들에겐 부담되는 크기와 가격이 아닐 수 없다. 그동안 한국 사회가 키워놓은 매년 지속 가능하게 축소할 수 없는 서적 중의 하나임은 분명하다.

농산어촌 지역 저에너지 소비형 정주의 미래

정부가 그동안 농산어촌만의 삶의 질과 주거 환경에 관한 법률을 만들어 평가와 개선책을 도모하기 위한 다양한 노력을 시도해왔던 것은 사실이다. 그러나 치밀한 현지 조사를 통해 농산어촌만의 삶의 질이 어느 정도의 수준까지 와 있는지에 대한 실질적인 평가가 가능한 자료는 많지 않다. 즉 농민들의 문제가 무엇이고 개선해야 할 내용을 섬세하고 정확하게 파악하려는 노력이 자금까지도 매우 부족한 실정이다. 농산어촌 주거 환경 개선과 관련된 사업은 인프라, 주택, 마을, 생활용수, 하수 및 오·폐수 처리, 소하천, 도로, 쓰레기 처리 등 매우 다양한 범위의 사업들과 연관되어 있고 사업 단위도 주거 단위, 마을 단위, 읍·면 단위, 시·군 단위, 개별 사업지구 단위 등 매우 다양하다. 농산어촌 주거의 변화를 주도한 정부의 정책은 크게 행정안전부와 농림축산식품부 및 해양수산부로 삼원화되어 추진되고 있다. 그 밖에 농촌진흥청과 산림청, 국토교통부에서도 농산어촌 지역과 관련된 주거 정책과 사업을 시행하고 있으나 사업비 규모와 실적 면에서 소규모 수준에 머물고 있다. 농산어촌 주거와 관련된 사업들은 특성에 따라 주택의 부분적 또는 전면적 개량, 주거 단지 또는 마을 조성 등 다양한 형태로 추진되고 있다. 농산어촌 지역은 화석 연료 고갈에 따른 에너지 위기에 취약한 구조이므로 지속 가능성 있는 대체 에너지원 개발과 공급 시스템 변환이 무엇보다 시급하다. 농산어촌 지역의 주택이 도시 지역의 주택에 비해 에너지 절약 면에서 현저하게 차이가 나고 있다. 원인으로서는 허술한 단열 피복과 외기 차단형 창호 도입 및 교체 사업이 지자체의 재정난으로 신속 추진이 불발되고 있는바 우선 에어타이트와 같은 기초적 열 관리 효율을 높이는 대책과 지원이 빠르게 이루어질 수 있도록 저예산 규모라도 선도 집행이 꼭 필요하다. 중장기적으로 저에너지 소비형 주거 전략과 협업을 통해 형성되는 농산어촌 공간 계획 실현을 위해서 지역 전담 또는 마을 건축가를 초빙하고 통합된 시스템이 실제 작동되도록 예산과 행정력을 집중 지원해야 한다.

촌락 지역에 맞지 않는 획일적 건폐율 용적률 적용 규제 전환

건폐율 용적률은 농산어촌과 도시에 맞게 따로 적용하는 이분법적 제도가 필요하다. 일률 적용의 오류는 농민들의 주거 실태와 촌락 생활의 기초 현황 파악이 미흡한 것에 기인한다.

즉 농산어촌은 도시와 주거 환경과 형식이 다르므로 각 지역의 수용 토지 및 인프라 시설의 수용 밀도 범위 내에서 밀도(용적) 규제를 하고 건폐율 적용을 해제하되 공기의 흐름, 녹지 공간 확보 등 자연 생태 환경 보존과 연계시키는 건폐율 상한제를 시행하여 새로운 형태의 주거 유형이 창출되도록 유도하여야 한다. 건폐율과 용적률은 일조, 채광, 통풍 등 쾌적한 도시 환경을 위한 기준 지표로 작용하고, 토지의 효율적 이용이 그 목표다. 따라서 상대적으로 건물의 밀집도가 높지 않은 농산어촌에서는 도시와 같은 건축 밀도 위주의 규제 방식은 의미가 없다. 농산어촌에서는 주변 환경보다 실질적인 생산 거주 인구가 중요한 지표가 된다. 현행 용도 지역제는 동일 용도지역이면 모두 같은 용도와 용적률을 엄격하게 적용하는 우를 범하고 있다. 즉 입지 여건이나 도농 지역 차이가 반영되지 않아 도시에서 주거 시설은 도시 외곽으로 밀려나고 도심은 공동화되는 등 문제가 적지 않게 발생한다.

현재 대도시와 지방 소도시 구분 없이 획일적으로 규제하는 것은 지역 특성이 반영되지 못하는 토지 이용 계획이 되어 도심 공동화를 초래하고 대도시의 경우처럼 주거지가 외곽으로 분산되어 중소 도시의 교통 체증이 증가하는 현상을 심화시킨다. 소도시보다 훨씬 밀도가 작은 농산어촌 지역은 개별 주거 단위 내지는 촌락 단위로 규제를 변환해야 한다. 또한 농산어촌 지역 활성화를 위한 여러 가지 대책의 중요한 골격 역시 각 지역 특성을 살린 다양화 전략을 수립해야 한다. 지역성을 고려한 전략을 수립하기 위해서는 무엇보다 영농민이 우선이 되어 농산어촌의 일상을 고려한 주거 디자인과 지역의 풍토를 존중하는 노력이 필요하다. 지역성에 기반한 재료와 양식을 적절히 사용하여 한국형 K-전통 촌락 주거를 새로 마련하는 것 역시 미래의 농산어촌을 위해 시도해볼 만한 정책이다.

경관보전직불제와 농산어촌 경관 관리에 따른
경관 작물의 활용과 일자리 창출

농산어촌 경관은 농업 생산 활동이 이루어지는 농경지에서 생산 활동하는 주민 작업과의 관련이 높아 기존의 유도 정책만으로는 한계가 있다. 무엇보다도 기존 정책들이 농산어촌 경관의 고유한 특성과 현실에 기초하여 경관 자원을 보존하는 데 초점을 맞추지 않고 인공적 환경 관리에만 초점을 맞추고 있기 때문이다. 농림축산식품부에서는 2005년부터 농산어촌 경관을 직접 정책 대상으로 하는 경관보전직불제를 시행하고 있다. 경관보전직불제는 농산어촌의 경관을 보전하고 가꾸기 위해 지자체와 마을간 협약을 체결하고, 일반 작물 대신 경관 작물을 재배하는 등 경관 보전 활동을 하는 경우 소득 손실 보전 차원에서 경작민에게 보조금을 지급하는 제도다. 미래 정책의 방향은 농산어촌 경관의 구성 요소를 유형별로 재분류하고 검토하여 향후 경관보전직불제의 마을 활동으로 추가할 수 있는 보다 시급한 농산어촌 경관의 구성 요소를 제시하는 것이다. 다만, 계획을 위한 계획이 되지 않도록 농산어촌 경관 요소와 자원에 대한 철저한 조사와 주민의 실질적 참여 방안에 대한 점이 강조되어야 한다.

영국의 경우, 작물 위주가 아니라 개울, 산울타리, 돌담 등 다양한 농산어촌 경관 요소를 대상으로 하는 종합적인 차원에서 농산어촌 경관을 유지, 보전해나가고 있다. 일본의 홋카이도 비에이北海道 美瑛, 후라노富良野 지역은 잘 가꾼 전원과 농산업 풍경을 경관 자원으로 활용하여 세계의 자연 사진가들이 선망하는 사진 촬영 대상지로 자리 잡아 관광업과 연계한 다양한 방법으로 주민 소득을 높이고 있다. 그러나 우리나라는 일본이 제도 도입을 시작할 때와 같이 관이 주도하는 하향식 제도(시행착오)를 반복하고 있다. 현지 지역민이 자발적으로 참여하고 경관 보전과 가꾸기를 통해 살기 좋은 커뮤니티를 형성하기 위해서는 포틀랜드의 메트로와 같이 협치 상향식 활동 정립이 바람직하다. 따라서 특정 경관 계획인 농산어촌 자연경관 계획에 대한 수립과 이에 기반한 연관 계획으로서 경관보전직불제가 지역 농산물의 생산,

유통, 판매를 통한 농업 관련 일자리 창출 등 유기적 연계성을 갖는 방향으로 추진해 주민 소득을 높여야 한다.

▎친환경 제도 개선 방향

에너지 절감 평가 지표 개발 에너지 사용량 기준이 아닌
에너지 총량 기준

저탄소 녹색성장이라는 우리나라의 사회 실정에 맞추어 건축 재료와 실내 공기 질 등을 평가하는 수준에서 더 나아가 건축 계획 단계에서 디자인 항목까지도 고려하는 평가 시스템으로 전환되어야 한다. 에너지 소비량의 기준이 아닌 건축 설계 단계에서부터 에너지 절약을 위한 디자인이 가능하도록 재료 절감을 위한 합리적 구조 설계, 자연 환기가 가능한 공기 흐름 통로, 입면 디자인 요소로서 차양 시설 도입 등 에너지 절감형 디자인 평가 지표와 기준 개발이 필요하다. 신재생 에너지 관련 기술에 관한 연구뿐만 아니라 지속 가능한 자연 재료의 사용, 경량 구조를 통한 자원 절약형 디자인, 에너지 효율을 높이는 공동체 지향의 주문형 공동 주거나 집촌 마을 단위의 코하우징 등 총체적 개념에서 지속 가능한 에너지 절감형 주택을 연구해볼 필요가 있다. 이때의 기준은 에너지 사용량 기준이 아닌 에너지 총량 기준으로 검토되어야 한다. 태양광 패널 생산 제작 시 소비되는 에너지를 포함하여 순 에너지 소비 총량 기준에서 에너지 효율성을 종합 검증해야한다. 기술은 결코 에너지를 창조하지 않고, 단지 기존의 유용한 에너지를 소비할 뿐이기 때문이다.

중력을 이용한 건축/도시 제안 산지/구릉지형

저에너지 신도시 개발

한때 석유 등 에너지 자원 이용의 한계를 감지하지 못한 인류는 대부분의 화석 에너지를 지구 중력을 극복하기 위하여 사용하는 우를 범해왔다. 중력은 우주의 5대 근본 에너지 중의 하나이며 고대 로마인과 중세인들은 중력을 이용하여 초대형 교량과 아쿠아 덕트Aqua Duct (수로), 경기장과 대성당 같은 대규모 도시 시설물들과 건축 구조물들을 구축하여 인류 공동의 문화유산으로 남겼다. 화석 에너지원이 고갈되어갈수록 한국, 일본 등과 같이 산지와 구릉지가 많은 나라에서는 (고저 차와 위치 변환을 통해 얻는) 중력 에너지를 이용한 새로운 개념의 산지와 구릉지형 신도시 개념을 도입할 필요가 반드시 있다. 예를 들면 산지와 구릉지의 상부에는 업무, 행정, 교육 시설 등이 위치하게 되고 중턱에는 주거지가, 구릉지 기슭에는 상업과 물류, 생산시설들이 들어서게 된다. 이러한 산지/구릉지형 신도시 개념은 중력을 이용한 신개념의 초대형 교통수단과 다랑논 저수지, 상류지(음용 식수용) 맑은 물 지하 저장소, 고저 낙차를 이용한 수력/중력 발전 등 산악형 도시 인프라 구축과 시너지 효과를 가져올 인공 핵융합 반응의 청정 에너지원과 함께 21세기 중엽이면 점차 큰 비중의 활용 윤곽을 드러낼 것이다.

풍토와 풍경에 기반한 건축과 도시―지속 가능한 삶과 건축

어느 나라나 전통 사회의 주거 건축은 필연적으로 생태적일 수밖에 없다. 여러 지역민의 삶을 장구한 세월 담아내왔던 민가들을 들여

다보면 이러한 사실을 쉽게 알 수 있다. 건축가 없는 건축, 이른바 토속 건축vernacular architecture으로 분류되는 농경사회의 살림집들을 되돌아보면 그것은 한마디로 지극히 윤리적인 건축이라 해도 지나친 말이 아니다. 최소한의 것으로 최상의 거주 환경을 만들면서도 집들이 놓인 환경과 조화를 이루어낸 옛 선인들의 지혜를 (지식과 기술과 정보로 넘쳐나는) 현대 산업사회는 아직 그 경지에 도달하지 못하고 있다. 건축은 무에서 창조되는 것이 아니라 지역 풍토와 풍경에서 시대를 이어 축적된 지혜와 관습의 반복임에도 불구하고 사람들은 전혀 낯선 곳에서 그 해답을 찾으려 하고 있다.

좋은 사례로 남미 칠레의 공공 건축가들은 난민들의 생활을 관찰하면서 난민들이 값싼 재료를 사용해서 누구보다도 자신들의 가족이 정착할 주거를 잘 지을 수 있는 다양한 아이디어와 기술을 가지고 있다는 사실을 알았다. 시 당국이 제공한 도시 외곽에 난민 숙소를 턱없이 축소된 예산으로 지을 때 건축가들은 3~4층 높이의 사각 박스 건물에 화장실과 부엌 등 위생시설이 있는 코어만 띄엄띄엄 지어놓고 그 사이를 적당한 크기의 슬래브 바닥만으로 연결해놓았다. 그 결과 얼마 지나지 않아 입주민들이 자발적으로 나머지 공간을 각자 형편에 맞게 입면과 가구들로 방을 꾸며 살기 시작하면서 난민 공동주택이 완성되었다. 칠레의 사례는 정부가 모든 것을 해결하기보다 꼭 필요한 것만을 제공하는 지혜를 발휘한 경우로 볼 수 있다. 우리나라의 청년 주택이나 저소득 주택의 경우 도시공사가 건물 골조와 필수 인프라만 공동 발주로 제공하고 나머지는 이분해서 옵션으로 완성하는 프로그램에 도움이 될 만한 동기부여용 사례이다. 정부와 지자체가 모든 일을 A부터 Z까지 다 해야 한다는 생각은 이제 각 분야에서 내려놓아야 한다.

위험 사회와 더불어 살아야 하는 미래

어린이 안전과 학교 앞의 사고율 감소를 위해 30km 제한 속도를 지키라 하고 CCTV로 촬영해서 벌금을 부과하는 우리와 달리 유럽의 도시들은 고속도로용 아스팔트 포장 대신 포장용 견치석을 박아 학교와 동네 지선도로를 만들고 매번 수리해서 사용한다. 견치석 도로 위에서 40~50km로 달리기 어렵다는 사실을 모두 알고 있기 때문이다. 한국은 어린이 교통사고가 날 때마다 관리자나 교통경찰이 TV 앞에 선다. 앞으로 어린이 교통안전에 만전을 기하고 속도 장치를 완벽하게 갖추고 감독을 철저히 할 것이라는 진정성 없는 겉치레 말들을 늘어놓는다. 무조건 최선을 다하겠다는 말들은 교통안전 문제나 학교 앞 등하굣길 신호 체계를 다룰 때만큼은 함부로 남발해서는 안 된다. '지속해서 예산을 만들어 학교 앞 도로를 견치돌로 포장해 모든 차량의 속도를 낮추겠다'고 하면 될 일이다.

한국의 어느 대도시 시민 디자인위원회는 10년 동안 여당과 야당 시장을 번갈아 모시며 협치Governance 시정을 보좌하는 가운데 유독 방음터널 심의만은 동의를 내주지 않아 거듭되는 민원에 시달려왔다. 격년마다 위원들이 바뀌어도 늘 한결같은 결론을 신청 민원인이나 지자체에 전달하였다. "방음시설의 성능이나 단열 성능만 강조하면 내화 성능이 취약해져 화재 사고가 발생할 확률이 높아집니다. 5m를 넘는 방음벽은 대도시의 공기 흐름 정체를 유발하며 방음터널은 위원회의 동의와 설계경기 공모를 통해서만 가능합니다." 그 도시에서는 10년의 동안 방음터널은 단 한 건만 설계 공모를 통해 설치되었다. 그러나 바뀐 것이 하나 있었다. 방음공사는 이윤이 높았지만, 수주 기회 장벽도 높았다. 방음시설 설치확률을 높이기 위해 시행사들은 소음공해 관련 연구기관의 사례조사 분석과 근거 자료로 무장하고 소음 민원이 제기된 큰 길가 아파트 단지 주민 대부분의 서명이 첨부된 두툼한 민원 서류를 모아 국회와 관련 행정부처를 설득했다. 그 결과 시민 공공 디자인위원회 출발 때 주거 지역 야간 소음허용 기준이 70데시벨 이하였던 것을 10년 만에 58데시벨 이하로 낮추는 그들만의 쾌거를 이룬 것이다. 세계 최고의 방음벽 설치 기준으로 유명한 일본의 사례를 따라잡겠다는 목표로 만든 새 소음 환경 기준으로 정부와 지자체에 방음사업 예산 편성의 근거와 민원을 함께 제출해서 토지주택공사와 도로공사, 유관 시행기관과 지자체에 높은 방음벽과 방음터널 설치 시행을 요구할 수 있는 법적 근거를 획득했다. 일본의 신칸센을 이용한 사람들에게 차창 밖으로 무엇을 보고 왔느냐 물으면 대부분 방음벽만 보고 왔다고 말한다. 일본의 고속도로 역시 총연장 7,600km의 40%인 3,000km 가까이 방음벽이 설치되어 있으나 비싼 통행료에 비해 별 볼일이 없는지 이용률이 높지 않다. 거듭된 비교 학습과 새로운 정보에 대한 검토를 거쳐 형성된 시민 디자인위원회 결의는 그 후로도 변함이 없었다.

　인접 시도에서는 이와 다르게 시행하다가 최근 일어난 대형화재 사건이 초래한 참담한 결과 때문에 '방음 천국'에 대한 대책을 처음부터 다시 검토해야 하는 상황에 놓이게 되었다.

지속 가능한 정주와 평화를 위한 총체적 풍경 만들기

고도 산업사회로 진입하면서 필연적으로 치러내야 하는 위험과 위험을 만들어내는 사회 체계와 시스템을 현장 운영과 상황 중심으로 면밀하게 미리 파악해보아야 한다. 과학화된 사회 시스템은 가끔 합리적이고 착해 보이는 한쪽 면(목적의 합리성)만 보이며 생활 세계 일상의 길목에서 (시민들의 의사소통적 합리성을 간과해서) 감춰지는 위험과 함께 기다리고 있다. 일찍이 독일의 사회학자 울리히 벡Ulrich Beck은 이러한 제 현상을 위험 사회Risk society, Risikogesellschaft로 진단하였다. 벡은 위험 사회의 정의에서 '위험에 대한 (완전치 못한) 지식'과 (예상치 못한) 실제 위험을 만들어내는 충격의 차이를 파악하는 것이 중요하다고 말했다. 알기 쉬운 예로 농촌 지역의 해충과 유해조류를 박멸하는 성과 목표를 지자체가 높게 정하면 다른 생태계의 교란을 불러오게 되는 예상치 못한 일이 벌어지는 결과와 충격의 차이를 말하는 것이다. 선해 보이는 목표에도 불구하고 완벽한 성과와 완전 달성이라는 의욕이 경직된 사회 체계와 함께 빚어낸 이웃 나라의 위험 사례를 소개하며 글을 마치려 한다.

1958년 대약진 운동 시기 중화인민공화국 모든 성省과 대도시에 제사해운동除四害運動(네 가지 해충 참새와 쥐, 파리, 모기 박멸 운동)으로 사무지방四無之邦(네 가지 해충이 없는 나라)을 만들자"라는 마오 주석의 지시가 하달되었다. 참새와 쥐 한 마리가 연간에 약 2~3.5kg의 곡식을 먹어 치운다는 붉은 생태학자들의 보고에 놀란 공화국 인민들이 전투하듯 박멸에 총력을 기울였다. 그 결과 1년 동안 전국에서 참새 10억 마리, 쥐 15억 마리, 파리 1억kg, 모기 1,100만kg을 포집하는 전 세계

인민들이 주목할 완벽한 성과를 이뤄냈다는 허망하기 짝이 없는 에피소드를 양산했다. 참새떼가 모두 사라지고 난 후 중국의 하늘은 메뚜기떼로 뒤덮이기 시작했다. 그 후 인민공사의 영농 실패와 병충해의 창궐로 1959~1961년까지 3년 대기근이 들고 수천만 명의 중화민국 인민들이 굶어 죽는 현대사에서 유래를 찾아볼 수 없는 참혹한 어둠의 시간이 찾아왔다. 참새떼가 중국 땅에서 모두 사라지자 네 가지 해충 목록에는 참새 대신 빈대가 올라왔다. 참사가 지나간 후 참새떼는 소련에서 20만 마리를 다시 수입해서 열심히 번식시키는 수밖에 없었다.

이러한 사례가 말해주듯 정부 정책의 어리석음은 근본적으로 모든 것을 입안자가 제일 잘 알고 있다고 자만하는 것에서 비롯된다. '정부의 농촌 문제 개입과 지원'은 영농 당사자들로부터 먼저 필요한 지원을 왜 해야 하는지를 경청하는 일에서부터 출발해야 한다. 대대로 그 땅에서 씨 뿌리고 밭 갈던 사람보다 그 땅의 농사일에 대해 누가 더 잘 알 수 있겠는가. 현지 농민의 말에 가만히 귀 기울여보면 일방적으로 자신들의 주장만을 관철하려는 요구가 아니다. 정부 행정 체계의 한 방향 시혜 정책을 재고하고 이해 당사자와 양방향 의사소통적 합리성을 가지고 농공단지의 활성화와 농산어촌 문제를 함께 도모하자는 말이다. 절차적 정의만으로 밀어붙이는 방법을 강요하지 말고, 상호 주관적 보편성을 갖고 약자에 대한 배려를 포함해서 원만한 영농 지원과 농공협조를 동반성장 하자는 뜻이다. **기후 변화 방지를 위한 자연과의 공생 문제도 '생태와 경제' 중간 어디쯤에서 절반의 성공을 도모하는 것이 어쩌면 공화의 세계에 더 가까이 다가갈 수도 있기 때문이다.**

환경과 생태계 문제에 대한 공생의 해법 없이는 더 이상 우리의 삶이 지속할 수 있지 않고 더불어 만들어가는 건축과 도시가 될 수 없다는 것을 알아야 한다. 그리하여 우리는 모두 겸손하게 다시 한번 옛사람들이 아름다운 풍경을 만들고 보존해온 지혜와 가르침에 귀 기울이고 함께 살아가는 우리 곁의 동반자 자연으로부터 배워나가며 서로 존중해야만 지구의 모든 생명체와 공생하는 삶이 지속 가능할 수 있음을 깨달아야 한다.

2

규제 개혁으로 시장 자본주의를 완성하자

강영철(KDI 국제정책대학원 초빙교수, 전 국무조정실 규제조정실장)

| 한국은 시장 자본주의 국가인가?

한국은 시장 자본주의 국가인가? 이러한 질문을 하면 한국 사람들은 대부분 이렇게 반응할 것이다. "아니, 뭔 뜬금없는 소리냐?" 상식에 반하는 질문이기 때문이다. 과연 한국은 시장 자본주의 국가일까?

시장 자본주의가 무엇인가? 누구든 자유롭게 시장에 진입할 수 있으며 경쟁을 통해서 최적의 균형을 찾아나가는 경제 시스템이다. 시장 자본주의에서 정부의 역할은 제한적이다. 정부 역할은 시장의 공정한 심판관이다. 경쟁을 억제하거나 시장에의 참여를 제한함으로써 인위적으로 승자와 패자를 가르는 일을 해서는 안 된다. 물론 정부가 시장에서 형성되는 가격을 통제해서도 안 된다.

이러한 기준을 갖고 각국의 시장 경제 수준을 평가하는 지표가 있

<그림 2-1> 상품 시장 규제 지수

━ 경쟁 친화적   ━ OECD 국가 평균   ━ 비우호적

출처: OECD, Indicators of Product Market Regulation [1]

다. 바로 경제협력개발기구OECD가 5년마다 발표하는 상품 시장 규제 지수Product Market Regulation Index다. 상품 시장 규제 지수는 정부가 규제를 통해 시장에 개입하는 정도를 측정한다. OECD는 2013년 상품 시장 규제 지수를 기준으로 세계 규제 지도를 발표했다. 경쟁 친화적 국가를 녹색, 경쟁에 비우호적인 국가를 적색으로 분류했다. OECD 평균 수준의 국가들은 오렌지색이다. [2]

한국은 무슨 색깔일까? 대다수 국민은 우리는 시장 자본주의 체제이니 녹색 아니면 적어도 오렌지색 정도는 돼야 한다고 생각할 것이다.

---

1 https://www.oecd.org/economy/reform/indicators-of-product-market-regulation/
2 이 책에서는 녹색은 검은색, 적색은 옅은 회색, 오렌지색은 짙은 회색으로 표현하였다.

OECD의 분석 결과는 다르다. 한국은 적색 국가다.

이 조사에서 OECD는 일부 비회원국도 함께 평가했다. OECD 비회원국인 중국과 러시아, 인도의 상품 시장 규제 지수를 함께 발표했다. 한국은 이들 비회원과 함께 적색 국가로 분류됐다. 특히 중국과 러시아는 과거 중앙 집중식 통제 국가의 경험이 있는 나라다. 경제 곳곳에 이의 잔재가 남아 있다. 그래서 적색 국가로 분류된다 하더라도 전혀 어색하지 않다. 그런데 한국이 이들 국가와 함께 적색 국가로 분류된 것은 충격적이다.

OECD는 2018년에도 상품 시장 규제 지수를 발표했다. 이때는 세계 규제 지도를 공표하지 않았다. 그렇다고 한국의 평가가 좋아진 것도 아니다. 2018년에 처음으로 평가된 2개 국가와 50개 주 중 단 2개 주만을 평가한 미국을 제외하면 한국은 여전히 세계에서 세 번째로 규제가 강한 나라다. OECD가 2018년에도 세계 규제 지도를 발표했으면 한국은 여전히 적색 국가로 분류됐을 것임이 틀림없다.

특히 주목할 점은 OECD가 2018년에 상품 시장 규제 지수 산정 방식을 바꾸었다는 사실이다. OECD는 2018년 상품 시장 규제 지수를 전면 개편하면서 2018년 지수와 그 이전의 지수를 비교하지 말라고 권고했다. 실제로 2018년 규제 지수를 보면 그 이전과 비교해서 국가별 순위가 적지 않게 바뀌었다. 그러나 한국은 예외다. 지수 개편 이전이나 이후나 순위가 달라진 게 별로 없다. 지수를 어떻게 바꿔도 한국은 규제가 센 나라인 것이다.

특히 어떤 분야의 규제가 한국을 규제 강국으로 자리매김하는데 기여했는지 상세히 살펴보자. 〈그림 2-2〉는 상품 시장 규제 지수 18개

대한민국, 넥스트 레벨

<그림 2-2> 한국과 5개 규제 모범 국가 지수 격차

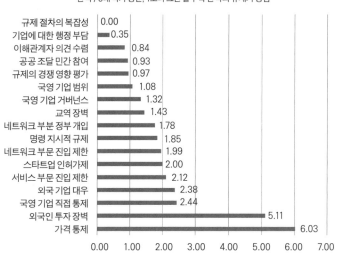

한국 / 5대 국가 평균, 1보다 크면 클수록 한국의 규제가 강함

규제 절차의 복잡성	0.00
기업에 대한 행정 부담	0.35
이해관계자 의견 수렴	0.84
공공 조달 민간 참여	0.93
규제의 경쟁 영향 평가	0.97
국영 기업 범위	1.08
국영 기업 거버넌스	1.32
교역 장벽	1.43
네트워크 부분 정부 개입	1.78
명령 지시적 규제	1.85
네트워크 부문 진입 제한	1.99
스타트업 인허가제	2.00
서비스 부문 진입 제한	2.12
외국 기업 대우	2.38
국영 기업 직접 통제	2.44
외국인 투자 장벽	5.11
가격 통제	6.03

* 주: 5대 모범 국가는 영국, 덴마크, 스페인, 독일, 네덜란드. 한국의 각 항목 지수를 이들 국가 각 항목의 평균치로 나눈 것으로 1 이상이면 한국의 규제가 더 강한 것이고 1 이하이면 한국의 규제가 상대적으로 약함을 의미함.
출처: OECD, The 2018 Edition of the OECD PMR Indicators and Database

세부 항목별로 한국과 OECD 규제 모범 국가 5개국의 '상대적 규제 경쟁력'을 보여준다. 한국의 상품 시장 규제 지수를 5개국의 평균 지수로 나눈 값이다. 그 값이 1이면 한국과 5대 모범 국가의 규제 경쟁력이 동등한 것이고, 1보다 크면 클수록 한국의 규제 경쟁력이 열악한 것이다. 1보다 적으면 적을수록 한국이 규제 경쟁력을 갖췄다고 볼 수 있다.

5대 규제 모범 국가는 상품 시장 규제 지수가 가장 낮은 5개 국가를 말한다. 위의 세계 규제 지도에서 녹색 국가로 분류된 영국과 네덜란드를 포함해 덴마크, 스페인, 독일이 포함된다.

<표 2-1> 상품 시장 규제 지수 6개 중위 지표 비교

	국·공유화	기업 활동 개입	규제 단순화·평가	스타트업 행정 부담	서비스 및 네트워크 부문 장벽	무역 및 투자 부문 장벽
한국 PMR (A)	2.21	1.92	0.93	1.09	2.59	1.49
모범 5개국 평균 (B)	1.56	0.85	1.20	0.77	1.25	0.39
A/B	1.46	2.26	0.78	1.42	2.07	3.81

출처: OECD, The 2018 Edition of the OECD PMR Indicators and Database

18개 항목 중 한국이 경쟁력을 갖춘 것은 5개 항목뿐이다. 나머지 13개 항목에서 한국은 규제 경쟁력을 상실했다. 13개 항목 중 경쟁력이 가장 취약한 부분은 '소매 가격에 대한 정부 통제'다. 한국 2.85, 규제 모범 국가 0.47. 한국이 6.03배나 강한 규제 수준을 유지하고 있다. 외국인 직접투자도 한국에서는 자유롭지 못하다. 한국이 5대 국가보다 5배 이상 높은 규제 수준을 유지하고 있다.

한국이 2배 이상의 규제 강도를 보이는 항목을 보면 대부분 시장에 대한 정부의 직접적 개입과 관련된 것이다. 국영 기업에 대한 직접적인 통제(2.44), 서비스 부문 진입 장벽(2.21), 스타트업 인허가 제도(2) 등이다. 명령 지시적 기업 규제도 1.85로 매우 높다. 이 같은 현실은 18개 항목을 6개의 중위 지표로 묶어 분석해보면 더욱 적나라하게 드러난다.

6개 중위 지표 중 규제 단순화·평가 항목을 제외하면 다른 모든 항목에서 한국은 규제 경쟁력을 잃고 있다. 특히 기업 활동에 대한 정부 개입에서 2배 이상 높은 규제 강도를 유지하고 있으며, 서비스 및 네트워크 부문에서의 시장 진입 규제도 심각한 수준이다. 우리는 한국이 무역 및 투자 장벽이 낮은 국가로 알고 있다. 그러나 이 분석에 따르면 한국은 이 분야에서 5대 규제 모범 국가보다 3.81배나 높은 규제를 시행하고 있다. 격차가 가장 크다.

규제 모범 국가와의 비교를 통해서 우리가 얻을 수 있는 결론은 한국은 국가가 지나치게 시장에 개입하고 있다는 점이다. 국가가 시장의 가격에 개입하고, 민간 기업의 경영에 간섭하고, 경쟁을 촉진하기보다는 억제하는 반시장적 규제 시스템을 갖고 있다. **시장을 시장에 맡기지 않고 국가가 규율하는 '국가 자본주의' 경제 시스템을 운영하고 있다**는 말이다.

그렇다면 과연 이러한 국가 자본주의적 시스템을 갖고 우리는 지속적으로 발전할 수 있을까? 결론은 명확하다. 반시장적 국가주의의 굴레를 벗어나지 못하면 한국의 발전은 여기서 멈춘다. OECD는 상품 시장 규제 지수가 경제 성장에 미치는 영향을 분석했다. 문헌 분석을 통해서 얻은 결론은 상품 시장 규제, 즉 시장에 대한 규제가 노동 규제나 환경 규제보다도 경제 성장에 미치는 영향이 더 크다는 것이다. 현대경제연구원이 2014년 발간한 「규제와 경제 성장」 보고서는 한국이 OECD 평균 수준으로 규제를 개선할 경우 명목 성장률을 2013년 기준으로 0.3%p 추가로 상승시킬 수 있었다고 분석했다.[3] 평균 수준만 되어도 이런 효과가 있으니 규제가 5대 모범 국가 수준으로 낮아지면 어떻게 되겠는가? 더 큰 경제 성장 효과를 기대할 수 있다.

한국이 지속적으로 성장하기를 원하는가? 유일한 길이 국가 자본

---

3 https://preview.kstudy.com/W_files/kiss5/2c201288_pv.pdf

주의를 버리고 시장 자본주의로 이행하는 것이다. **시장에 대한 국가의 개입을 최대한 걷어내야 한다.**

┃ 국가 경제에 정해진 운명은 없다

한국의 성장 잠재력은 나날이 추락하고 있다. 잠재 성장률이 지속 하락해 1%대까지 떨어졌다. 한국의 잠재 성장률과 관련해 많은 경제 학자가 주장하는 게 있다. "경제가 일정 수준 이상 고도화되면 잠재 성장률은 하락한다. 반시장적 정부 개입이 문제가 아니라 한국 경제의 성숙도가 그만큼 높아졌기 때문에 성장 잠재력이 하강하는 것이다. 한국의 잠재 성장률 하락은 따라서 예정된 운명이다." 과연 그럴까?

세계 최대 경제 대국 미국의 잠재 성장률 상승은 국가 경제에 예정 된 운명은 없다는 사실을 잘 보여준다. 미국의 잠재 성장률은 2010년 대 1% 미만으로 바닥을 쳤으나 그 후 지속적으로 상승하여 2% 수준 까지 올라갔다.

〈그림 2-3〉은 한국과 미국의 잠재 성장률이 동일한 수준으로 수렴 하고 있음을 보여준다. 한국과 미국의 잠재 성장률이 역전된다 해도 이상하지 않을 추세를 보여준다. 한국은 2000년대 전반기 4.7%에 달 했던 잠재 성장률이 지속적으로 하락한 반면, 미국은 2011년 이후 잠 재 성장률을 상승으로 반전시켰다. 결국 미국의 사례는 국가 경제를 어떻게 디자인하고 운영하는가에 따라 잠재 성장률을 얼마든지 끌어 올릴 수 있음을 보여준다.

미국의 이 같은 잠재 성장률 상승은 디지털 전환기 과감한 투자와

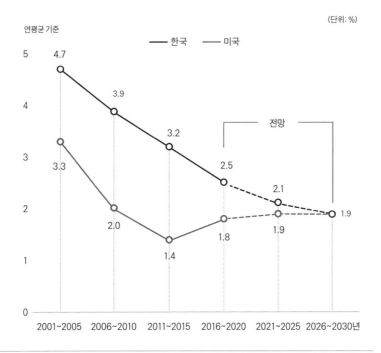

<그림 2-3> 한미 잠재 성장률 추이 및 전망

(단위: %)

연평균 기준

— 한국　— 미국

출처: 현대경제연구원

함께 어떤 사업 모델의 실험도 가능한 자유 경쟁 시스템에 힘입은 것이다. 디지털 전환으로 이전에는 없던 새로운 유형의 사업, 예를 들면 SNS, 우버, 에어비앤비, 디지털 헬스, 유전자 검사 서비스, 바이오, 자율 주행 자동차 등 신산업이 투자와 고용을 이끌고 생산성을 향상시키면서 잠재 성장률 하락 추세를 역전시켰다.

OECD는 이미 2005년에 정보통신 기술의 발전으로 인한 생산성 향상의 기회와 반시장적 규제의 상관관계를 분석한 바 있다. 이에 따르면 반시장적 규제가 강할수록 정보통신 기술 확산에 따른 생산성

<그림 2-4> 글로벌 누적 투자액 상위 100대 업체 중 한국 규제 저촉 가능성

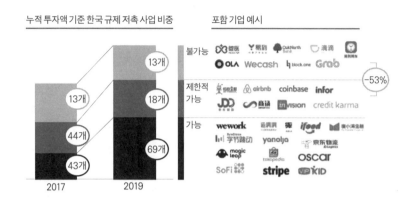

출처: 아산나눔재단 외, 「스타트업 생태계 활성화를 위한 스타트업 코리아」, 2019.

<그림 2-5> 디지털 헬스케어 스타트업 누적 투자액 톱 100의 국내 진입을 제한하는 주요 규제

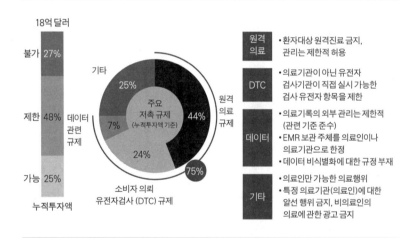

출처: 아산나눔재단 외, 「스타트업코리아! 디지털 헬스케어」, 2018.

향상의 기회를 현실화시킬 가능성이 하락한다.[4] 거꾸로 표현하면 반시 장적 규제가 약할수록 생산성을 향상시킬 확률이 높아진다는 말이다.

대한민국, 넥스트 레벨

한국 신산업이 얼마나 척박한 환경에 처해 있는지를 잘 보여주는 연구 결과가 있다. 아산나눔재단 주도로 작성된 「스타트업 생태계 활성화를 위한 스타트업 코리아」 보고서(2019)다. 이 보고서에 따르면 글로벌 투자 유치액 기준 상위 100대 기업 중 31개는 한국에서 사업 개시가 불가능하다. 시장 진입을 가로막는 정부의 규제 때문이다. 디지털·바이오 헬스케어 분야에서도 75%의 사업 모델이 한국에서 원천 봉쇄돼 있다. 이 모든 게 시장 진입 규제 때문이다.

| K-팝과 K-뷰티의 비결

그렇다면 정부가 규제의 고삐를 놓으면 잠재 성장률 하락을 역전시킬 수 있을까? 딱 두 가지 예만 들어보자. 하나는 정부의 시장에 대한 개입 수준이 경쟁 선진국과 비교해서 가장 낮은 예이고, 다른 하나는 규제의 수준은 매우 높으나 산업 성장의 방아쇠 고리만을 개선해서 최대의 효과를 낸 예이다. 전자는 K-팝 산업이고 후자는 K-뷰티 산업이다.

K-팝 산업을 먼저 들여다보자. 대한민국 국민 모두가 다 알 듯, 우리는 지금 음악으로 세계를 제패하고 있다. 2022년 카타르 월드컵 사운드 트랙 「드리머스」는 BTS 멤버 정국이 불렀다. 언감생심 넘볼 수 없었던 빌보드 차트에서도 한국의 팝 아티스트들은 단골손님이다.

K-팝의 성공 요인은 출발부터 세계 시장을 겨냥해서 산업을 디자

---

4 https://eiec.kdi.re.kr/publish/naraView.do?cidx=5051

인했다는 점이다. 30여 년 전 한국 음악 시장 규모는 일본의 10분의 1도 안 될 정도로 열악했다. 이수만을 필두로 이호연, 박진영, 양현석, 방시혁 등 한국의 대표적인 프로듀서들은 처음부터 한국 시장보다 세계 시장을 겨냥해서 K-팝 시스템을 만들고, 기술과 문화를 결합한 혁신 시스템을 창출하고 가동했다.

우리나라 철강·조선·자동차·반도체 산업이 시작부터 세계 시장을 겨냥한 것과 마찬가지다. 그러나 K-팝은 이러한 전통 산업과도 다르다. 전통 산업 분야에서 정부는 산업 발전 초기 금융, 세제, 시장 개척 등에서 막대한 지원을 아끼지 않았다. 반면 K-팝은 일체의 정부 지원 없이 사막에서 오아시스를 일구어냈다.

핵심은 정부가 K-팝 산업을 지원하지 않았을 뿐 아니라 규제의 사슬로 개입하지도 않았다는 점이다. 정부가 만약 미국처럼 아티스트나 종사자들을 보호한다는 명목으로 프로듀싱 시스템에 각종 규제의 덫을 씌워 개입했다면 현재의 K-팝 산업은 한국에 존재하지 않았을 것이다.

물론 K-팝 기획사들의 일탈이 없었던 것은 아니다. 간혹 아티스트들에 대한 부당 계약, 과도한 사생활 간섭 등 부정적인 뉴스가 세간의 주목을 받기도 했다. 그러나 정부는 이러한 단편적인 일탈을 이유로 산업 전체를 규율하는 엄격한 규제 시스템을 도입하지 않았다.

시장 자본주의에서 끊임없이 제기되는 이슈가 시장의 질서를 무너뜨리는 일탈 행위를 정부가 어떻게 다룰 것인가 하는 문제다. 두 가지 방법이 있다. 일탈을 일탈로 처리하여 부분화시키는 방법과 일탈을 전체의 문제로 확대 해석하여 시장 전체를 정부가 규율하는 것이다.

한국 정부, 즉 규제 당국이 K-팝 산업에 기여한 것이 있다면 시장에서의 일탈 행위를 예외적인 일탈로 보고 K-팝 산업 시스템 전체에 규제의 덫을 씌우지 않았다는 점이다. 그런데 이것은 결코 작은 기여가 아니다. 시장 자본주의 경제 시스템에서는 정부가 개입하지 않음으로써 시장에 기여한다. 그런 측면에서 K-팝 산업의 성장에서 정부의 역할은 결코 적다고 말할 수 없다. 그것이 의도적이었건, 아니면 한국의 K-팝 전사들이 구축한 시스템에 대한 이해가 부족해서였건, 정부는 '개입하지 않음으로써 산업 성장에 기여한다'는 베스트 프랙티스를 K-팝 산업에서 만들었다.[5]

K-팝 못지않게 급속한 성장을 이룬 산업이 또 하나 있다. 바로 K-뷰티 산업, 즉 한국의 화장품 산업이다. 한국은 전통적으로 화장품 수입국이었다. 시세이도, 에스티 로더 등 외국산은 고급 화장품으로, 국산은 중저가 화장품으로 자리매김한 게 수십 년이다.

이러한 추세를 일거에 역전시키는 계기가 2012년 만들어졌다. 화장품법을 개정한 것이다. 화장품법은 매우 강력한 규제 법률이다. 피부에 직접 접촉하는 제품이기 때문이다. 안전제일주의다. 그래서 정부는 2011년 8월 화장품법을 전부 개정(시행 2012년 2월)하면서 제품 안전과 관련한 조항은 크게 손대지 않았다.

다만 한 가지 획기적인 변화를 담았다. 법 제8조에서 식품의약품안전청장은 화장품의 제조 등에 사용할 수 없는 원료를 지정하여 고시

---

5 K-팝의 성공 비결에 대한 상세한 설명은 이장우(2020), 『세상을 흔든 한국형 혁신의 미래: K-팝 이노베이션』, 21세기북스를 참조.

하여야 한다고 규정한 것이다. 법 개정 이전에는 식품의약품안전청장이 화장품 원료로 지정 고시한 원료만 사용할 수 있었다. 규제학자들이 말하듯이 '쓸 수 있는 것을 나열한' 포지티브 방식 규제를 '쓸 수 없는 것을 제외한 모든 것을 허용하는' 네거티브 규제로 바꾼 것이다.

이를 계기로 민간의 창의성이 꽃을 피웠다. 화장품 제조 회사들은 한방 원료 등 독특한 소재의 원료 개발에 박차를 가하고 기능성이라는 옷을 입혔다. 화장품 창업이 활성화되고 이전에는 없던 신제품이 홍수를 이루었다. 중국 시장을 석권하고 이어서 세계로 한국 화장품이 뻗어나갔다. 화장품 산업은 2012년을 전후로 무역 적자 산업에서 무역 흑자 산업으로 전환했다. 〈그림 2-6〉을 보면 화장품 산업의 비약적인 성장을 읽을 수 있다.

화장품 수출은 2012년 9억 7,800만 달러에서 2020년 75억 7,200만 달러로 7.1배 증가했다. 이에 반해 수입은 같은 기간 동안 1.2배 증가하는 데 그쳤다. 이에 따라 무역 흑자는 2012년 8,900만 달

<그림 2-6> 화장품 수입 및 수출액 현황

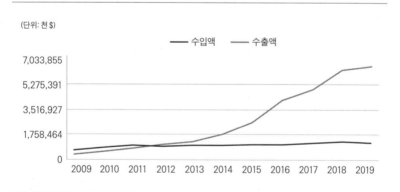

출처: 국가통계포털(KOSIS)

러에서 2020년 64억 400만 달러로 72배 증가했다. 화장품법의 한 조문을 바꾼 효과가 바로 이것이다. 수출 7배, 무역 흑자 72배 증가다.

물론 이 같은 성장의 이면에는 외국산 화장품이 시장을 지배하는 가운데서도 꾸준히 제품을 개발하고 혁신을 일군 아모레퍼시픽 등 혁신적 뷰티 기업가들의 열정과 인내가 있었다. 원료 규제를 푼다고 한들 그것을 제대로 활용할 역량이 누적돼 있지 않았다면 K-뷰티는 불가능했다. 한마디로 표현하면 억눌려 있던 기업가들의 혁신 역량을 규제 조문 하나 바꿔 폭발하게 한 것이다.

K-팝은 정부가 시장에 개입하지 않음으로써, K-뷰티는 정부가 개입의 방식을 바꿈으로써 산업의 명운을 좌우한 대표적인 사례들이다. 시사점은 명확하다. 국가가 시장에 개입하는 방식을 전면적으로 쇄신하면 우리는 얼마든지 2% 이하로 떨어진 성장 잠재력을 회생시킬 수 있다.

▎시장 자본주의로의 전환, 규제 개혁이 시발점

국가 자본주의에서 시장 자본주의로의 이행은 정부가 규제의 끈을 놓는 것에서 시작한다. 정부가 시장에 개입할 수 있는 법적인 근거, 즉 규제를 없애야 한다는 말이다. 그런데 놀라운 사실은 지난 25년간 한국 정부가 끈질기게 규제 개혁을 추진해왔다는 점이다. 산업화가 어느 정도 마무리되고, 외환 위기를 겪으면서 한국은 본격적인 경제 자유화를 실시했다. 「행정 규제 기본법」이 1998년 발효되고 이해 출범한 김대중 정부는 '규제 개혁'을 국정 과제 중 하나로 추진했다.

김대중 정부 이래 모든 한국의 집권 세력은 규제 개혁을 추진했다. 5년마다 대통령이 바뀌었으나 한 번도 정부의 국정 과제에서 빠지지 않은 게 바로 규제 개혁이다. 이는 곧 한국의 규제가 매우 심각한 수준이라는 반증이며, 동시에 어떤 정부도 규제 개혁에서 성과를 제대로 일구어내지 못했음을 말해준다. 실제로 OECD 상품 시장 규제 지수의 25년간 추이를 보면 한국 정부의 상대적 규제 수준이 전혀 개선되지 않았음을 알 수 있다(〈표 2-2〉 참조).

〈표 2-2〉를 보면 한국은 1998년에 OECD에서 8번째로 규제가 강한 나라였다. 그 순위가 하락해야 규제가 개선됐다는 증거이지만, 한국은 2003년을 제외하면 순위가 1998년보다 개선된 적이 없다. 회원국 숫자가 적었던 1998년, 한국은 규제 강도에서 OECD 상위 30% 이내 수준이었다. 2013년에는 이것이 12% 수준까지 악화된다. 지수가 개편된 2018년을 기준으로 보아도 한국은 상위 16% 수준의 규제 강

〈표 2-2〉 우리나라 연도별 PMR 지수 및 순위

연도	PMR 지수		우리나라 순위	OECD 회원국 수
	OECD 평균	우리나라		
1998년	2.21	2.56	8위	28
2003년	1.78	1.95	9위	30
2008년	1.66	1.94	6위	36
2013년	1.48	1.88	4위	35
2018년	1.43	1.71	6위	38

출처: OECD, Indicators of Product Market Regulation [6]

---

[6] https://www.oecd.org/economy/reform/indicators-of-product-market-regulation/

대한민국, 넥스트 레벨

국이다.

OECD 평균 상품 시장 규제 지수를 보면 한국뿐 아니라 회원국 모두가 규제를 개선하는 데 노력했음을 알 수 있다. 상품 시장 규제 지수 평균이 1998년 2.21에서 2013년에는 1.48로 0.73포인트 개선됐다. 한국은 같은 기간 2.56에서 1.88로 0.68포인트 개선에 그쳤다. 역대 정부가 "우리 정말 열심히 규제를 개선했어. 알아주면 좋겠어!"라고 주장하더라도 "맞아 수고했어. 그런데 다른 나라는 더 열심히 했던데"라는 반론이 가능한 상황이다. 〈표 2-3〉은 역대 정부의 규제 개혁 노력을 요약한 것이다.

역대 모든 정부가 무엇인가 새로운 규제 개혁 방법론을 들고 나와 나름 차별화된 노력을 기울였음을 알 수 있다. 그런데도 한국은 규제 열등 국가·적색 국가다. 도대체 무엇이 잘못됐는가? **가장 큰 문제는 규제 개혁을 정치적으로 '활용'했지 정부의 '소명'으로 추진한 정부가 없었**

〈표 2-3〉 역대 정부의 규제 개혁

각 정부	주요 규제 개혁 체계	주요 정책
김영삼 정부	행정쇄신위원회 설치	「행정 규제 기본법」제정 규제 실명제
김대중 정부	규제개혁위원회 설치	규제 기요틴, 규제 등록제 규제 심사(규제 영향 분석)
노무현 정부	규제개혁기획단 설치	규제 총량제 「행정 조사 기본법」제정
이명박 정부	국가경쟁력강화위원회 설치	한시적 규제 유예 규제 일몰, 핵심 규제 개선
박근혜 정부	규제개혁 장관 회의 운영	규제 비용 관리제 규제 분석 센터, 규제 맵
문재인 정부	4차산업혁명위원회 설치	규제 샌드박스, 규제 특구
윤석열 정부	규제개혁추진단 설치	규제 비용 감축제, 규제 심판 제도

다는 점이다. 규제 개혁을 민간의 규제 애로를 개별 사안별로 해결하는 정치적 이벤트로 취급했을 뿐이다. 시장과 국가의 관계를 근본적으로 혁신하는 수단으로 승화시키지 못했다. 국가 자본주의적 시장 개입을 어떻게 해결해 나가겠다는 '담론'을 놓고 진지하게 고민한 적이 없었다.

그래서 매 정부 '과시용' 규제 개혁 방법론이 나오고 이전 정부가 활용한 규제 개혁 수단은 서랍 속으로 사라졌다. 이명박 정부가 가장 효과적으로 활용한 '한시적 규제 유예'를 살펴보자. 한시적 규제 유예는 정부가 시행령이나 시행 규칙을 고쳐, 즉 국회를 거치지 않고, 규제를 3년간 유예해주는 것이다. 대표적인 사례가 수도권 집중 억제 정책으로 인해 공장을 증축할 수 없는 기업을 대상으로 건폐율과 용적률을 일시적으로 높여주는 것이다. 이것을 높이면 공장 인근의 땅을 새로 사지 않더라고 기존 공장 부지를 활용해서 공장을 증축할 수 있다.

그렇다고 수도권에 공장을 마냥 증축하도록 방치할 수는 없는 일이다. 그래서 3년간 시한을 두고 이 기한 내에 착공한 증축 공사만을 허용했다. 기업의 애로를 해소하고 동시에 무분별한 수도권 공장 확대도 막고자 한 것이다. 정책의 근간을 흐트러뜨리지 않고 민간의 투자 애로를 일시적으로 해소한 현명한 해법이었다.

이러한 장점에도 불구하고 다음 정부는 한시적 규제 유예를 온전히 계승하지 않았다. 박근혜 정부는 초기 2년 동안 대통령 주재 규제 개혁 장관 회의 등 대통령의 리더십을 중심으로 규제 개혁을 추진하다 후반기에 들어서서 한시적 규제 유예를 활용했다. 문재인 정부는 아예 활용하지 않았다. 노무현 정부는 정권 말기 '규제 지도(로드맵)'라는 개념을 개발했다. 규제 지도는 민간의 경제 활동 전 주기에 걸쳐 규제가 어떻게 작용하는지를 로드맵 형식으로 분석한 것이다. 예를 들어 공장을 짓는다고 할 때 공장 허가부터 공장 건설, 사업 개시에 이르기까지 전 주기에 걸쳐 어떤 규제가 어떻게 작용하는지를 파악했다. 이같은 전체적인 그림을 그리지 않고 공장 건설 민원을 해결하려 하면 '두더지 잡기 게임'밖에 안 된다. 공장 허가 민원을 해결해주었는데, 이제 건설 단계에서 과도한 건축 규제가 문제가 되고, 완공 허가 후 사업 개시와 관련된 규제 이슈가 또 제기된다. 끝이 없는 싸움이다. 두더지를 잡으면 또 다른 두더지가 튀어나온다.

규제 지도는 이를 근원적으로 해결하는 방법이다. 정부가 공장 건설의 단계별 규제를 미리 파악해서 선제적으로 해결하는 것이다. 그러나 규제 지도는 이명박 정부로 계승되지 않았다. 박근혜 정부 후반기에 이르러야 규제 개혁 방법론으로 부활했다.

결국 역대 한국 정부의 규제 개혁 노력은 단절적이다. 정부마다 '나만의 규제 개혁'에 몰두했지, 전임 정부 성과 위에 더 큰 성과를 창출하지 못했다. **그 결과 OECD 상품 시장 규제 지수에서 한국은 25년간 개미 쳇바퀴 돌 듯 거의 제자리에 머물러 있다. 지독한 시장 규제의 굴레를 벗지 못한 것이다.**

┃규제 개혁, 근원을 도려내지 못했다

역대 모든 정부가 해결하겠다고 나선 규제 개혁 이슈가 하나 있다. 소위 유사 중복 규제의 개선이다. 경기도는 매년 토지 이용 규제 지도를 발표한다. 이는 위에서 말한 규제 로드맵과는 다르다. 경기도의 각 지역에 얼마나 많은 토지 이용 규제가 있는지를 한눈에 보여주는 지도다. 경기도 지역에서 건물을 짓건, 공장을 짓건, 대단위 토지 개발을 하건 모든 토지 이용과 관련한 규제를 지도로 보여준다. 여기서 질문 하나. 도대체 토지 이용과 관련한 규제는 몇 개일까? 10개? 20개? 30개?

모두 틀렸다. 119개 법령이 존재한다. 관련된 부처만 15개다. 국토교통부, 산림청, 농림축산식품부, 환경부, 해양수산부뿐 아니다. 교육부, 문화재청, 문화체육관광부, 보건복지부, 산업통상자원부, 중소벤처기업부 등 언뜻 보면 토지 이용과 관계없을 것 같은 부처들도 관계 법령을 갖고 있다. 산업부가 토지 이용과 무슨 관계가 있나? 산업 단지 건설 및 이용은 산업통상자원부 소관이다. 이처럼 다부처에 걸쳐 다양한 중첩적인 규제가 존재하는 게 유사 중복 규제다.

산업 안전과 관련된 법령도 마찬가지다. 「중대 재해 처벌법」이 시행되면서 기업들은 6개월마다 한 번씩 '안전 보건 관계 법령'을 이행하고 있는지 점검해서 이를 중앙 행정기관의 장에게 보고해야 한다. 그런데 '안전 보건 관계 법령'에 해당하는 법령이 무엇인지 「중대 재해 처벌법」 시행령, 시행 규칙 어디를 살펴봐도 알 수 없다. 무엇인가를 점검하고 보고하라 했는데, 그 '무엇'이 어떤 내용인지 밝히지 않은 것이다. 「중대 재해 처벌법」 시행에 맞춰 고용노동부와 안전보건공단은 『산업 재해 예방을 위한 안전 보건 관리 체계 가이드북』과 『중대 재해 처벌법 안내서』를 발간했다. 여기에도 6개월에 한 번씩 이행 점검해야 할 법령 리스트는 제시되지 않았다. 법제처가 운영하는 국가법령정보센터 웹사이트에 들어가도 그 내용을 파악할 수 없다.

정부가 산업 안전 분야와 관련한 전체 법령이 몇 개나 되는지, 그 법령들이 서로 조화를 이루고 있는지, 중복적으로 규제하거나 처벌하는 조항은 없는지에 대해 알지 못하고 있는 것이다. 약자는 법을 준수해야 하는 민간 기업들이다. 울산 지역 기업체 안전 전문가 3,000명이 참여하고 있는 커뮤니티, 울산세이프티가 전체 회원을 동원해서 샅샅이 찾아보았다. 법률만 75개로 집계됐다.

이처럼 유사 중복 규제의 실체도 파악하지 못한 채, 역대 모든 정부는 앵무새처럼 이를 해결하겠다고 호언장담했다. 그러나 '임무 완수'를 선언하고 퇴임한 정부는 하나도 없다. 그렇다면 유사 중복 규제를 해결하려면 어떻게 해야 하는가?

우선 실태를 파악하는 백서를 만들어야 한다. 2022년 12월 1일 현재 우리나라에는 법률이 1,595개 존재한다. 시행령·총리령·부령까지 합치면 5,238개다. 유사 중복 규제 백서는 5,000여 개 법령이 규율하고 있는 규제를 규제 분야별로 집대성하는 노력이다. 산업 안전, 환경, 국토 이용, 교육 등 분야별로 모든 법령을 비교 분석해서 유사성과 중복성을 검증하는 것이다. 일단 실태를 파악하면 시간이 걸리더라도 유사 중복 규제로 인한 민간의 애로를 해소해나갈 수 있다. 그러나 역대 어느 정부도 유사 중복 규제 백서를 만들지 않았다. 실태를 모르고 구호만 외치다 5년을 허비하고 임기를 끝내는 일이 반복됐다.

물론 5,000여 개의 법령을 공무원들이 조문 하나하나 읽으면서 유사 중복성을 검증하기는 쉬운 일이 아니다. 그러나 지금이 어떤 시대인가? 디지털 시대다. 인공지능을 활용하면 쉽게 파악할 수 있다. 이미 인공지능 법률 서비스가 개시됐다. 규제 분야별로 검색어를 주면 유사 중복 규제를 다 찾아낼 수 있다. 백서의 제작이 과거에는 어려웠지만, 이제는 마음만 먹으면 몇 개월 내에 완수할 수 있는 과제라는 말이다.

결론은 이렇다. 규제 개혁을 소명으로 추진한 정부가 없었다는 것이다. 정부마다 구호는 무성했지만, 국가 자본주의의 잔재를 일소해서 한국을 더욱 자유로운 시장 경제 국가로 만들려는 노력은 미약했다고 말해도 과장이 아니다.

한국에 보수·진보 정치 세력이 있지만, 규제에 관해서는 모두가 국가주의에 매몰된 포퓰리즘 집단일 뿐이다. 한국에서 신용카드 가맹점 수수료를 정하는 주체는 누구인가? 당연히 신용카드 회사라고 생각할 것이다. 그러나 신용카드 가맹점 수수료는 정부가 정한다. 민간이 정한다는 외양은 갖췄지만, 금융위원회가 동의해주어야 수수료를 올리거나 내릴 수 있다. 그런데 이 같은 시장 가격 규제는 어느 정권하에서 만들어졌는가? 당연히 진보 정권일 것이라고 생각할 것이다. 아니다. 보수 정권인 박근혜 정부에서 제도화된 것이다. 한국에서 자유 시장 경제에 대한 핍박은 진보 정권에서만 이루어지는 게 아니다. 보수 정권도 선거에서의 유불리에 따라 언제든 시장에 개입하고 시장을 규율하려 달려든다.

▎규제 개혁만을 위해서 일하는 조직을 만들자

과연 어떻게 해야 한국 경제를 규제의 질곡에서 해방시킬 수 있을 것인가? 그 시발점은 항구적 규제 개혁이 가능한 시스템을 정부 내에 심는 것이다. 5년마다 규제 개혁 방향을 수정하고 조직을 이리저리 옮기고 바꾸는 게 아니라, **정권 교체와 관계없이 항구적으로 시장 자본주의를 저해하는 일체의 규제를 정비해나가는 조직을 만들어야 한다.**

일반 국민이 오해하는 게 하나 있다. 규제 개혁을 단발성 이벤트로 생각하는 것이다. 예컨대 정부의 각종 법령을 한 번 고치면 적어도 그 건과 관련해서는 규제 개혁 노력을 종료할 수 있다고 믿는다.

한 가지 예를 들어보자. 정부는 2015년 민간 기업의 각종 인증 부담을 전수 조사해서 정비했다. 정부가 인증 규제 개혁에 나설 당시 중소기업이 부담해야 하는 인증 비용은 연매출의 6%에 달했다. 6%? 적다고 생각하는가? 중소기업의 평균 영업이익률이 3% 내외에 불과하다는 사실을 알면 생각이 달라질 것이다. 인증 비용 부담이 없다면 중소기업도 영업이익률 10% 선에 육박하는 고수익 경영에 도전할 수 있다.

2015년 당시 법정 인증은 203개에 달했다. 국무조정실이 나서서 72개를 통폐합했다. 거의 3분의 1을 없앤 것이다. 그러나 문재인 정부는 다시 인증을 남발하기 시작했다. 그 결과 인증 숫자는 2015년 이전 수준으로 돌아갔다. 규제는 잡초와 같다. 정기적으로 솎아내지 않으면 금방 무성하게 자란다. 인증 규제가 그 증거다. 그래서 정기적으로 점검해서 없애고 또 없애야 통제할 수 있는 게 규제다.

그렇다면 규제라는 잡초를 지속적으로 솎아낼 수 있는 항구적 규제 개혁 시스템은 어떻게 만들 것인가? 매 정부 설치하는 특별 위원회, 예를 들어 이명박 정부의 국가경쟁력강화위원회, 문재인 정부의 4차 산업혁명위원회, 윤석열 정부의 규제혁신추진단 등 한시적 임시 조직으로는 역부족이다.

세계 각국은 그 나라 실정에 맞는 규제 개혁 시스템을 운영하고 있다. 미국, 영국, 독일, 네덜란드, 호주 등 대부분 OECD 국가가 규제 개혁 기구를 갖고 있다. 그런데 의원내각제 국가의 규제 개혁 시스템은 우리에게 별 도움이 되지 않는다. 의원내각제하에서는 집권 정당의 행정부와 의회가 한 몸이다. 의회와 행정부 간에 간극이 없다는 말이다. 예를 들어 집권 정당 의원들로 구성된 내각에서 '이종 장기 실험'을 허용하고자 하면 의회에서 이에 관한 법안을 통과시키면 된다. 정부와 의회가 입법 동일체로 움직인다.

그러나 한국은 사정이 다르다. 행정은 대통령이, 입법은 국회가 담당한다. 국회는 독립적 입법기관이기 때문에 행정부와 협조할 의무가 없다. 행정부에서는 규제 영향 분석을 시행하나, 국회에는 '규제 영향 분석'이라는 개념이 없다. 심지어 국회의원 한 명 한 명이 독립된 입법기관이기 때문에, 의원 10명이 모의하면 행정부의 뜻과는 전혀 다른 법률안을 상정할 수 있다. 게다가 여소야대가 되풀이되면서 행정부가 국회의 지원을 받지 못하는 상황이 반복되고 있다.

정부가 규제 개혁에 진심이라 하더라도 이러한 입법 구조의 한계는 극복할 수 없다. 윤석열 정부는 출범 200일 동안 하루 1.38건의 규제를 없앴다. 규제를 개선하고자 18개의 법률 개정안을 만들어 국회에서 통과시켰다. 그러나 같은 기간 국회는 71건의 새로운 규제 법안을 발의했다. 이 중 40%는 규제 개혁을 추진하겠다는 대통령이 소속된 여당 의원들이 발의한 것이다.[7]

---

7 https://www.sedaily.com/NewsView/26DSVATYXN

그렇다면 같은 대통령 중심제 국가인 미국은 누가 어떻게 규제 개혁을 실행하고 있는가? 한국과 미국의 가장 큰 차이는 미국에서는 정부가 바뀐다고 해서 규제 개혁 방법론이 바뀌거나 조직이 신설되는 일이 없다는 점이다. 규제 개혁이 대통령실Executive Office of the President의 고유 업무이기 때문이다. 그 중심에 있는 조직이 관리예산실Office of Management and Budget 산하 정보규제국Office of Information and Regulatory Affairs이다.

대통령실이니 대통령이 바뀌면 사람이 모두 바뀌는 것 아니냐고 반문할 수 있다. 그러나 대통령이 바꿀 수 있는 자리는, 즉 정치적 임명이 가능한 직위는 관리예산실에 6개밖에 없다. 정보규제국장도 그중 하나이다. 나머지 간부와 직원은 모두 직업적 전문 관료Career Appointed Staff로 채운다. 관리예산실 웹사이트는 이러한 인적 구성이 정권을 누가 잡건 (예산과 규제) 업무의 일관성을 유지하기 위한 것이라고 분명하게 밝히고 있다. 대통령이 임명하는 6명 간부의 경우, 상원 청문회를 거쳐야 한다. 청문회를 거친다는 것은 그 분야의 전문성을 바탕으로, 민주·공화 양당의 지지를 받아야 함을 의미한다.

반면 한국의 대통령실에는 정권 교체와 관계없이 계속 근무하는 직업적 전문 관료가 없다. 비서실은 대통령을 선거 때부터 보좌한 참모들과 외부 영입 인사, 그리고 행정 각부에서 파견된 공무원으로 구성돼 있다. 총무, 건물 관리, 경호 등 지원 인력을 제외하면 전면 교체된다. 국가 행정의 연속성을 확보하기 위한 대통령실 상근 공직자들이 없는 것이다. 한국에서 정부가 바뀔 때마다 새로운 규제 개혁 조직이 만들어지고 대부분 규제 개혁 노력이 용두사미에 그치는 이유가 바로

여기에 있다. [8]

한국 정부에 규제 개혁을 총괄하는 조직이 없는 것은 아니다. '규제 개혁위원회'가 있다. 「행정 규제 기본법」에 따른 대통령 소속 위원회다. 위원장은 국무총리와 '학식과 경험이 풍부한' 민간인 1명 등 2명이다. 민간인 위원장은 대통령이 임명한다. 규제개혁위원회는 위원장 2인을 포함해서 20명 이상 25명 이하의 위원으로 구성된다. 이 중 공무원은 기획재정부 장관, 행정안전부 장관, 산업통상자원부 장관, 중소벤처기업부 장관, 국무조정실장, 공정거래위원장, 법제처장 등 7명이다. 나머지는 민간 전문가로 대통령이 임명한다.

그러나 규제개혁위원회에는 독립된 사무국이 없다. 「행정 규제 기본법」은 제31조에서 위원회의 사무 처리를 위해 전문성을 갖춘 사무 기구를 둔다고 적고 있다. 그러나 위원회 사무 처리만을 위한 사무 기구는 현재 없다. 다만 「행정 규제 기본법」 제36조 "국무조정실장은 규제 관련 제도를 연구하고 위원회의 운영에 필요한 지원을 하여야 한다"는 규정에 따라 국무조정실 규제조정실이 지원 업무를 담당하고 있다. 그러나 규제조정실은 국무조정실장을 보좌하는 조직이지, 규제개혁위원장을 보좌하는 조직이 아니다. '국무조정실과 그 소속 기관 직제'(대통령령)에 따르면 규제조정실장은 국무1차장(따라서 국무조정실장)을 보좌한다. 따라서 규제개혁위원장과 국무조정실장의 의견이 다르다면, 규

---

8 미국과 한국의 차이점은 미국은 4,000여 명의 직원을 거느린 대통령실(Executive Office of the President)이 비서실(Whitehouse Office)과 별도로 존재한다는 점이다. 두 조직의 장은 비서실장이 겸임한다. 한국의 대통령실은 미국으로 치면 대통령비서실이다. 따라서 한국에는 미국식 대통령실이 없으며 이 기능을 국무총리실-국무조정실이 맡고 있다고 볼 수 있다.

대한민국, 넥스트 레벨

제조정실장은 국무조정실장의 지휘에 따라야 한다. 규제개혁위원회에는 독립된 예산도 없다. 국무조정실 예산에 섞여 있다.

따라서 미국의 규제정보국과 비교할 때 한국 규제개혁위원회의 취약점은 다음과 같이 정리할 수 있다. 첫째, 규제정보국은 대통령을 직접 보좌하는 조직이나, 규제개혁위원회는 대통령을 보좌하지 않는다. 대통령실 조직이 아니라는 말이다. 둘째, 규제정보국에서는 전문 관료가 정권 교체와 무관하게 근무하며 규제 개혁의 일관성을 유지하나, 규제개혁위원회에는 전문 관료가 없다. 셋째, 규제개혁위원회가 규제 개혁 정책과 제도를 연구하기 위해 사용할 수 있는 예산도 없다. 이것이 필요하면 규제조정실 예산을 얻어 써야 한다.

결국 항구적이고 일관된 규제 개혁을 위해서는 규제개혁위원회가 독립적 조직과 예산을 갖고 정권의 부침과 관계없이 본연의 규제 개혁 업무를 수행할 수 있도록 해야 한다. 물론 다른 과제도 많다. 규제를 너무 쉽게 생산하는 국회의 입법 생산 과정을 뜯어고치는 일이 한 예이다. 그러나 시발점은 오로지 규제 개혁만을 위해 일하는 정부 조직을 만드는 일이다.

자, 이제 마무리하자. 상품 시장 규제 지수로 판단해볼 때 한국은 자유 시장 경제에 입각한 시장 자본주의 체제가 아니라, 국가가 시장을 규율하는 국가 자본주의 경제를 운영해왔다. 국가 자본주의 체제의 가장 큰 단점은 국가가 시장에 개입함으로써 민간의 자율과 창의를 저해한다는 점이다. 국가 자본주의는 한국을 세계 10대 경제 강국의 반열에 올리고 1인당 국민소득 기준으로 선진국 대열에 진입시킨 원동력이었음이 틀림없다. 그러나 한국이 처한 현실에서 볼 때 이제

종언을 고할 때가 됐다. 고갈되고 있는 한국 경제의 성장 잠재력을 회복시키는 유일한 길은 민간의 자율과 창의를 바탕으로 생산성을 높이고, 새로운 경제적 부가가치 창출을 위한 신사업·신산업이 창발하도록 국가 경제 시스템을 바꾸는 것이다. 바로 국가 자본주의와의 결별이며, 자유로운 시장 진입과 경쟁을 통해 경제의 체질을 강화시키는 시장 자본주의로의 전환이다.

문제는 국가 자본주의 체제에서 만든 수많은 정부 규제가 이러한 전환을 가로막고 있다는 점이다. 따라서 규제 개혁은 향후 한국 경제의 지속 성장을 좌지우지하는 국가적 과제다. K-팝을 비롯한 K-콘텐츠 산업이 한국의 소프트 경쟁력을 끌어 올려 새로운 먹거리를 만들어냈듯이, 민간이 시장에서 이러한 혁신을 자유롭게, 제한 없이 일구어낼 수 있도록 일체의 장벽을 해체해야 한다. 이를 위해 시급한 것이 규제 개혁을 새로운 정부의 정치적 이벤트가 아니라 **정권 교체와 관계 없이 항시적·항구적으로 추구해야 할 국가적 임무로 격상시키고 이를 주체적으로 이끌어나갈 규제 개혁 지휘부를 구축하는 일이다.**

3

국가 경제를 망치는 주범: 포퓰리즘과 정치 자본주의

이홍(광운대학교 경영학과 교수)

국가 경제는 어떻게 망하는 것일까? 국가의 외부 환경, 예컨대 글로벌 경제가 급격히 위축될 때 이런 일이 일어날 수 있다. 2008년의 미국발 금융 위기 같은 일이 일어날 때다. 이런 때는 국가의 건강에 문제가 없어도 치명상을 입을 수 있다. 하지만 국가 스스로 경제를 망가뜨리는 경우도 있다. 포퓰리즘Populism과 정치 자본주의Political capitalism가 성행하는 국가들에서 흔히 나타난다. 그렇다면 포퓰리즘은 무엇이고 정치자본주의는 무엇일까? 이들은 어떻게 국가 경제에 악영향을 미칠까?

▎포퓰리즘의 명과 암

포퓰리즘이란 특정 정치 집단이 편 가르기와 색칠하기를 이용해 정치적 이득을 보는 행위를 말한다. 가장 많이 이용되는 것이 '엘리트'와 '보통 시민' 나누기다. 엘리트란 사회의 기득권층을 말하고 보통 시민은 이들을 제외한 나머지 사람들을 일컫는다. 이렇게 편을 가른 뒤 엘리트는 '악의 근원', 보통 시민은 이들로 인해 고통받는 '선한 사람'으로 색칠을 한다. 이렇게 해 선한 사람들이 엘리트들의 억압과 착취로 힘든 삶을 산다고 선동하는 것을 포퓰리즘이라고 한다. 또 다른 유형으로는 집단 간 편 가르기에 의한 포퓰리즘을 들 수 있다. 기업과 기업인들을 한 집단으로 가르고 이들을 제외한 나머지 국민을 또 다른 집단으로 나누는 것이다. 이렇게 한 후 기업과 기업인들을 악으로 규정하고 이들로 인해 선한 국민이 피해를 입고 있다는 선동을 해 정치적 이득을 얻는 것 역시 포퓰리즘이다. 문제는 포퓰리즘으로 인해 국가가 심각한 상태에 이를 수 있다는 점이다.

오랜 포퓰리즘의 난무로 국가가 중심을 잃고 방황하고 있는 나라가 있다. 바로 아르헨티나다. 이 나라는 20세기 초인 1910년대만 해도 프랑스나 이탈리아보다 잘살았다. 1913년 수도인 부에노스아이레스에 지하철이 개통되었다. 한국의 경우 최초의 지하철(1호선)이 1974년에 완공됐으니 한국보다 61년 앞섰다. 당시 실질 임금은 산업화 선진국인 영국의 95% 수준에 이르렀다. 글로벌 수준에서 아르헨티나는 10대 경제 강국이었다.

이 나라가 빈국의 나락으로 떨어진다. 1929년 미국발 경제 대공황이 계기가 되었다. 대공황이 터지자 아르헨티나의 주 수출품인 곡물과 동물 가죽 판매가 큰 타격을 받았다. 설상가상으로 미국 등 여러 나라가 관세 인상을 하면서 보호 무역에 나서자 아르헨티나의 수출 경제는 더욱 심각해졌다. 문제는 이것을 수습하는 과정에 있었다. 정치 세력들이 포퓰리즘을 가동시키며 아르헨티나를 지옥으로 밀어 넣었다.

그 시작은 쿠데타였다. 아르헨티나 경제가 어려워지자 1930년 군부 쿠데타가 일어났다. 정치 지형이 바뀌자 경제 체제도 급격히 바뀌기 시작했다. 아르헨티나는 수출로 먹고살던 국가였다. 하지만 군부 정권은 수출 기업을 악으로 규정했다. 이들이 국민이 소비해야 할 곡물이나 상품들을 수출해 국민의 삶을 어렵게 만들었다고 선동했다. 수출을 금하기 위해 수출 기업들에 고율의 세금을 매겼다. 수출을 하지 않는 기업들도 국민을 착취하는 원흉으로 몰고 갔다. 그러자 국내 자본이 빠르게 해외로 빠져나가기 시작했다. 수출을 통한 돈의 유입은 막히고 국내 자본이 빠져나가자 간신히 버티던 아르헨티나 경제는 쑥대밭이 되었다. 그러자 또 다른 군부 쿠데타가 일어났다. 이런 방식으로 아르헨티나는 1930년을 포함해 1943년, 1955년, 1966년, 1976년 모두 다섯 번의 쿠데타가 일어났다.

1943년 두 번째 쿠데타가 일어났다. 쿠데타의 수혜자는 페론이었다. 그는 1946년 대통령에 당선되었다. 아르헨티나의 불행은 이때부터 걷잡을 수 없이 커졌다. 그의 극단적 포퓰리즘 정치가 도화선이다. 그는 노조를 자신의 정치적 기반으로 삼으며 '내수 우선, 경제 민족주의, 국유 중심의 산업화, 정부의 강력한 규제자 역할'을 정책으로 내세웠다. 내수 우선이란 수출을 하지 않겠다는 것이고, 경제 민족주의는 미국과 같은 외세의 영향을 받지 않는 갈라파고스 경제 체제를 만들겠다는 것이며, 국유 중심의 산업화는 민간 기업을 국유화해 정부가 돈을 버는 주체가 되겠다는 것이다. 정부의 규제자 역할이란 정부가 모든 것을 조정하고 통제하는 국가를 만들겠다는 것이다.

페론의 정책에 영감을 준 사람은 무솔리니였다. 아르헨티나는 특이하게도 이탈리아 이민자들을 많이 받아들였다. 자연스럽게 이탈리아의 정치적 영향을 크게 받았다. 무솔리니가 신봉한 파시즘은 1920년대 가난한 나라 이탈리아에서 발흥하기 시작했다. 이것은 민족주의에 기반을 둔 무소불위의 일당독재 국가를 지향한다. 이런 파시즘이 페론의 마음속에 자리 잡았다.

페론의 정책이 시행되자 많은 민간 기업이 빠르게 국유화되었다. 민간 은행들도 예외가 아니었다. 국유화를 통해 국가 재원을 확보한다는 것이 명분이었다. 수출은 더욱 엄격히 통제되었다. 수출되던 곡물과 상품들을 이용해 가난에 찌든 국민을 돕는 것을 이유로 내세웠다. 이에 저항하는 자는 무소불위의 힘으로 탄압했다.

문제는 이렇게 만든 재원만으로는 자신들과 국민의 욕구를 채우기에 부족했다. 자연스럽게 기업들을 더욱 옥죄었고 그래도 안 되자 다른 나라로부터 돈을 빌리기 시작했다. 나중에는 중앙은행에서 돈을 그냥 찍었다. 화폐 인쇄기가 부족해 이탈리아에서 화폐를 찍어 수입하는 일도 벌어졌다. 물가가 폭등하는 것은 당연한 일이었다. 그러자 국민은 사재기에 돌입했다. 물가는 더욱 뛰었다. 인플레이션은 아르헨티나 국민의 삶을 더욱 피폐하게 만들었다. 그제야 이들은 페론이 자신들을 속였음을 깨달았다. 페론도 문제의 심각성을 인식했다. 그러고는 곧바로 돈을 찍는 정책을 중지하고 긴축에 돌입했다.

하지만 때는 늦었다. 이번에는 페론 정부의 포퓰리즘 혜택을 받았던 지지 세력들이 반발하기 시작했다. 이런 혼란 속에서 1955년 해군

기가 부에노스아이레스 시내를 폭격하는 일이 벌어졌다. 페론에 반기를 든 일단의 정치 장교들이 한 짓이었다. 이 사건 이후 아르헨티나는 새로운 군부 독재 시대로 돌입했다. 1958년 선거에서 프로디시가 대통령으로 당선되었다. 하지만 그 역시 아르헨티나를 구할 능력이 없었다. 때마침 1959년 쿠바에서 무장 세력에 의한 공산 혁명이 일어났다. 그러자 아르헨티나에서도 무장 세력들이 도처에서 일어났다. 노조를 지지하는 무장 세력과 군부를 지지하는 무장 세력이 생겨났고 페론을 지지하는 세력도 있었다. 혼란이 커지자 프로디시는 정권을 포기하고 1962년 사임했다.

1963년 일리아가 대통령에 당선되었다. 그가 첫 번째 한 일은 페론주의자들을 정계에 복귀시키는 것이었다. 이들의 영향력을 이용해 자신의 정치적 기반을 다지기 위해서였다. 하지만 군부가 여기에 반발했고 1966년 다시 쿠데타가 일어났다. 새롭게 등장한 군부 정권은 공공사업에 막대한 투자를 하면서 아르헨티나 경제를 끌어올렸다. 1975년에 이르러서는 빈곤율이 7%로 떨어지는 일도 일어났다. 하지만 군부 정권은 국민으로부터 정당성을 인정받지 못하고 저항에 부딪혔다. 이 틈을 페론이 비집고 들어왔다. 1973년 치러진 선거에서 페론의 비서인 캄포라가 대통령에 당선되었다. 하지만 그는 5개월이 안 되어 대통령직을 사임하였고 아르헨티나는 임시 대통령 시대를 맞이하게 된다. 그리고 그해 10월 망명지 스페인에서 돌아온 페론이 선거에서 압승을 거두며 다시 대통령으로 당선되었다. 불행히도 그는 몇 달 후 노환으로 사망하였다. 아르헨티나는 폭력과 테러로 다시 요동치게 되었다. 그의 세 번째 아내이자 부통령이었던 이사벨이 정권을 승계했지만, 사태를 수습하기엔 역부족이었다.

1976년 또 다른 군부 쿠데타가 일어났다. 이들은 페론 정부와 달리 수입 관세를 낮추고 수출 규제를 풀었다. 하지만 국민의 요구에 못 이겨 재정 적자와 통화 남발 정책을 유지하였다. 그러자 물가가 매년 100%를 넘는 수준으로 폭등했다. 정치가 불안정해지자 국민의 관심을 다른 곳으로 돌리기 위해 1982년 무모하게도 영국과 포클랜드전쟁을 치렀지만, 전쟁에 패하면서 군부 정권이 물러나게 된다. 이후 아르헨티나는 군부 쿠데타로 인한 정권 교체는 사라졌다.

1983년 새로운 대통령이 된 알폰신은 페론 정책으로 회귀했다. 수출과 기업을 다시 규제하고 국유화를 강행했다. 동시에 재정 확대와 통화 팽창 정책을 강화했다. 그 결과 아르헨티나는 상상도 할 수 없는 초인플레이션 시대로 돌입하게 된다. 1975~1990년 기간의 평균 물가 상승률은 325%였다. 1989년에는 2만%에 육박하기도 했다. 1989년과 1990년 2년 평균은 2,000%를 넘었다(〈그림 2-7〉 참조).

이후 아르헨티나는 어떻게 되었을까? 어느 정부도 포퓰리즘 경제를 치유할 엄두를 내지 못했다. 오히려 포퓰리즘 경제에 편승해 자신들의 정치적 수명을 연장하려고 했다. 이러는 사이 아르헨티나의 경제는 더욱 망가졌다. 이제 아르헨티나 국민은 무엇이 문제의 근원인지, 그리고 치유 대안이 무엇인지를 모르는 혼돈의 상황으로 빠져들었다. 그러면서 2021년 9번째 국가 부도 사태를 맞이하게 된다.

포퓰리즘에 의한 폐해는 영국에서도 관찰된다. 영국의 브렉시트 Brexit 가 예다. 브렉시트란 영국이라는 단어 'Britan'과 유럽연합 EU을 탈퇴한다는 의미의 'Exit가' 합쳐진 단어다. 이것은 영국 역사상 가장

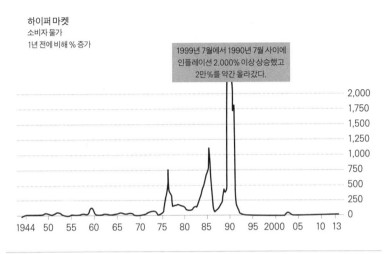

하이퍼 마켓
소비자 물가
1년 전에 비해 % 증가

1999년 7월에서 1990년 7월 사이에
인플레이션 2,000% 이상 상승했고
2만%를 약간 올라갔다.

출처: INDEC

바보 같은 결정으로 여겨지고 있다. 2022년 말 영국에서는 '브레그레
트Bregret'라는 단어가 등장했다. 브렉시트Brexit와 이를 '후회한다'라는
의미의 'regret'를 합성한 단어다. 영국의 경제 상황이 급속히 나빠지
면서 나타난 현상이다. 영국은 G7 국가 중 코로나19 대유행 전과 비교
해 경제 규모가 대폭 축소된 유일한 나라다. 영국인들은 그 원인이 브
렉시트에 있다고 생각하기 시작했다. 56%의 영국인들이 브렉시트를
잘못된 결정으로 여기고 있다고 한다.[2] 2016년 브렉시트 찬반 투표 시

1 https://www.clien.net/service/board/lecture/5563736

2 The New York Times(2022), "Buffeted by Economic Woes, U.K. Starts to Look at Brexit
With 'Bregret', Nov. 22.
https://www.nytimes.com/2022/11/22/world/europe/uk-brexit-regret.html

찬성률 72.2%를 보일 때와 큰 차이가 있다.

도대체 왜 영국은 브렉시트를 선택했을까? 영국 정치인들의 포퓰리즘적 선동 때문이었다. 원래 브렉시트는 야당이던 노동당의 1983년 선거 공약이었다. 하지만 대처가 이끄는 보수당 정권이 선거에 이기면서 이 이슈는 수면 밑으로 사라졌다. 하지만 야당 정치인들은 선거 때마다 이것을 요구했다. 대처 이후 강력한 정치 리더십을 갖지 못한 보수당은 야당의 요구를 마냥 거부하기 어려워졌다. 이를 찬성하는 영국인들의 수도 점점 늘어 무시할 수 없는 상황에 이르렀기 때문이었다. 드디어 2013년 캐머런 총리는 선거 전략의 하나로 보수당이 집권하면 2017년 말까지 브렉시트를 묻는 투표를 하겠다는 선거 정책을 발표한다. 브렉시트 반대론자였던 캐머런은 브렉시트가 부결될 것으로 예상했다. 그리고 예상대로 흘러간다면 브렉시트에 대한 여론을 잠재우며 보수당이 재집권할 수 있을 것으로 보았다. 캐머런의 호소에 힘입어 보수당이 2015년 재집권하자 브렉시트 문제가 수면 위로 떠올랐다. 그러면서 당 내부의 기류가 변하고 있었다. 브렉시트가 보수당의 정치적 입지 강화에 도움이 된다고 생각한 존슨 총리의 등장 때문이었다. 드디어 2016년 이 문제가 존슨 총리 주도로 투표에 부쳐졌다. 브렉시트가 유효 득표 수 51.89%로 통과되면서 영국은 유럽연합 탈퇴를 선언했다.

왜 영국은 이런 바보 같은 결정을 내리게 되었을까? 유럽 경제의 쇠락에 원인이 있다. 2010년대에 이르면서 유럽은 경제적으로 매우 약해지고 있었다. 경제적으로 힘들어하는 국가들도 등장하기 시작했다. PIGS로 조롱받던 포르투갈P·이탈리아I·그리스G·스페인S의 4개국이 이들이다. 영국인들은 자신들이 유럽연합에 속했다는 이유만으로 가난해지고 있는 유럽 국가의 국민까지 책임져야 하는 것에 불만이 많았다. 이런 생각을 촉발시킨 것은 유럽 대륙에서 영국으로 건너온 경제 난민들이었다. 유럽연합 국가 간에는 노동자들의 국가 간 이동이 보장되어 있어 영국에는 수많은 유럽 대륙 이민자가 몰려왔다. 이들이 영국에서 돈을 버는 것도 싫은데 영국 의료보험까지 고갈시킨다는 불만이 쏟아졌다. 실제 조사 결과는 그렇지 않았다. 이민자들이 돈을 벌어 세금을 내는 것에 비해 영국 의료보험 서비스 이용률은 매우 낮았다. 이들이 젊고 건강했기 때문이었다. 하지만 야권에서는 다수의 선한 영국 국민이 이민자들로 인해 고통받고 있다는 선동을 했다. 이 문제를 해결하기 위해서는 브렉시트를 해야 한다고 주장했다.

처음에는 이런 주장을 무시하던 보수당도 차츰 변하기 시작했다. 대처 총리 시절과 달리 야당의 힘이 강해지면서 이 문제를 가볍게 지나칠 수 없었다. 존슨은 2016년 브렉시트를 선거 공약으로 내세워 선거에 이기면서 총리에 당선되었다. 그리고 브렉시트를 투표에 부치게 된다. 결과는 브렉시트에 대한 영국인들의 찬성이었다. 브렉시트로 영국인들의 삶이 질이 좋아졌을까? 2016년 브렉시트 이후 영국인들의 1인당 실질 소득은 3.8% 증가한 것으로 나타났다. 하지만 유럽연합의 평균은 8.5%였다. 유럽개혁센터의 스프링포드 등은 영국의 국내총생산GDP이 브렉시트로 5% 줄었다고 추산했다. 차이는 있지만, 대부분의 학자들이 최소 1~3%의 감소가 있었다고 주장한다.[3] 이유는 자명했다.

---

3 한국무역협회(2022), 「브렉시트 경제 악영향 몇 년 후에야 제대로 나타나」, 《종합무역뉴스》,

영국이 유럽연합이라는 거대 시장을 잃었기 때문이었다.

| 정치 자본주의

정치 자본주의란 정치 세력과 연계된 기업과 기업인들은 국가로부터 혜택을 받고 그 반대의 경우는 압박을 받는 경제 체제를 말한다.[4] 정치 자본주의라는 말에 오해가 있을 수 있어 설명이 필요하다. 공산주의나 사회주의에서는 정치 자본주의는 없고 자본주의 국가에서만 일어난다고 생각할 수 있다. 하지만 정치 자본주의 현상은 모든 국가에서 일어난다.

최근 이데올로기를 다루는 학문 분야에서는 모든 국가를 자본주의 범주에 넣고 있다. 북한을 표현할 때 사회주의 국가라는 말도 쓰지만 국가 자본주의State capitalism 국가라고 표현하기도 한다. 국가가 기업을 소유하면서 계획 경제를 하는 국가라는 뜻이다. 미국과 같은 전통적 자본주의 국가를 주주 자본주의Shareholder capitalism 국가라고 한다. 특수한 몇몇 곳을 제외하고 민간 자본에 의해 기업이 소유되는 자본주의 국가 형태를 말한다. 국가 자본주의를 채택하고 있는 나라의 예로는 북한을 포함해 중국, 러시아, 쿠바 등을 들 수 있다. 전통적으로 공산주의나 사회주의 색채가 강했던 나라들에서 주로 나타나지만, 공

---

8. 17. https://www.kita.net/cmmrcInfo/cmmrcNews/cmmrcNews/cmmrcNewsDetail.do?pageIndex=1&sSiteid=1&nIndex=%2070016

4 Ganev(2009), "Postcommunist Political Capitalism: A Weberian Interpretation", *Comparative Studies in Society and History*, 51(3), 648–674.

<표 2-4> 자본주의 비교

구분	국가 자본주의	주주 자본주의
핵심 역할자	정부	민간 기업과 기업의 주주
특징	정부가 경제를 움직임	민간 기업이 경제를 움직임
의미하는 바	정부의 이해를 중심으로 하는 경제 구조	주주의 이해를 중심으로 하는 경제 구조

산주의나 사회주의 국가가 아니더라도 국가의 통제력이 강한 나라들에서 나타나는 형태다. 두 자본주의의 차이를 〈표 2-4〉에서 보여준다.

한편, 정치 자본주의는 그 자체로 존재하는 자본주의 형태는 아니다. 기존 자본주의 체제와 결합하여 나타나는 현상이다. 〈그림 2-8〉이 보여주듯이 정치 자본주의는 국가 자본주의 또는 주주 자본주의와 결합해 나타난다. 정치 자본주의가 강할수록 경제는 정치에 종속되는 현상이 일어난다. 정치적으로 연계된 기업과 기업인들은 국가 정치 세력의 지원을 받고 그렇지 못한 경우에는 고통을 받는 일이 일어난다. 북한을 예로 들면 국가가 지원하는 기업은 지속적인 보호와 지원을 받지만, 정부에 비협조적인 기업들은 강한 탄압을 받는다.

정치 자본주의가 국가 경제에 폐해를 주는 이유는 경제가 경제 논리가 아닌 정치 논리나 야합에 의해 움직이기 때문이다. 정치 자본주의로

<그림 2-8> 정치 자본주의

인한 폐해는 중남미 국가들에서 관찰된다.[5] 이들 국가는 정치 자본주의가 잘 작동할 수 있는 요건을 갖추고 있다. 멕시코의 경우 조합주의corporatism 정치 구조가 이 역할을 하고 있다. 조합주의란 기업과 노동자들에 대한 조정권을 국가가 갖는 제도를 말한다. 이 제도는 이탈리아의 파시즘에 뿌리를 두고 있다. 국가 사회를 몇 개의 노동자 직업조합으로 나누고 이 속에서 기업과 노동조합 대표가 이해를 조정하자는 것이 골자다. 문제는 기업과 노동자가 스스로의 힘으로 갈등을 해결하기 쉽지 않다는 점이다. 이럴 경우 국가가 조정권을 갖는다. 한마디로 조합주의는 국가가 힘을 장악하기 위한 제도다. 이것이 멕시코 정치 자본주의의 배경이 된다. 여기에 더해 멕시코는 국가가 후원-수혜 관계를 합법적으로 결정할 수 있는 제도를 가지고 있다. 즉, 국가권력을 장악한 정치 세력이 후원금과 정부 프로젝트를 맞바꾸는 거래를 해도 불법이 아니다. 조합주의라는 이념 하에 후원-수혜관계 제도는 멕시코를 절망적인 정치 자본주의 나락으로 빠뜨리게 된다. 이 과정에서 끊임없는 부패 사건이 멕시코에서 일어나고 있다.

브라질 역시 조합주의를 바탕으로 한 노·사·정 삼자 간 정치 협상 문화가 존재한다. 이 제도를 잘 활용하면 사회 갈등을 효율적으로 해소할 수 있다. 하지만 실상은 그렇지 않다. 이 제도는 비례 선거제와 더불어 브라질이 정치 자본주의로 인한 부패에서 빠져나오지 못하게 하는 원인이 되고 있다. 조합주의를 바탕으로 정치 권력이 무소불위의

---

5 이하 3개 국가에 대한 예는 박윤주 외(2016), 「라틴아메리카의 부패 현황과 정책적 시사점」, 대외경제정책연구원을 참조하였음.

힘을 가질 수 있게 되었고 비례 선거제는 국회의원직을 돈으로 팔 수 있는 마당을 깔아주었다. 브라질이 부패 정치에서 빠져나오지 못하는 또 다른 이유도 있다. 정치권의 부패에 대해 사회가 매우 관대하다는 점이다. 이런 특징들이 얽히면서 브라질은 정경 유착으로 인한 부패 사건이 끊임없이 일어나고 있다.

아르헨티나 역시 정치 자본주의와 이로 인한 부패에 시달리는 국가다. 반복되는 쿠데타로 인한 정치적 불안과 파시즘에 입각한 대통령제는 정부의 예산 결정과 집행을 불투명하게 만들었다. 여기에 후원주의 정치 문화는 정치인들이 국가 재산을 자신들의 정치 지지자들에 대한 보상으로 이용할 수 있는 여건을 만들어주었다. 자연스럽게 정치 자본주의와 부패 문화가 자리 잡게 되었다.

중남미의 정치 자본주의로 인한 부패는 오데브레시Odebrecht 스캔들에서 잘 나타난다. 오데브레시는 브라질의 거대 건설사로 중남미 대형 건설 프로젝트를 대부분 수주하는 실력을 보여주었다. 예를 들면 베네수엘라 카라카스와 페루 리마의 도시 지하철 공사를 수주했으며 아르헨티나에서는 철도 시스템 공사를 따냈다. 브라질에서는 월드컵과 올림픽 개최를 위한 축구 경기장과 스포츠 단지 공사를 수주했다. 쿠바 수도 아바나 인근의 마리엘시에 항구 건설 프로젝트도 수주했다.[6] 오데브레시가 이들 건설 프로젝트를 수주하기 위해 쓴 방법은 뇌물이었다. 2001년부터 중남미 9개국 정치인과 정부 관료들에게 3억

---

6 https://m.blog.naver.com/PostView.naver?isHttpsRedirect=true&blogId=erkl33&logNo=221516570423

8,620만 달러(약 4,000억 원)가 넘는 돈을 뿌렸다. 페루에서는 2005년부터 2014년까지 4명의 전직 대통령에게 2,900만 달러를 주었고[7] 이것이 알려지자 페루 대통령 가르시아가 자살하기도 했다.

▎포퓰리즘과 정치 자본주의의 폐해

포퓰리즘은 정치 세력이 자신들의 정치 권력을 공고히 할 때 가장 자주 쓰는 정치적 수단이다. 엘리트와 보통 사람들 또는 집단 편 가르기를 통해 자신들만이 악한 사람들이나 집단을 응징할 대리인이라고 선동한다. 이런 방식으로 권력을 잡으면 이들은 정치 자본주의라는 도구를 이용해 자신들의 사욕을 채우게 된다. 따라서 포퓰리즘과 정치 자본주의는 깊이 연계되어 있다.

포퓰리즘은 왜 위험할까? 건강한 경제 생태계를 파괴하기 때문이다. 이를 이해하기 위해 마오쩌둥에 의해 행해진 포퓰리즘 정책의 한 예를 살펴보자. 마오쩌둥은 중국의 농업과 공업을 동시에 일으켜 세우면 서양을 능가하는 국가를 만들 수 있다고 믿었다. 이것의 실현을 위해 벌린 것이 대약진 운동이다. 이 운동의 세부 실천 강령 중 '참새와의 전쟁'이 포함되어 있었다.[8]

1955년 쓰촨성을 시찰하던 마오쩌둥은 벼 이삭을 쪼아먹던 참새를 발견했다. 그리고는 한마디 하였다. "참새는 해로운 새다!" 중국 최

---

7 한국기자협회. http://journalist.or.kr/news/article.html?no=43854
8 참새 박멸 운동에 관한 내용은 박문국(2018), 『인간 대 참새』를 참고하였음.
  https://inmun360.culture.go.kr/content/357.do?mode=view&cid=1392208

고 지도자가 내뱉은 이 한마디는 곧바로 제사해(除四害) 운동으로 전개되었다. 모기·파리·쥐·참새의 네 가지 해로운 것을 제거하자는 운동이다. 이들 중 참새 박멸이 최우선 순위에 놓였다. 곡식을 쪼아 먹어 농민을 가난하게 만드는 주범으로 지목돼서다. 1958년부터 본격적으로 참새 소탕 작전이 개시되었다. 방법이 재미있다. 사람들이 참새가 보이는 산과 들 모든 곳에서 북이나 세숫대야를 쳐 참새들이 지쳐 떨어질 때까지 쫓아다녔다. 이 방법이 의외로 효과가 있었다. 참새 박멸 첫날 베이징의 300만 시민이 동원돼 8만여 마리의 참새를 잡았다. 사흘 뒤에는 베이징에 서식하는 참새 대부분을 잡았다. 1년 뒤에는 전국에서 2억 마리가 넘는 참새를 잡았다. 마침내 중국에 서식하는 참새를 대부분 박멸했다.

이런 성과로 풍년이 기대되었다. 하지만 예상은 빗나갔다. 참새가 사라지자 자연 생태계가 무너지며 병충해가 급증했다. 메뚜기떼들도 하늘을 뒤덮었다. 참새 박멸에 가장 앞장섰던 난징은 논밭의 60%가 메뚜기 떼로 피해를 입었다. 홍수 피해도 급증했다. 참새를 잡기 위해 모든 산야를 뒤집어놓는 바람에 숲이 물을 머금는 능력을 상실해서다. 병충해·메뚜기떼·홍수로 인해 중국은 최악의 흉년을 맞이했다.

문제는 참새만 박멸된 것이 아니었다. 참새 할당량을 채우지 못할 때의 벌을 피하려고 사람들은 닭, 오리 등 날개 달린 모든 것을 죽여 참새 대용물로 바쳤다. 또 참새를 잡겠다고 산야를 헤매는 동안 늑대, 꿩, 토끼 등이 사라지자 또 다른 부작용이 일어났다. 최악의 흉년이 왔음에도 산짐승조차 잡아먹을 수 없게 되자 사람들이 굶어 죽는 일이 일어났다. 1958년부터 3년간 약 4,000만 명이 굶어 죽었다. 참사가 계속되자 참새 잡기를 고집하던 마오쩌둥이 꼬리를 내렸다. 소련에서 20만 마리의 참새를 몰래 공수하면서 참새와의 전쟁을 끝냈다.

경제 생태계도 마찬가지다. 기업이나 기업인들은 포퓰리즘을 활용하는 정치인들이 가장 쉽게 적으로 규정짓는 대상이다. 정치인들의 눈에 이들은 참새처럼 국민이 피 흘려 일군 곡식을 쪼아 먹는 유해 조수 鳥獸다. 이렇게 인식되면 기업이나 기업인들이 생태계에서 하는 역할은 눈에 들어오지 않는다. 참새가 밉보이면 이들이 생태계에서 어떤 역할을 하는지를 생각지 않는 것과 비슷하다. 기업이나 기업인 중에는 눈을 찌푸리게 하는 행동을 하는 곳이나 사람들이 항상 있다. 하지만 포퓰리즘을 선동하는 정치 세력들은 이들을 일반화해 모든 기업과 기업인들을 한통속으로 몰아 적으로 규정한다.

이들이 국민의 삶을 풍요롭게 하기 위해 제공하는 제품과 서비스의 사회적 기능에 대해서는 아무런 관심이 없다. 이들이 창출하는 경제적 가치, 이들이 내는 세금, 그리고 이들이 애써 만든 일자리에도 감흥이 없다. 해외로부터 벌어오는 돈은 거저 얻어지는 것으로 착각한다. 또한, 이들이 축적한 지식이나 경쟁력이 얼마나 중요한 국가 자원인지도 모른다. 포퓰리즘의 맛을 본 정치인들의 유일한 관심은 기업과 기업인들을 국민들에게 밉상으로 보이게 만들어 자신들의 탐욕을 채우는 것에 있다. 이것으로 인해 국가 경제가 어떻게 무너지는지를 생생하게 보여주는 곳이 아르헨티나다. 중국에서의 참새 박멸이 자연 생태계를 무너뜨린 것처럼 아르헨티나에서는 정권에 밉보인 기업과 기업인을 참새로 보고 제거함으로써 자신들의 경제 생태계를 스스로 붕괴시켰다. 이런 상황에서 기업과 기업인이 살아남으려면 정치 세력에 줄을 서고 뇌물을 주는 수밖에 없다. 이것이 바로 포퓰리즘이 정치 자본주의로 이어지는 방식이다.

포퓰리즘과 이로 인한 정치 자본주의가 번성하면 기존의 경제 생태계만 무너지는 것이 아니다. 미래의 국가 경제도 죽는다. 기업가 정신이 사라져서다. 기업가 정신은 국가 경제를 지속적으로 변화시키며 발전시키기 위해 필요한 정신적 동력이다. 예비 기업가들이 새로운 비즈니스 기회를 찾고 위험을 극복할 힘을 제공하기도 한다. 이 동력이 사라지면 새로운 기업들이 태어남과 성장이 막혀 국가 경제가 쇠락한다. 포퓰리즘과 정치 자본주의가 무서운 이유는 이런 기업가 정신을 무력화시키기 때문이다. 기업의 성패는 기업가 정신이 아닌 정치적 줄서기와 야합을 통해 만들어진다는 생각을 기업인들에게 심어주기 때문이다. 이런 마음이 들면 정치에 줄을 대기 위해 혈안이 된다. 연구개발을 하고 신제품을 개발하기보다는 돈을 싸 들고 정치권에 줄을 서

<그림 2-9> 포퓰리즘과 정치 자본주의의 부정적 영향

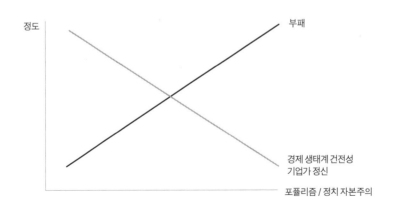

는 것이다. 이런 기업과 기업인 또는 예비 기업인들로 가득 찬 국가에 미래가 있겠는가? 지금까지의 내용을 요약한 것이 〈그림 2-9〉이다.

┃ 한국은 포퓰리즘과 정치 자본주의로부터 자유로운가?

다행스럽게도 한국은 포퓰리즘과 정치 자본주의가 난무하는 국가들과는 차이가 있다. 국민의 정치 성숙도가 높고 국민의 희생으로 민주주의 국가를 만든 경험이 있기 때문이다. 그렇다고 **한국이 완전히 포퓰리즘과 정치 자본주의로부터 자유롭다고 말하기는 어렵다.** 한국에서도 기업과 기업인을 대상으로 한 편 가르기와 색칠하기 포퓰리즘이 있어서다. 다음이 예다.

- 기업과 국민: 기업과 기업인이 국민으로부터 비호감 집단으로 인식되고 있다.
- 대기업과 중소기업: 대기업은 중소기업의 적으로 인식되고 있다.
- 노동자와 기업: 기업 또는 사용자는 노동자의 적으로 인식되고 있다.

이 결과를 반영한 것이 국민의 반기업 정서다. 한국경영자총협회가 민간 기업 109곳을 대상으로 국민 반기업 정서에 대한 인식을 조사한 바 있었다. 그 결과 반기업 정서가 '있다'라고 응답한 기업 비중이 93.6%에 달했다. 반기업 정서에 대한 체감 정도(100점 기준)는 1,000인

이상의 기업에서 83.8점으로 가장 높게 나왔다. 300~999인의 경우는 61.6점, 그리고 300인 미만의 경우는 66.0점으로 나타났다. 기업 규모가 큰 대기업일수록 반기업 정서에 대한 인식 정도가 높았다.

기업들은 반기업 정서의 원인을 무엇이라 생각하고 있을까? 〈표 2-5〉에서 살펴볼 수 있다. 응답자의 24.5%가 일부 기업인들의 일탈적 행위를 원인으로 지목했다. 기업과 기업인들에게 잘못이 있다는 것이다. 하지만 정치권과 미디어에 의한 포퓰리즘적 공격이 원인이라고 대답한 비율도 22.5%(13.7%+8.8%)나 된다. 정치 자본주의도 원인으로 지목되고 있다. 정경 유착과 기업 특혜를 받은 기업과 기업인들로 인해 국민 인식이 흐려졌다는 것이다. 이 비율이 19.6%에 달했다. 정경 유착과 기업 특혜란 정치권이 특정 기업과 기업인들에게 특혜를 주는 것을 말한다.

〈표 2-5〉 기업이 지목한 반기업 정서의 원인[9]

구분	원인	비율(%)
기업 내부 요인	일부 기업인의 일탈적 행위 등	24.5
	정경 유착, 기업 특혜 시비 등	19.6
기업 외부 요인	노조, 시민단체 등과의 대립적 구도	17.6
	기업의 순기능에 대한 국민 인식 부족	15.7
	일부 정치권에서 정치적 선전 수단으로 활용	13.7
	미디어, 언론에 의한 그릇된 기업 인식 확산	8.8
계	-	100.0

---

9 연합뉴스(2021), 「기업 93.6%, 반기업 정서 직접 느껴…국민 인식 개선 노력 필요」, 3. 28. https://www.yna.co.kr/view/AKR20210328024200003

반기업 정서로 인해 겪는 기업 경영 상의 문제를 묻는 질문도 있었다. 이에 대해 응답의 53.9%가 '일률적 규제 강화에 따른 경영 부담'을 꼽았다. '기업·기업인에 대한 엄격한 법적 제재'가 따른다는 응답이 40.2%로 뒤를 이었다. 다음으로 '협력적 노사 관계 저해' 33.3%, '사업 확장 등 적극적 사업 의사결정 위축'이 19.6% 순이었다(《표 2-6》 참조). 이들 응답 중 노사 관계를 제외한 다른 3개는 반기업 정서가 기업과 기업인을 대상으로 한 압박으로 이어지고 있음을 시사하고 있다. 한국에서 정치 자본주의가 작동되고 있음을 추론할 수 있게 해준다.

기업과 기업인에 대한 편 가르기와 색칠하기만 있는 것은 아니다. 지역을 중심으로 한 편 가르기와 색칠하기도 있다.

- 영남과 호남: 두 지역을 가르고 서로를 적으로 인식시키고 있다.
- 수도권과 지방: 수도권과 지방을 갈라 서로를 적으로 인식시키고 있다.

《표 2-6》 한국에서 반기업 정서가 기업에 미치는 영향[10]

구분	비율(%)
일률적 규제 강화에 따른 경영 부담	53.9
기업·기업인에 대한 엄격한 법적 제재	40.2
협력적 노사 관계 저해	33.3
사업 확장 등 적극적 사업 의사 결정 위축	19.6

주: 복수응답

---

10 연합뉴스(2021), 「기업 93.6%, 반기업 정서 직접 느껴…국민 인식 개선 노력 필요」, 3. 28.

대한민국, 넥스트 레벨

사람들을 편을 갈라 색칠하는 경우도 있다.

- 젊은 세대와 나이 든 세대: 젊은 세대와 나이 든 세대를 서로 적으로 만들고 있다.
- 이대남과 이대녀: 이십대 남자들과 여자들을 서로 적으로 몰아가고 있다.
- 부자와 가난한 자: 부자를 가난한 자의 적으로 인식시키고 있다 (이런 대립 구도는 사회의 미세 부분에서도 이루어지고 있다. 아파트 경비원과 주민을 갈라 서로 반목하게 하는 것이 예다).

기업과 기업인을 제외하고도 다양한 종류의 편 가르기와 색칠하기가 관찰된다는 것은 한국에도 포퓰리즘 정치가 퍼져 있음을 말해준다. 그렇다고 앞서 설명한 모든 개별적 포퓰리즘을 정치 자본주의와 연결짓기는 어렵다. 하지만 적어도 영남과 호남 또는 수도권과 지방을 갈라 치기하는 포퓰리즘의 경우는 정치 자본주의와 관련이 있다. 어떤 정치 권력이 등장하느냐에 따라 해당 지역 기업과 기업인들의 기상도가 달라지기 때문이다. 부자와 가난한 자에 대한 포퓰리즘도 정치 자본주의와 무관치 않다. 기업인 중에 부자가 많고, 기업인을 억압하는 것이 부자를 벌주는 하나의 방편으로 여겨지고 있기 때문이다. 그러면 눈치 빠른 기업인 부자들은 정치권에 줄을 대 생존하려 할 것이다. 이 역시 정치 자본주의의 소산이다.

| 포퓰리즘과 정치 자본주의의 미래

2021년 유엔무역개발회의_{UNCTAD}는 한국을 아시아·아프리카 국가로 구성된 그룹 A에서 선진국 국가들의 모임인 그룹 B로 자리를 옮겼다. 1964년 유엔무역개발회의 창설 후 처음 있는 일이다. 이런 기록만 세운 것은 아니다. 한국의 산업화 기점을 1962년으로 볼 때 70년이 채 안 돼 선진국이 되는 기록을 한국이 가졌다. 하지만 빨리 일어난 만큼 빨리 그 지위를 잃어버리지 않을지 걱정하는 목소리도 있다. 이것은 한국 정치권에 대한 염려와 관련이 있다. **만일 한국의 정치권이 포퓰리즘과 정치 자본주의에 몰두한다면 한국의 미래는 어떻게 될까?** 생각해 볼 것도 없다. 그러면 한국 경제 생태계가 먼저 무너질 것이다. 그리고 뒤이어 한국이라는 거대 사회 생태계가 무너질 것이다. 기업과 기업인을 악의 원천으로 보는 국가에서 무슨 경제적 희망이 있으며, 국민이 갈기갈기 찢긴 나라에서 무슨 응집력이 나오겠는가?

불행한 일은 정치권에서는 자신들의 행위가 이런 결과를 낳을 것이라고 생각하지 않는다는 것이다. 자신들의 행위에는 항상 정당한 이유가 있다고 생각해서다. 국가가 나락으로 빠져도 정치인들의 반성을 기대하기 어렵다. 아르헨티나에서처럼 책임을 상대 정치 세력으로 떠넘기며 희석시키면 그만이다. 또 이런 공방을 오래 끌다 보면 국민은 무엇이 본질적 문제인지, 그리고 누가 옳은지를 판단하기 쉽지 않다. 먼 훗날 역사가들이 문제의 본질과 누구의 잘못인지를 가릴 것이다. 하지만 오늘을 치열하게 살아가야 하는 한국인들에게 이것이 무슨 의미가 있는가? 이것을 경계하자는 뜻에서 이 글을 썼다.

3장

저출산·고령화 문제와 청년의 삶

저출산·고령화 문제 해결 방안

청년 삶의 미래와 국가 공간 재설계

한국의 경우 앞에서 언급한 지속 가능성의 위기가 가장 심각하게 표출되고 있는 곳이 저출산·고령화와 청년의 삶이다. 그동안 정부가 「저출산·고령 사회 기본법」을 제정한 후, 16년간 약 280조 원을 지출했다지만 오히려 합계출산율은 거꾸로 줄어들기만 했다. 이러한 정책적 실패는 저출산·고령화에 대한 생각과 인식의 대전환을 요구한다. 출산율 제고에 관한 기존 연구들을 종합하면, 결론적으로 인구의 '지역 분산'이 가장 효과적 방법이라고 한다. 지방 소멸에 대한 대처를 위해서도 지방을 젊은이들이 살 만한 곳으로 만드는 것이 우선되어야 한다. 특히 젊은 여성들을 끌어들일 수 있는 내용과 방향을 갖추어야 한다. 사실 청년들 입장에서 서울 대신 살고 싶은 도시가 하나라도 더 제대로 만들어진다면 그보다 더 효과적인 대책은 없을 것이다. 시범적으로 혁신 마을을 구축하고 이를 전국에 분산시키려는 실험도 해볼 필요가 있다. 출산율 제고를 위해 그동안 퍼부은 예산의 일부분만 활용해도 이를 달성할 수 있을 것이다.

그런데 반드시 주목해야 할 것은 출산을 기피하는 청년층의 상황과 그들의 생각이다. 현재 대한민국의 청년층이 마주하고 있는 다양한 현실은 디지털 시대에 들어와 치명적인 문화적 문제를 만들어냈다. 따라서 그 해결의 실마리도 문화에서 찾아야 한다. 디지털 네이티브 세대에게 삶의 근간으로 자리 잡은 소비와 문화에 대한 욕구를 충족시켜주는 공간이 서울밖에 없었고, 서울과의 심리적 거리가 급속히 좁혀지면서 수도권은 지역 청년들을 흡수하는 거대한 구심력을 형성하게 된 것이다. 그러나 청년층이 생활하는 한국의 서울 중심 공간 구조는 그들의 심리적 압박을 더 강화시키는 방향으로 계속해서 변해왔고 저출산의 근본적 심리 요인으로 작용하고 있다. 즉, 1990년대생들의 비혼과 비출산은 기본적으로 청년층에게서 광범위하게 나타나고 있는 '탈가치화' 현상을 그 원인으로 하고 있다. 자신의 일상 차원을 넘어서는 추상적 가치와 장기적 비전에 투자할 수 있는 심리적 여유가 고갈될 수밖에 없었고, 가족주의 또한 그 결과 퇴조하게 된 것이다.

이러한 국토의 공간 구조에 가해지는 압박을 완화하기 위해서는, 지역의 문화를 그 해결책으로 삼을 수밖에 없다. 지역이 자생력 있는 문화 도시로 부상해야 하며 지역성을 지닌 여러 콘텐츠를 지속적으로, 다양하게 배출할 수 있는 생태계가 조성될 필요가 있다. 이를 위해 대중문화가 단순한 상품을 너머서 삶의 의미를 제공해주는 시대의 흐름에 맞추어, K-팝과 K-콘텐츠 등의 대중문화를 통해 지역성을 부활시키는 프로젝트에 도전할 필요가 있다.

1

저출산·고령화 문제 해결 방안

정은성((주)에버영코리아 대표이사, (사)비랩코리아 이사장)

우리나라에는 나라 걱정하는 사람들이 많다. 다른 나라 사람들과 비교해도 아마 세계 최고 수준일 것이다. 그렇게 나라의 미래를 생각하고 걱정하는 사람들 모두가 모여서 국정 최대 현안에 대해 의견을 모으면 어떻게 될까? 그리고 국가 정책의 형성-집행-평가 과정에 참여하고 있는 전문가들을 전부 모아놓고, 우리나라에 가장 중요한 국가 과제가 무엇인지 질문한다면 과연 어떤 답변이 나올까?

당연히 수없이 많은 종류의 국정 과제가 언급될 것이다. ① 북핵, 미국과 중국 간의 패권 경쟁 등 외교 안보 문제, ② 물가, 환율, 실업, 소득 격차, 부동산 등 경제 문제, ③ 교육, 계층 간의 갈등과 차별, 가치관의 붕괴와 소외 현상 등 사회 문화 문제, ④ 정당과 정파 간의 극한 대립, 민주주의와 법치주의 훼손 등 정치 문제, ⑤ 기후 변화, 해양 오염, 생태계 붕괴 등 범지구적 문제. 그야말로 헤아릴 수 없이 많은 이슈가 등장할 것이다.

그럼 이 모든 문제를 다 나열한 후 덜 중요한 순서대로 하나씩 없앤다면, 최후에 무엇이 남을까? 그것은 아마도 '저출산·고령화'일 것이다. 아니, 그래야만 한다.

| 대한민국의 출산율 현주소

세계 최저 출산율

우리나라 합계출산율, 즉 여자 한 명이 가임 기간에 낳을 것으로 기대되는 평균 출생아 수는 2021년 기준으로 0.808명이다. 세계 꼴찌다. 같은 해 세계 평균 2.32명에 비교하면 3분의 1 정도밖에 안 된다. 더구나 2022년 3분기 통계를 보면 그조차도 0.79명으로 내려왔다. 이는 분기별 합계출산율 통계 작성이 시작된 2009년 이래 역대 최저치라고 한다. 결국 2022년 사상 초유 연간 합계출산율이 0.78이 되었다.

증가하는 사망자 수

몇 년 전부터 우리나라 인구가 줄어들기 시작했다. 인구 자연 증가분이 2019년 이래 연속으로 마이너스를 기록했고, 그 숫자 또한 점점 더 커지고 있다. 더군다나 2022년 3분기 사망자 수는 8만 5,000여 명으로 월간 사망자 통계가 작성된 이래 역대 최대치를 기록하였다. 이와 같은 사망자 수 증가는 앞으로도 최소 몇십 년간은 더욱더 커질 것으로 예상된다. 우리나라 전체 인구 중에 가장 큰 비율을 차지하는 베이비붐 세대들이 점점 더 고령화되고 있기 때문이다.

급격한 인구 감소

세계 최저 출산율과 역대 최고 사망자 수, 이 두 가지 현상의 결과는 무엇을 말하는가? 당연히 그것은 인구 감소로 귀결된다. 2022년 인구는 현재 10만 명 이상 줄어들 것으로 전망된다. 그리고 그 숫자는 앞으로 가면서 더욱더 커질 것이다. 이와 같은 인구의 급격한 감소는 지난 수십 년간 우리 사회가 만들어낸 피할 수 없는 결과이다. 다시 말해서 '이미 와버린 미래'인 것이다.

〈표 3-1〉에서 볼 수 있듯이, 세계 인구는 2022년 80억 명인데 2070년이 되면 103억 명으로 23억 명이 늘어난다. 반면 우리나라 인구는 2022년 5,200만 명에서 2070년이 되면 3,800만 명으로 줄어든다. **대략 앞으로 50년 내에 1,400만 명의 인구가 감소할 것이라는 뜻이다.**

우리나라의 인구 감소 추세는 앞으로도 오랫동안 계속될 것이며, 21세기 말에 이르러서는 전체 인구의 절반 정도밖에 남아 있지 않을 것이라는 매우 충격적인 결론에 도달한다. 미국 워싱턴대 의과대학 산하 보건계량분석연구소가 의학저널 《랜싯》에 발표한 논문에 따르면 전 세계 출산율은 2017년 2.4명에서 2100년 1.7명까지 감소할 것이라고 한다. 대한민국의 인구 또한 5,164만 명에서 2100년 2,678만 명으로 떨어질 것이라고 한다.

이렇게 숫자로 인구 감소를 표현하면 그 심각성이 잘 전달되지 않는다. 언제, 몇 명 또는 몇 퍼센트 정도가 줄어들 것이란 표현 대신, 우

<표 3-1> 세계와 한국의 인구 변화

(단위: 백만 명, %)

	1970년		2022년		2040년		2070년	
	인구	구성비	인구	구성비	인구	구성비	인구	구성비
세계	3,695	100.0	7,975	100.0	9,189	100.0	10,299	100.0
아프리카	365	9.9	1,427	17.9	2,093	22.8	3,206	31.1
아시아	2,145	58.1	4,722	59.2	5,177	56.3	5,206	50.5
유럽	657	17.8	744	9.3	723	7.9	648	6.3
라틴아메리카	287	7.8	660	8.3	732	8.0	738	7.2
북아메리카	222	6.0	377	4.7	411	4.5	436	4.2
오세아니아	19	0.5	45	0.6	54	0.6	64	0.6
남북한	47	1.3	78	1.0	77	0.8	61	0.6
한국	32	0.9	52	0.6	50	0.5	38	0.4
북한	15	0.4	26	0.3	26	0.3	24	0.2

출처: 통계청, 「세계와 한국의 인구현황 및 전망」, 2022년 9월 5일 발표.

리 생활과 삶에 좀 더 밀접하게 연관된 지방자치단체를 예로 들어 설명해본다.

지금으로부터 3년 후 2025년에는 순천시 인구만큼이 감소할 것이다. 그다음 해 2026년에는 여수시와 광양시 인구를 합한 만큼이 줄어들 것이며, 또 그다음 2027년에는 목포시·무안군·해남군·신안군 전부를 합한 만큼의 인구가 사라질 것이다. 그리고 그 후로 8년이 되는 2030년이 오기 전에 전라남도 전체 인구가 없어질 것이며, 그 후로부터 20년이 채 안 되는 2050년 전에는 자그마치 전라남도, 광주광역시, 경상남도, 부산광역시 총 4개 지방자치단체 인구의 총합계만큼이 모두 사라질 것이라는 결론이다.

꾸준히 상승하는 평균 기대수명

지난 50여 년 동안 여러 가지 사회·경제·문화적 차원에서 환경 변화가 있었다. 이에 따라 우리나라 국민 전체의 평균 기대수명도 급격하게 증가하였다. 물론 다른 선진국 및 전 세계 국가들도 같은 추세를 보인 것은 사실이나, 우리나라의 경우 유난히 더 크게 늘었다.

〈그림 3-1〉을 보면, 우리나라 국민 전체의 평균 기대수명은 1970년 62.3세에서 2020년 83.5세로 늘어났다. 대략 지난 50년 동안, 한 번도 들쑥날쑥한 적이 없었다. 2년마다 거의 1년 정도로 평균 기대수명이 늘어났다고 할 수 있다. 그래프는 마치 정비례하듯이 직선 모양을 보이고 있으며, 그 직선의 기울기는 그야말로 전 세계 최고 수준이다.

세계 최고 수준의 고령화 추세

세계 최저 수준의 낮은 출산율, 높은 사망자 수, 그리고 평균 기대

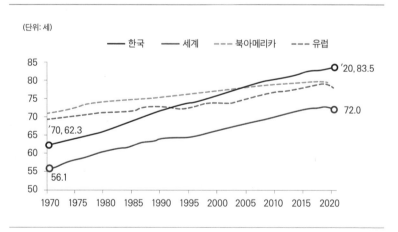

〈그림 3-1〉 세계와 한국의 기대수명 추이

수명의 급격한 증가는 각기 서로 다른 사회 현상이라고 할 수도 있다. 그러나 사실 이들 모두는 상호 연결되어 있다. 그래서 일종의 전체로서 이해할 필요가 있다. 거기다가 이들 모두는 공교롭게 모두 다 같이 어느 한 방향을 가리키고 있다. 그것은 바로 인구 고령화이다. 적게 낳고, 많이 죽고, 오래 살면 결국 초고령 사회로 갈 수밖에 없다.

우리나라 인구의 고령화 추세는 세계적으로도 유례없는 현상이다. 전체 인구 중 65세 이상이 차지하는 비율에 따라 7% 이상은 고령화 사회, 14% 이상은 고령 사회, 20% 이상은 초고령 사회라고 분류한다. 우리나라는 어디에 속할까? 한국은 이미 2000년에 고령화 사회, 2018년에 고령 사회에 접어들었다. 2026년에는 초고령 사회에 진입할 것으로 예상된다. 전 세계 역사상 가장 빠른 속도이다. **이런 상태가 그대로 유지된다면 2045년에는 고령 인구가 전체 인구의 37%를 차지하는 세계 1위 고령 국가가 될 것으로 전망되고 있다.**

〈그림 3-2〉에서 고령 인구 구성비를 살펴보면, 세계의 경우 2022년 9.8%에서 2070년 20.1%로 증가한다. 같은 기간 우리나라는 2022년 17.5%에서 2070년 46.4%로 매우 급격하게 증가할 것으로 예상된다. 그렇게 되면 50년 후 우리나라는 인구 절반이 만 65세 이상이다.

〈그림 3-3〉을 보면 우리나라 고령화 변화가 다른 나라들에 비해 얼마나 빠르고 심각한지 한눈에 알 수 있다.

▎대한민국 출산율 정책의 문제점

저출산과 고령화는 이미 와 있는 미래이다. 그렇다면 그 미래는 밝

<그림 3-2> 세계와 한국의 고령 인구 구성비 추이

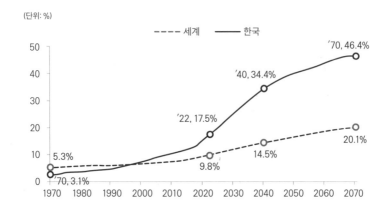

출처: 통계청

<그림 3-3> 세계와 한국의 인구 피라미드

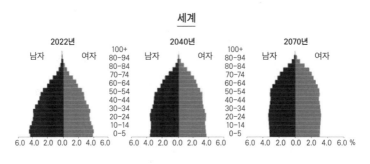

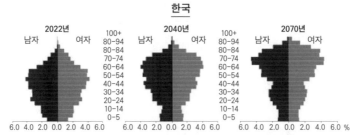

출처: 통계청, 2022~2070년 세계와 한국의 인구 피라미드

은가, 아니면 어두운가? 다시 말해서 우리에게 과연 축복인가, 아니면 저주인가?

사실 위에 언급한 주요 사회 현상들은 모두 가치 중립적이다. 예를 들면 ① 저출산은 현재 사회에 속한 사람들의 선택에 의해 만들어진 사회 현상이고, ② 사망자 숫자의 급격한 증가는 반세기 이전부터 있었던 다출산 시대가 만들어낸 당연한 결과물이며, ③ 급격한 인구 감소 또한 지구 환경 보존과 삶의 질 개선을 위해 오히려 더 필요하다고 주장하는 사람들도 상당히 존재하고, ④ 높아진 평균 기대수명은 건강을 추구하는 사람들의 희망과 욕구를 충족시키기 때문에 오히려 바람직한 현상이며, ⑤ 심각한 고령화 추세 또한 이 모든 것들이 어우러져 생긴 불가피한 현실이기 때문이다.

그러나 지금의 심각한 저출산과 고령화는 우리가 반드시 타개해야만 하는 도전과 문제점들을 내포하고 있다. ① 국가 안보 차원에서는 현역병 부족 문제 등이 있고, ② 사회 차원에서는 노인 소외 문제, 청장년층의 재정 부담 문제, 일자리 경쟁과 같은 세대 간의 갈등 문제, 노인 빈곤 문제 등이 있으며, ③ 경제 차원에서는 생산 가능 인구의 감소로 인한 노동력 부족과 경제 성장 둔화 현상, 노인 복지비 증가로 인한 국가 재정 부담 증가 등이 있고, ④ 지역 차원에서는 청장년층의 이촌향도離村向都 현상으로 인한 지방 소멸 문제, 도농 간의 경제 격차 심화 등이 있다.

그중에서도 가장 심각하면서도 중요한 것은 **생산 가능 인구 부족으로 인한 경제 성장 둔화 및 경제 침체, 국가와 지방정부의 재정 부담 증가, 지방 소멸이다.**

경제 성장 둔화와 경제 침체

저출산·고령화의 위험성을 따질 때 타산지석으로 삼을 만한 아주 좋은 사례가 있다. 우리가 맞은 위기를 먼저 겪었고 그 위기를 벗어나기 위해 아직도 애를 쓰고 있는, 우리의 이웃 나라 일본이다. 일본은 경제 발전, 사회 변화, 심각한 저출산·고령화 위기를 우리보다 수십 년 먼저 경험하였다. 그래서 우리의 미래를 미리 볼 수 있도록 거울을 제공하고 있다.

먼저 1990년대 이후 일본이 겪었던 소위 '잃어버린 30년'을 살펴보자. 당연히 여러 가지 복합적 요인들이 작용하였다. 특히 1980년대부터 진행되었던 환율 정책, 금융 정책, 부동산 대책들이 좀 더 잘 만들어졌었다면 어땠을까 하는 아쉬운 마음이 든다. 그러나 그 어떤 문제도 저출산·고령화만큼 거대하고 동시에 근본적이지 못했다. 다시 말해서 '잃어버린 30년'이라고 불리는 일본 경제 침체의 주원인은 바로 저출산·고령화라고 규정해도 지나치지 않다.

당시 일본은 1960년대 이래 지속적인 저출산을 겪고 있었다. 1975년 합계출산율이 이미 2.0 아래로 떨어졌고, 1980년대 후반에는 1.5명대까지 낮아졌다. 이에 따른 인구 감소는 당연히 생산 가능 인구 부족과 연결되어 직간접적으로 경제 성장을 둔화시켰다. 이는 또한 소비자 감소로 이어져 경기 침체를 일으키는 주요 요인이 되었다. 생산 가능 인구 감소를 방지하기 위해 외국인 노동자 유입, 정년 연장, 여성 노동력 확대 등의 대책을 활용했어야 했는데, 일본 정부는 그만 시기를 놓쳐버리고 말았다.

국가 및 지방정부의 재정 부담 증가

저출산·고령화는 국가 재정에도 지대한 악영향을 미쳤다. 1960년 일본 전체 인구에서 65세 이상 노인이 차지하는 비율은 겨우 5%를 상회하였다. 생산 가능 인구 10명이 훨씬 넘는 숫자가 노인 한 명을 부양하는 사회였다. 따라서 큰 부담이 되지 않았다. 지금은 전체 인구에서 노인이 차지하는 비율이 거의 30%에 가까워져 있으며, 생산 가능 인구 비율은 60%에도 미치지 못한다. 현역 2명이 노인 한 명 정도를 부양하는 형국이다. 그래서 연금, 의료, 간병 등 사회보장비로만 매년 기하학적인 액수의 예산이 사용되고 있으며, 이는 당연히 국가 재정에 큰 부담이 되고 있다.

사실 일본 정부는 고령 사회 진입 시기와 거의 일치하는 1994년부터 적자 국채를 발행했다. 현재는 1,300조 엔에 가까운 국가 부채를 갖고 있음에도 불구하고, 매년 20조 엔 이상의 적자 국채를 발행해야만 하는 상태에 처해 있었다. 무한정으로 계속 국채를 찍어낼 수는 없었기에, 3% 소비세 제도를 도입하여 부족한 세수를 충당하려고 했다. 그리고 세율을 5%, 8%, 10% 등 몇 차례에 걸쳐 인상하였다. 이는 결국 경기를 위축시켰고, 일본 경제를 만성적 디플레이션 상황에 빠지게 만든 주요 원인 중 하나로 거론되고 있다.

우리나라도 고령화 영향을 받아서 한편으로는 세입 기반이 축소되고, 또 다른 한편으로는 사회보장 비용 확대 등의 이유로 재정 지출 규모가 날이 갈수록 커지고 있다. 따라서 재정 여력은 점점 더 축소되고 있으며, 4대 공적 연금 또한 국가 재정의 블랙홀이 되어가는 실정이다. 적자 규모 또한, 2022년에는 59조 원, 2024년엔 73조 원, 2025년에는

80조 원으로 계속 증가할 것으로 추산된다. 평균수명 연장으로 인해 국민연금 수급자 규모는 점점 더 커지고, 연금 수령 기간은 점점 더 늘어나고 있으며, 저출산으로 인해 연금을 내는 숫자는 계속해서 축소되고 있다. 따라서 재정 적자와 정부 부채 증가는 당연한 결과이다. 우리나라는 사실 10년 전만 해도 국가 부채가 500조 원으로 GDP 대비 30% 수준이었는데, 지금은 거의 1,000조 원으로 GDP 대비 50% 수준에 가깝게 급증한 상태이다.

지방 소멸

수도권 지역은 우리나라 국토의 12%에 불과함에도 불구하고 전체 인구의 52%가 집중되어 있다. 이에 따라 지방 인구의 소멸이 심각한 사회 문제로 대두되고 있다. 20~39세의 여성이 65세 노인 인구의 절반보다 적으면 인구 '소멸 위험' 지역, 20%보다 적으면 '소멸 고위험' 지역으로 구분된다. 정부 통계에 따르면 2000년에는 지방 시군구 중에서 인구 '소멸 위험' 지역은 하나도 없었다. 그런데 20여 년이 지난 2022년, 무려 115곳에 달한다. 이런 추세가 계속된다면 25년 후에는 전국 228개 시군구 전체가 '소멸 위험' 지역이 된다. 가장 심각한 수준의 '소멸 고위험' 지역은 2022년 현재 36곳에 이르는데, 전남 9곳, 경북 8곳, 경남 7곳 등이다. 그야말로 "벚꽃 피는 순서대로" 지방이 소멸할 것이라는 말이 우스갯소리만은 아니다.

〈그림 3-4〉를 보면 지난 10여 년간의 추세를 한꺼번에 파악할 수 있다.

지방 소멸이 국가적 차원의 문제점들을 상당하게 내포한다는 것은

<그림 3-4> 2010~2020년 국내 인구 이동 현황

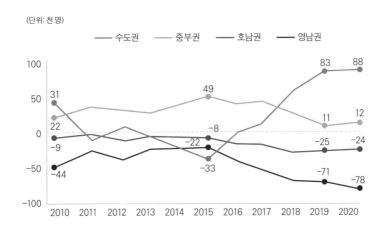

(단위: 천 명)

━ 수도권　┄ 중부권　━ 호남권　━ 영남권

출처: 통계청, 인구이동통계, 2019, 2021년

근거 있는 주장이다. 먼저 인구수가 감소하면 지방 재정이 약화된다. 이는 공공 서비스의 양적·질적 악화를 초래할 것이다. 이미 초등학교 없는 면, 보육 시설이 없는 읍, 응급 의료 기관이 없는 군들이 늘어나고 있다. 이외에도 여러 문제가 대두된다. 예를 들어 평창 동계올림픽 여자 컬링팀 때문에 더욱 유명해진 경북 의성군에는 아기 낳을 병원이 없다고 한다. 분만 전 진찰만 할 수 있다. 그래서 의성 지역의 임산부는 멀리 떨어진 대구나 안동 등 타 도시로 가서 아이를 원정 출산해야 한다고 한다. 이뿐만이 아니다. 교육·문화 시설 및 인프라 그리고 교통 여건 등이 악화될 것이고, 지역 일자리 감소 등 지역 경제도 더욱더 나빠질 것이다.

　수도권 인구 집중 자체가 갖는 문제점들도 매우 심각하다. 집값 상승, 교육비 증가, 교통 체증, 대기 오염 등으로 시민들의 삶의 질이 더욱 나빠질 것이며, 특히 중하류층의 피해가 더욱 클 것이다. 그뿐만 아니라 중장기적으로도 도시의 배후지가 사라지면 도시 역시 활력을 잃고 쇠퇴할 것이다.

요즘 자주 이야기하는 'N포 세대' 예를 살펴보자. 취업, 연애, 결혼, 주택 구입, 출산 등을 포기하는 젊은 세대가 등장했다. 참고로 3포는 연애·결혼·출산 포기이고, 5포는 여기에 내 집 마련·인간관계 포기가 추가된다. 7포는 이에 더하여 꿈과 희망까지 버린다고 한다. 참으로 상상하기만 해도 끔찍한 현실이다. 이 현상 또한 지방 소멸과 직접 연관이 있다. 청년들은 살기 위해 수도권으로 모이고, 집중적으로 모여 있으니 경쟁은 더욱 격화되고, 그 결과 생존 본능이 발동하게 된다. 생존 본능이 커지면 자연스럽게 생식 본능은 줄어든다. 자연 현상이다.

결국 지방 소멸은 수도권 인구 집중과 동전의 양면이다. 지방은 인구 유출로 점점 더 인구가 감소하고, 이는 지역 공동화와 수도권 인구 집중으로 이어지고, 수도권은 인구 집중 때문에 점점 더 삶의 질이 떨어진다. 그야말로 악순환의 반복이다. 결국 이 모든 것이 국가 경제와 경쟁력, 그리고 사회 안정과 문화에 이르기까지 악영향을 미칠 것임은 자명한 사실이다.

▌문제 해결을 위한 접근법

저출산·고령화 문제는 사실 사회·경제적 요인으로부터 크게 기인한다. 그중에서도 저출산과 관련된 가장 큰 문제는 경제적 불안정·심리적 불안감이다. 청년들이 학교를 졸업하고 힘차게 사회에 진출해야 하는데 취업이 어려운 실정이다. 또한 취업해도 정규직이 아닌 계약직 등으로 고용 상태가 불안정한 경우가 허다하다. 그래서 불안한 마음에 결혼은 아예 생각조차 하지 않는 경우가 비일비재하다. 어찌어찌해서 결혼해도 다수의 신혼부부는 원룸 아파트에 전·월세로 겨우 살게 된다. 아이를 낳고는 싶지만, 막상 기르려고 생각하면 아파트 평수를 늘려야 하는데 보증금이나 월세를 도저히 감당하지 못할 것 같다. 그 결과 출산은 계속 미루어진다. 그나마 다른 부부들은 아예 처음부터 자녀 출산을 포기한다니 그보다는 좀 나은 경우라고 할 수 있다.

이처럼 저출산에 있어서 사회·경제적 요인은 매우 중요하면서도 근본적인 문제이다. 이에 대한 해결책을 거론하려면 결국 사회적 구조와 경제 환경의 변화가 요구될 수밖에 없다. 그런데 사회·경제 차원의 정책들은 대개 매우 포괄적이며 광범위하고 다양하다. 그래서 다소 불확실하고 불분명하게 될 수밖에 없다. 따라서 여기서는 크게 다루지 않을 것이다.

그럼에도 불구하고 정년 연장, 퇴직자 재취업 장려를 통한 노인 일자리 확보, 여성 인력 활용 확대 등은 저출산·고령화 문제의 현실적인 해결책으로서 매우 중요하다는 점을 지적하지 않을 수 없다. **특히 인구 감소로 인한 노동력 부족, 그리고 생산력 하락에 대한 대책으로서의 의미가 매우 크다.**

사회 문화적 인프라 구축

여태까지의 저출산 대책의 골자는 지원이 주를 이루었다. 출산 장려금 등 지원 및 보조금 확대, 육아 휴직 활성화, 근무 시간 조정, 보육 및 교육 인프라 확충 등이 있다. 이외에도 일·양육 병행 여성과 그 가족들을 위한 가족 친화적인 제도와 지원책에 대한 획기적인 강화가 필요하다.

더 중요한 것은 육아와 가사의 남녀 분담이 이루어지고, 양성평등의 가치관을 확산하도록 사회적 분위기를 만들어가야 한다. 이를 위해 더 많은 아이디어와 노력이 필요하다. 결과가 바로 나오지도 않고 심지어 그 효력 발생 여부조차 분명하지 않더라도 계속 펼쳐나가야 한다. 예를 들어 각종 사회 캠페인, 방송 프로그램 제작, 영화 제작사나 연예 기획사들과의 협업 등을 통해 일반 국민의 사고방식을 변화시키려고 하는 노력에 더욱 초점을 맞추어야 할 것이다.

이런 방향에서 모범적인 정책을 구사한 나라 중 하나가 바로 프랑스다. 프랑스는 선진국 가운데 대표적인 다산 국가로 꼽히며, 2021년에도 인구가 18만여 명 늘었다고 한다. EU 내 인구 증가율 1위, 합계 출산율 1위(1.83명)를 기록했다. 여기에는 전통적인 혼인 관습에 얽매이지 않는 개방적인 사회 분위기, 여성의 사회 진출을 돕는 제도 등이 큰 역할을 담당하였다. 우리나라가 많이 참고하고, 잘 본받아서 꾸준히 이런 방향의 노력을 해야 할 것이다.

외국인 노동자 유입

외국인 노동자 유입을 통한 노동력 확보는 매우 직접적이고 효과적이다. 따라서 우리 사회가 앞으로 이 방향으로 가야만 하고 또 갈 수밖에 없는 것으로 여겨진다. 예를 들어 호주는 이민 정책의 중요성을 인식했다. 그동안 연간 이민자 수가 16만 명 안팎이었는데, 향후 5년간에는 200만 명으로 획기적으로 확대하려고 한다. 우리나라도 높은 수준의 교육을 받고 기술을 가진 두뇌들을 지금보다 훨씬 더 적극적으로 유입할 필요가 있다. 이를 위해 호주 등과 유사한 정책을 마련해야 할 필요성 또한 커지고 있다. 물론 이민자 수의 확대와 편리성 제고 등 일종의 업스트림 정책도 중요하지만, 이민자 수용 사후 조치와 수용 정책이 요구된다. 특히 현재 외국인 이민자들과 체류자들을 위한 비자 제도 개선부터 시작해서 이들에 대한 교육과 사회 통합을 위한 정책까지 정교하게 설계하고 철저하게 운용해야 할 것이다.

인구의 지역 분산

저출산 대책으로서 합계출산율의 중요성을 간과하거나 차치할 수는 없다. 앞에서 살펴본 바와 같이 사망자 숫자, 평균 기대수명, 고령화 등은 대처하기도 힘들고 심지어 바람직하지 못한 측면도 있다. 그러나 출산율 제고는 가장 근본적이고도 확실한 인구 문제 해결책이자 정책 목표가 된다. 따라서 대책 수립 시 모든 과정에서 항상 최우선적으로 고려해야 할 것이다.

출산율 제고를 위한 대책은 무엇이 있으며, 어떻게 접근하는 것이 옳을까? 맨 처음 했던 것처럼 다시 한번 더 현재 우리나라 정책 전문가들을 모두 모아놓고 출산율 제고를 위해 가장 효과적인 대책이 무엇인지 묻고, 그 질문에 대한 대답들을 모두 나열한 후, 그중 가장 중요한 것을 하나만 남긴다면 그것은 과연 무엇이 될까?

아마도 인구의 '지역 분산'일 것이다. 직접적이지도 않고 단기적인 효과를 낼 것 같지도 않은데 왜 인구의 지역 분산이 첫 번째 해결책이 된다고 하는지 의문을 가질 수도 있을 것이다. 그것은 출산율 제고라는 이슈 자체가 그 본질상 긴 시간과 넓은 영역의 노력이 필요하기 때문이다. 다시 말해서 당장 1~2년 내에 효과를 보고 끝내는 단기적 성질의 것도 아니고, 그저 1~2개 영역에서 문제를 해결하려고 하는 단면적 접근으로는 진정한 해결책이 될 수 없기 때문이기도 하다.

지자체 인구 밀도와 출산율은 상관관계를 갖고 있다. 이는 인구 밀도가 높은 지자체일수록 출산율이 떨어진다는 뜻이다. 한국지방행정연구원이 2019년 발표한 논문(김현호 선임연구위원) 내용을 보면 관련 통계 자료와 함께 그 가설을 잘 설명하고 있다. 시도별 합계출산율 실례를 봐도 세종(1.03명)과 전남(1.04명)만 1명을 넘겼고, 서울의 합계출산율은 0.59명으로 전국에서 가장 낮았다.

그렇다면 이 가설 또는 결과를 정책 현실에 반영해보자. **출산율을 제고하려면 인구의 지역 분산이 매우 효과적일 것이라는 결론에 도달한다.** 이는 논리와 상식에 의해 도출된 결과이다. 그뿐만 아니라 여러 정책 전문가의 연구 결과도 이를 뒷받침한다. 예를 들어 높은 인구 밀도가 사회적 경쟁을 심화시켜 만혼·저출산의 주요 원인이라는 분석은 여러 기관의 연구 결과에서 잘 나타나고 있다. 또한, 저명한 인구학 전문가 조영태 교수가 평소에 저출산 문제의 주요 원인으로 청년의 수도권 집중, 그리고 그로 인한 과도한 경쟁을 지적하였고, 또한 그 대책으로서 국토 균형 발전을 제시하는 것과도 일맥상통한다.

그렇다면 인구의 지역 분산을 위해 과연 우리는 무엇을 해야 할까? 그동안 많은 정책 전문가들이 지방 소멸을 막기 위한 대책을 세우기 위해 연구를 해왔다. 그중에서 가장 대표적인 내용은 다음과 같다.

전략 ① 전 생애에 걸쳐 건강하고 품격 있는 생활 실현

(보육 여건 개선, 교육 기반 확충과 지역 인재 양성, 의료·건강 인프라 조성 등)

전략 ② 개성 있는 매력 공간 창출로 생활 인구 확보와 유출 억제

(유연 거주 제도화와 생활·관계 인구 확충, 스마트 생활 공간과 주거·이동 편의 지원, 매력 공간 창출과 문화 향유 기회 확대 등)

전략 ③ 지역 자원 기반 생산·소득 및 좋은 일자리 확충

(일자리 창출과 지역 산업의 생산성 제고, 기업 유치 촉진과 공공기관 이전 등)

전략 ④ 지역 간 교류·협력으로 상생과 공존의 사회 문화 확산

(지역 간 연계 협력과 생활권 공유 추진, 도시와 교류·상생 프로그램 확대, 주민 참여형 지역 관리 활성화 등)

전략 ⑤ 지역이 주도하는 분권 역량과 실증 기반 강화

(지역 주도의 계획 수립과 지원 시책 자율 선택, 포괄 보조 지원 확대와 중앙–지방 간 협약 체결, 지방 소멸 위기 대응 모니터링과 성공 모델 응용·확산 등)

대책 ① 지역 주도의 계획 수립과 자율적 추진 체계, 중앙–지방 협약, 포괄적 재정 지원
대책 ② 지방 소멸 위기 진단과 상시 모니터링 체계 구축·운영 등 정보 공유와 활용
대책 ③ 인구 감소 시대 불합리한 규제 발굴·개선, '인구 감소 지역 지원 특별 법안' 마련 등

위 내용에 대한 인식을 바탕으로 좀 더 깊이 있게 지방 소멸 현상을 살펴보자. 지방 소멸은 자연 감소 탓도 있겠으나, 사실 더욱 심각한 문제 원인은 인구 유출이다. 다시 말해서 지금과 같은 극심한 지방 소멸 현상은 젊은 세대들이 수도권으로 몰리는 세태와 직접 연결되어 있다는 뜻이다. 예를 들어 부산광역시, 광주광역시, 대구광역시 등 영호남 주요 지역에서만 지난 10년간 64만여 명이 사라졌는데, 동남권(부산광역시, 울산광역시, 경상남도)의 유출 28만 8,257명 중에 15~29세 연령대가 차지하는 순유출 규모는 20만 4,844명이었다고 한다. 전체 순유출에서 차지하는 비중이 71%에 달한다. 다시 말해서 더 좋은 교육

과 직업을 찾아서 지역을 떠나는 29세 이하 젊은 인재 유출이 지방 소멸을 가속화하고 있는 것이다.

이와 관련하여 지방 소멸이란 개념 자체를 중요한 국정 어젠다로 만드는 데 선구적인 역할을 한 사람이 있다. 일본창성회의日本創成会議 의장 마스다 히로야이다. 그는 자신의 저서 『지방 소멸』에서 일본 사회의 급변하는 상황에 대해 여러 가지 의미 있는 경고를 했다. 그중에서도 지방 소멸은 예상외로 갑자기 커지는 때가 오는데 그때는 너무 늦어서 대처할 수 없을 정도가 될 것이라고 강조한 바가 있다. 그 이유는 인구가 자연적으로 감소하는 속도는 비록 느리지만, 젊은 층 인구 유출이란 '사회적 감소'가 그 위에 더해지면 매우 빠르게 속도가 붙기 때문이라고 했다.

따라서 지방 소멸에 대한 효과적인 대처법으로 지방을 젊은이들이 살 만한 곳으로 만드는 것이 우선되어야 한다. 특히 젊은 여성들을 끌어들일 수 있는 내용과 방향을 갖추어야 한다. 그중에서도 **첫째, 양질의 일자리가 중요하다.** 물론 2005년부터 정부가 실행해온 혁신 도시 육성과 공공기관 이전 등 좋은 일자리를 만들 기회를 많이 늘리는 방안도 효과적이다. 그러나 그보다 더 중요한 것은 일자리의 형태와 방식이다. 예를 들어 젊은 층이 선호하는 IT와 디지털 관련 산업을 유치하고 성장시킬 수 있도록 인프라를 구축하고 지원도 확대해야 할 것이다. 특히 글로벌한 차원으로 확장될 수 있는 사업과 업무 방식들을 반드시 적용해야 한다.

둘째, 집과 마을의 거주 형태를 환경 친화적이며 디자인적으로 의미 있고 매력 있게 만들어야 한다. 지구 환경을 생각하고 생활의 멋을 추구하는 디자인적인 측면에서 좀 더 획기적이고 혁신적이며 미래지향적이어야 한다. 특히 젊은 층들은 인스타그램과 페이스북 등 SNS에서 드러나는 자신의 모습에 매우 민감하다. 따라서 좀 더 그런 쪽에 중점을 둬야 한다. 과거에는 지방이나 시골이라고 하면 왠지 시대적으로 뒤떨어지고 불편한 환경을 떠올렸던 것이 사실이다. 그런 부정적인 인식의 많은 부분이 거주 형태의 불편함, 촌스러움에 기인하였다. 그러다 보니 지방으로 가서 거주한다는 것 자체가 남들에게는 뭔가 궁색하고 소외되는 쪽으로 인식되었다. 이런 상황이 바뀌지 않는 한 젊은 층들의 지방 이주에는 한계가 있을 수밖에 없다. 지방에서 살아도 도시 생활과 크게 다르지 않은 편리함과 멋이 있어야 하며, 오히려 더 아름답고 의미 있는 생활 양식을 추구할 수 있어야 한다. 이를 위해 제일 우선적으로 주거 환경을 좀 더 멋지고 훌륭하게 만들어야 하며, 이를 위해 설계·디자인 단계에서부터 앞서나가려는 노력이 필요할 것이다.

셋째, 보육·교육·문화 인프라 조성을 통한 정주 환경 개선이 필요하다. 예를 들어 2022년 국립대학교 자퇴율이 20%를 넘었다고 한다. 얼마 전까지만 해도 경북대학교나 부산대학교 등은 해당 지역 출신 학생들에게는 SKY에 버금가는 위상을 갖고 있었다. 그러나 지방대학교 위상은 점점 더 약화되고 있으며, 모두 서울로만 눈을 돌리는 형국이다. 이런 상황은 청년들의 수도권 집중 현상을 더욱더 가속화하고 있다.

| 저출산·고령화 해결책

비상사태 선언에 준하는 문제의식

저출산 대책과 다른 중요한 정책 과제도 많은데 이게 뭐 그리 시급하냐고 따지는 사람들이 있을 수 있다. 2021년 인구 10만 명당 자살률이 26명으로 OECD 1위이고, 노인 빈곤율 또한 40.4%로서 OECD 1위인 데다가, OECD 국가 평균의 거의 3배에 달한다. 우리나라 GDP 대비 가계 부채 비율은 104%로서 세계 주요국 중에 단연코 1위다.

이외에도 매우 시급하고도 심각한 문제가 많이 쌓여 있다. 그러니 저출산·고령화 문제는 굉장히 중요한 국정 과제이기는 하지만, 우선순위에서는 약간 뒤로 밀려도 괜찮은 듯 보인다. 그러나 실상은 그렇지 않다. 이 문제의 심각성은 피해의 깊이와 넓이, 그리고 시간성에 있어서 그야말로 최고·최대·최장이다. 그래서 다른 문제들과는 차원적으로 다르다.

프랑스는 1993년 출산율이 1.65 수준까지 떨어지자 가정 정책 관련 예산을 국내총생산의 5% 정도까지 늘리는 등 그야말로 국가 정책 전반에 걸친 대대적인 변혁을 시도했다. 이에 비해 현재 우리나라 출산율은 30년 전 프랑스 출산율의 반도 안 된다. 그럼에도 불구하고 우리나라가 여태까지 계획하고 실행한 저출산 대책 중에 실효를 거둔 것이 거의 없는 실정이며, 일반인들이 실감할 수 있는 내용도 제대로 만들어내지 못한 것이 사실이다.

2022년 윤석열 대통령이 국무회의에서 "16년간 280조 원 투입하고도 출산율 0.75명"이라고 문제를 제기했다고 한다. 우리 정부가 저출산 문제에 본격적으로 문제 인식을 하고 국가 정책을 도입한 것이 「저출산·고령 사회 기본법」이 만들어진 2005년이다. 다음 해 2006년부터 16년간 저출산 명목의 예산이 거의 280조 원 정도 쓰였다. 해가 갈수록 예산액은 증가했는데, 〈그림 3-5〉에서 보는 바와 같이 합계출산율은 오히려 줄어들기만 했다.

따라서 여태까지 해오던 것을 더 잘하려고 하는 것만으로 문제 해결이 될 것이라고 기대하기는 힘들 것으로 판단된다. 이 문제를 개선하기 위해 이대로 또다시 1년, 2년, 몇 년을 허송해서는 안 된다. 이대로 가다가는 우리나라 미래에 상상할 수 없을 정도로 깊고 큰 불행이 닥칠 것이기 때문이다. 우선 **생각과 인식의 대전환이 필요하다. 그런 인식의 전환으로부터 그에 걸맞은 전반적이고 대대적인 정책 전환이 일어나야 한다.** 이를 위해 필요하다면 국가 비상사태 또는 그에 준하는 선언이라도 해야 한다. 이를 통해 국민과 여론 주도층 그리고 정책 관련 종사자 집단의 공감대 형성과 의사소통이 이뤄지도록 해야 할 것이다.

〈그림 3-5〉 우리나라 저출산 예산 대비 합계출산율

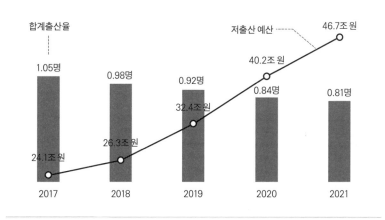

출처: 국회 예산정책처, 통계청

거기서부터 시작이다.

민간 위주의 통합 정책 담당 기구 설립과 운용

여태까지 문제 해결을 위해 기획재정부, 복지부, 여성가족부 등과 같은 주요 정부 부처가 모두 나서서 수많은 노력을 기울였던 것은 사실이다. 그러나 각 부처 나름의 노력만으로는 한참 부족하다는 것은 이미 여실히 증명되었다. 그래서 통합적이고 체계적인 접근의 필요성뿐만 아니라 기획-실행-평가의 유기적 결합이 더욱더 중요하다는 사실 또한 실감하였다.

2022년 6월 저출산·고령화 문제와 관련하여 '인구 위기 대응 TF'가 출범한 바 있다. 그러나 그에 대한 비판의 목소리가 많이 나왔다. 이전 정부가 운영했던 '인구 정책 TF'의 10개 작업반에서 미래 산업반을 추가해서 총 11개가 되었을 뿐, 세부 작업반이나 대응 분야 등에서 달라진 것은 별로 없다는 지적이 있었다. '인구 정책 TF'가 3기까지 운영되는 동안 문제 해결이 전혀 되지 않았기에 그렇게 평가 받는 것도 어떻게 보면 당연한 결과이다. 이후 윤석열 정부가 시작되면서 저출산고령사회위원회를 만들었다. 방향은 올바르다고 할 수 있다. 그러나 출범 이후 활동은 그 내용과 효과에 있어서 아직 미미한 실정이다. 큰 아쉬움이 남는다.

지금의 위기는 과거 정부가 해왔던 것의 연장선상에서 해결될 수 없다. 사실 저출산 문제 해결책은 한 사람과 가정에서부터 기업과 각종 단체 및 지역에 이르기까지 거의 모든 차원을 아우르는 내용이 담겨야 한다. 그리고 연애, 결혼, 출산, 보육, 교육, 취업, 고용, 주거, 주택,

이동, 문화, 예술 등 인간 삶의 거의 모든 측면을 고려해야만 한다. 몇 개 부처가 각자 관련된 정책을 나름대로 잘 수립해서 효과적으로 실행하는 정도 수준에서는 변화를 이끌어내고 또 성공에 이르기는 불가능하다. 주요 관련 부처는 물론이고, 기업과 지방자치단체, 그리고 창의적이고 혁신적인 전문가 집단 모두가 함께 참여해야 한다. 그리고 그들이 한마음 한뜻으로 모여, 능력과 함께 충분한 권한을 지녀야 한다. 그야말로 거대한 힘과 강력한 의지와 실행 능력을 갖춘 진정한 태스크포스 팀이 되어야 한다. 이를 위해 기업과 민간 그리고 사회단체들이 더 많이 참여하는 것도 중요하지만 그에 대한 주도 자체를 민간 위주로 해야 한다. 정관민에서 민관정으로 바뀌어야 한다. 그리고 그런 구조로부터 나온 팀워크를 바탕으로 전략, 기획, 실행, 지원, 결정, 평가 등 모든 과정이 이뤄져야 할 것이다.

제2의 메트로폴리스 집중 육성: 세종시+α

인구 문제 대책과 관련하여 서로 대비되는 두 가지 접근법이 존재한다. 하나는 국가 전체 인구 감소와 출산율에 중점을 두는 국가 차원의 접근법이다. 따라서 저출산 대책이 주요 정책 방향이 된다. 또 다른 하나는 인구의 사회적 이동으로 인한 지방 소멸에 초점을 맞추는 지역 차원의 접근법이다. 이는 젊은 세대를 지역으로 유치하는 것을 주요 목표로 둔다.

사실 이 두 가지 대비되는 접근법은 상호 보완적이다. 한쪽이 다른 한쪽을 보강해준다. 사실 여태까지의 정부 대책들은 전자에 더 중점을 둔 경향이 있다. 그리고 그 한계점 또한 많이 드러났다. 여기에서는 후자 쪽 정책 방향을 더 강조한다. 지역에 인구가 재배치되면, 지역 균형 발전뿐만 아니라 국가적 차원의 출산율 제고에도 결국 기여하게 된다는 논리다.

물론 그동안 지역 차원의 대책들이 없었다는 것은 아니다. 많이 있었다. 그러나 큰 효과는 없었다고 해도 과언이 아니다. 대표적인 사례 중 하나가 세종시다. 세종시는 수도권 인구와 기능을 지방으로 분산해서 국토 균형 발전을 도모한다는 취지로 2012년 출범했다. 그러나 원래의 수도권 인구 분산 효과는 거의 보지 못하고 주변 대전광역시와 충청권 인구만 빼돌렸을 뿐이라는 분석이 있다.

통계청에 따르면 2021년 세종시 전입 인구 4만 6,972명 중 총 55% 정도가 충청권으로부터 유입되었다. 반면 수도권인 서울특별시, 경기도, 인천광역시 등지에서 세종시로 넘어간 전입 인구는 같은 기간 27.5%에 불과했다. 그리고 유입된 인구들조차 온 가족이 다 함께 사는 정주 형태가 아닌 경우가 많았다. 예를 들어 주변 정부 부처와 공공기관 종사자들은 부동산 확보나 주중 근무 편이성을 위해 한시적으로 거주 등록을 한 경우가 많았다. 그리고 자신의 나머지 삶의 영역 대부분과 가족들은 서울 중심의 수도권에 남겨놓고 오는 실정이다. 진정한 집, 그리고 가정이 아니다. 일종의 장기 출장 거주지에 불과한 측면이 있는 것이다.

2005년 이후 지방 10개 지역에 조성된 혁신 도시 사정도 다르지 않다. 2022년 상반기까지 공공기관 153곳이 이전했다고 하는데, 원래 혁신 도시 계획 인구 26만 7,000명의 86% 수준에 머물고 있을 뿐만 아니라 수도권 인구를 흡수했다고 보기는 힘든 것으로 알려졌다.

사실 청년들 입장에서 서울 대신 살고 싶은 도시가 하나라도 더 제대로 만들어진다면 그보다 더 효과적인 지방 소멸 대책은 없을 것이다. 물론 지역 균형 발전 차원에서 모든 지방 소멸 취약 지역에 인적·물적 자원을 골고루 배분하는 것도 필요하다. 그러나 성공 가능성이 큰 어느 한 지역에 집중해서 모델 케이스를 만들고, 그 성공을 주변 다른 지역들에 확산하는 것이 더 효율적이며 또 정책 효과를 극대화하는 데 도움을 줄 수가 있다. 이런 취지에서 세종시를 교육과 과학 그리고 행정 중심의 혁신 도시로 만드는 데 더욱더 집중적인 노력을, 더욱더 지속적으로 할 필요가 있다. 이를 위해 먼저 행정수도 이전 계획을 잘 마무리하는 것이 중요하다고 본다.

그뿐만 아니라 서울대학교 이전을 세종시 또는 그 인근으로 지정할 것을 제안한다. 서울대학교 지방 이전은 대선 공약으로도 자주 언급된 바가 있다. 이상민 행정안전부 장관은 2022년 9월 초 서울대학교, 연세대학교, 고려대학교, 서강대학교 등을 언급하며 "윤석열 대통령 임기 내에 대기업 3~5곳과 주요 대학, 특수목적고의 지방 이전을 추진하겠다"라고 밝히기도 했다.

서울대학교가 세종시로 옮기면 교육과 행정 그리고 과학이 어우러지는 새로운 혁신 도시가 제대로 자리 잡게 될 것이다. 그래서 ① 학생들 중심의 젊은 세대 유치를 통한 인구 확대, ② 행정수도 정착을 통한 다수의 양질 일자리 생성, ③ 연구 센터와 인력 인프라를 바탕으로 한 스타트업 및 글로벌 강소 기업 육성 등이 상호 작용하며 새로운 도시권으로 성장할 수 있을 것이다. 그리고 더 장기적인 차원에서 보면 대전광역시, 청주시 등까지 연결되어 충청권의 새로운 메트로폴리스로 확대·성장할 수도 있을 것이다.

그나마 세종은 현재 38만여 명의 인구수를 갖고 있고 대체로 기존 인프라가 잘 준비된 편이다. 따라서 새롭게 도시 기반을 만들어 갖추는 데 시간과 비용이 그다지 많이 요구되지 않는다. 거기다가 행정수도 이전을 통해 일자리 창출 확대 등 강력한 추진력을 지속적으로 제공받을 수도 있다. 따라서 전국에 세종시만 한 잠재력과 가능성을 가진 후보 도시도 거의 없다. 굳이 덧붙인다면 제주가 후보가 될 수도 있다.

혁신 마을/타운 구축 및 확산: 춘천시+α

한 도시, 한 마을이 만들어지는 데 필요한 핵심을 요약하면, 결국 삶의 터가 생겨야 하고, 또 거기에 일터가 함께 마련되어야 한다. 일터와 삶터가 공존할 때만이 그곳에 정상적인 정주 인구가 생기고 또 지속적으로 유지될 수가 있다. **이런 취지에서 소위 '혁신 마을/타운 구축'이란 대책을 진지하게 검토해볼 필요가 있다.**

지방 소멸을 막기 위해서는 결국 지방으로의 인구 유입이 필수적이다. 이를 위해 세종시 같은 새로운 대도시 탄생을 장기적 목표로 삼아 지역을 개발할 수도 있다. 그러나 사실 우리나라에 진정한 시골은 거의 없다고도 볼 수 있다. 강원도, 경상북도, 전라북도 등 일부 산간 지역과 전라남도, 경상남도의 일부 도서 지역을 제외하고는 대부분 대도시로부터 자동차 2시간 거리 내에 있다. 따라서 굳이 새롭게 큰 도시를 만들기보다는 대도시 주변에 있는 저밀도 지방자치단체에 치중하는 것이 현명한 선택이 될 수가 있다.

청년 세대와 일부 시니어 세대가 이주해서 새롭게 마을 또는 타운

대한민국, 넥스트 레벨

을 형성하여, 소위 '세대 통합형'의 정주 마을에 살도록 하는 방안을 제안한다. 그리고 그 마을 또는 인근에 ICT와 AI 등 첨단 기술을 기반으로 하는 기업들을 유치하고, 새로운 재택근무 형태의 업무들을 개발해서 수도권 대도시의 청년들 그리고 시니어 세대들이 함께 모여 일하면서 살 수 있도록 하는 것이다.

마을의 크기가 그다지 크지 않기 때문에 처음에는 그런 혁신 마을의 도입이 아주 유용한 인구 분산 대책이 되지 않는 것처럼 여겨질 수도 있다. 그런데 마치 프랜차이즈 사업처럼 비슷한 형태의 마을이 전국에 흩어져 있는 주요 도시 근교에 계속적으로 모방·변형되어 만들어질 수도 있다. 그렇게 된다는 것을 가정할 때 그것들의 총합이 대도시 한두 개를 능가하는 인구 지방 분산 효과가 날 수도 있다.

예를 들어 현재 춘천시 인구는 28만 6,000여 명으로 30만이 채 안된다. 그러나 서울에 대한 근접성, 지형상의 크기와 형태 등을 고려했을 때 최소한 약 20만 명 정도는 인구가 더 늘어도 좋을 것으로 판단된다. 물론 이렇게 정주 인구가 훨씬 더 늘어날 때 아무런 우려나 문제점 발생 소지가 없다는 뜻은 아니다. 춘천시가 그 정도로 크게 확대될 때, 과거 있었던 개발 행태를 그대로 답습해서는 안 될 것이다.

첫째, 미래 춘천에 증가되는 정주 인구가 살게 될 삶터는 기존의 아파트촌이 되어서는 안 된다. 패시브 하우스[1], 액티브 하우스[2] 등 에너지 제로 하우스[3]와 같은 좀 더 획기적이고 혁신적인 친환경 주택들로

---

1 Passive House. 냉난방 비용이 아주 적게 드는 집.
2 Active House, 능동적으로 에너지를 만드는 거주 공간.
3 Energy Zero House, 에너지 사용을 줄이고 자체 에너지 생산 능력을 갖춰 외부로부터의 에너지 공급을 최소화한 주거 공간.

이뤄져야 한다. 그러기 위해서는 이 분야의 잘 알려진 세계적인 디자이너 또는 건축 회사와 함께 추진하는 것이 바람직하다. 즉, 생태와 건강 그리고 새로운 생활 방식들이 함께 어우러지기 위하여 앞서가는 디자인 설계와 시공을 기반으로 삼아야 할 것이다. 유럽 등 선진국들의 경우 이미 그런 주택들이 많이 생겼으나, 단독 또는 소규모 단지에서 주로 이뤄졌지, 타운 형태로까지 대규모로 형성된 예는 거의 없다. 춘천시에 새로운 사례가 만들어진다면 글로벌 환경 운동가, 비정부 단체와 공공기관 관계자들을 포함한 수많은 해외 국가와 기관들의 관심을 끄는 대상이 될 정도가 되어야 할 것이다. 그 자체로 국내외 투어 주제가 될 수도 있을 것이다. 그렇게 된다면 'K-빌리지' 또는 'K-타운'이라는 신조어를 만들어낼지도 모른다. 이와 같은 비전으로 건축가, 디자이너 등과 협업하고 지원한다면 그들이 만들어 낼 삶터와 관련된 특별한 콘텐츠는 그것이 만들어진 후가 아니라 만들어지는 과정에서부터 투자를 받거나 주요 기업을 유치하는 데 매우 긍정적으로 작용할 것이다.

둘째, 그들의 일터는 IT, AI, 메타버스 등 미래 산업을 선도적으로 수용하고 게임, 연예·취미·오락, 식도락, 스포츠 등 미래 세대들의 관심과 욕구에 부응하며 미술·음악·전시·공연 등 문화적인 요소들과 밀접하게 관련된 것들로 이뤄져야 할 것이다. 즉, 위에 언급한 친환경 주택 및 마을에서는 그저 생태 친화적인 주거 환경에서 끝나는 것이 아니라 일터와도 반드시 연결되어야 한다는 뜻이다. 코로나 시대 이후 재택 원격 근무 위주의 업무 방식이 가능하다는 것을 이미 경험하였기에 이에 대한 가능성은 매우 커 보인다.

춘천시는 생산과 유통을 기반으로 하는 산업을 유치하기에는 지리적 조건도 적합하지 않거니와, 여러 가지 친환경적인 발전 전략을 고려해서라도 최소화하는 것이 나을 것이다. 특히 혁신 마을 초기에는 더욱 그렇다.

모바일 산업, 재택 근무, 가상 현실, 문화와 놀이 위주 산업 등 요즘 젊은 세대들의 생활 방식, 그리고 그들을 타깃으로 하는 신사업들을 큰 주제로 놓고, 그 주제 아래 세부 항목이 추가되는 형태로 기업들이 유치되는 확실한 전략을 구사해야 할 것이다. 이런 방식은 처음에는 시간이 걸리고 더 힘들게 느껴질지는 모르지만, 나중으로 갈수록 가속도가 붙을 것이다. 결과 도출, 목표 달성이라는 측면에서 볼 때는 오히려 이것이 훨씬 더 가성비 높은 방법이 될 것이다.

셋째, 위에 언급한 삶터와 일터를 구성하는 주민들은 액티브 시니어[4]와 젊은 청년들이 함께 어울리는 세대 통합형이어야 한다. 그리고 그들 중에 다수는 연구개발자, 디자이너, 기획 전문가들과 뛰어난 예술가, 연예인, 운동선수 등 창의적 인재들로 채워질 것으로 보인다. 노·장·청이 함께 어울려 창업하거나 분업하여 각자의 영역을 담당할 것이다. 이를 통해 수많은 우수 스타트업들이 만들어지고, 이들 중 다수는 결국 글로벌 강소기업으로 성장하여 상장사 수십 개보다 더 큰 경제적·사회적 효과를 가져올 수도 있을 것이다. 이것이 바로 바람직한 지방 혁신 마을의 비전이며 동시에 많은 좋은 기업을 지방으로 끌어들이는 논리와 밑바탕을 구성할 것이다.

---

4 Active Senior, 활동적인 은퇴 생활을 하는 노장년층.

이와 같은 혁신 마을은 어느 정도 검증이 되고 궤도에 오르면 동시 다발적으로 여러 곳에서 생겨날 것이다. 그리고 그 변화는 혁신과 도전을 추구하는 기업들과 창조적인 개인 사업자와 크리에이터들의 참여에 의해 더욱더 빠르고 공고하게 진행될 것이다.

혁신 마을 구축을 위해 추진해야 할 세부 사항 중에 중요한 것들을 정리하면 다음과 같다.

① **[단기]** 민간 중심 지역 일자리 창출 기반 조성
 - 시골 노인들의 디지털 에이징 교육 및 디지털 헬스케어 서비스 방안 마련
 - AI를 활용한 독거 노인 케어 서비스 방안 마련
 - 시골 노인들의 인터넷 커뮤니티 활성화를 위한 SNS 및 메타버스 공간 마련
 - 관련 사업 추진을 위한 청년 및 베이비붐 세대 창업 지원
 - 시범 지역 선택하여 청년 및 베이비붐 지원자 모집 및 교육
 - 해당 지역 내 친환경 신경망 주택 설계 및 시범 주택 건축과 금융 지원
 - 지방자치단체와의 협조하에 지역 단위별 '마을 혁신 운동 지원 센터' 기획·설치
 - 원격 근무 가능 업무 발굴을 위한 기업인 및 전문가 집단 구성

② **[중기]** 지역 기반 사회 혁신 기업 육성 및 농어촌의 4차 산업화
 - 시골 노인 대상 디지털 에이징 교육단 훈련 및 지역 내 활동 본격화
 - 지역 단위별 마을 혁신 운동 지원 센터에서 신사업 발굴 및 창업 지원
 - 1차 교육 및 서비스 대상 중심으로 SNS 및 메타버스 커뮤니티 서비스 시작
 - 지역 금융·협동 금융·상호 금융이 지역에 재투자할 수 있는 기반 설립
 - 스마트 빌리지 사업(제6차 국가 정보화 기본 계획)의 확대 및 개편
 - 농어촌의 IT 일자리 창출과 더불어 사업체 발굴
 - 농어촌 방문, 교육 및 단기 거주 등 다양한 프로그램 개발 및 적용
 - 농어촌 지역 사회 내 교육 인프라 개선

③ **[장기]** 민간 기업 및 개인들의 농어촌 투자 유도
 - 농어촌 기반 혁신 기업 성장 및 글로벌 진출을 위한 컨설팅, 인적 네트워크 구축, 금융 및 세제 지원 등

대한민국, 넥스트 레벨

- 세제 혜택을 활용한 민간 기업의 참여 유도(예: 지속 가능 지역 개발 펀드, 한국형 CDFI, 사회 성과 연계 채권 SIB 등 활성화)
- 사회적 책임 회계 반영 정책을 통한 민간 기업의 참여 촉진
- 사회 문화적인 변화 유도 정책 구사

| 대한민국 내일의 방향성

인구의 지역 분산이 이뤄지고, 청년과 노년이 함께 참여하는 세대 통합형 삶터와 일터가 확산되면 다방면에서 좋은 변화가 생길 것이다. 첫째, 지역 차원에서 소득 격차 축소, 지방 재정 안정성 강화, 의료·교육·문화 인프라 개선, 일자리 증대 등 지역 균형 개발이 이뤄진다. 둘째, 대도시 차원에서도 부동산 가격 안정, 대기 오염도 저하, 교통 체증 감소 등 도시 삶의 질이 개선된다. 셋째, 무엇보다도 국가적으로 가장 시급하고 중요한 출산율 제고, 노인 일자리 증대, 세대 간 의사소통 강화 등 저출산·고령화 문제 해소에 도움이 될 것이다.

이 밖에도 국가 미래를 위해 바람직한 방향을 생각해보자. 첫째, 지역 기반의 농어업이 소위 6차 산업화하는 데 도움을 줌으로써 산업 불균형 완화와 미래 산업으로서의 농어업 발전에 이바지한다. 둘째, 사교육 완화와 예체능 교육 활동 확대 등을 통해 국가적 최대 난제 중 하나인 교육 문제 해결에 직간접적으로 기여한다. 셋째, 문화·예술 활동 다양화와 참여 기회 증대를 통해 바람직한 시민 사회 문화 형성에 힘이 될 것이다.

2

청년 삶의 미래와 국가 공간 재설계

임명묵(『K를 생각한다』 저자)

▎청년층의 실제적 삶에 기반한 대한민국 재설계

1948년 건국 이래로 70년이 넘는 세월을 지나, 대한민국은 아시아의
극빈국에서 세계적인 산업 대국이자 문화 강국, 안정적인 민주적 정치
구조를 갖춘 국가로 새롭게 거듭났다. 2020년대를 통과하고 있는 지
금이야말로 한반도 역사에서 한국의 세계적 위상이 가장 큰 시점, 즉
전성기라고 해도 과언이 결코 아닐 것이다.

하지만 한국의 2020년대가 밝은 전망으로만 가득 찬 것은 아니다.
미국과 중국의 지정학적 갈등이 세계적으로 확장되고 있으며, 세계화
경제 속에서 막대한 이득을 누린 한국 경제의 앞길에 먹구름을 드리
우고 있다. 그런 와중에 양당의 정치적 분열은 그 어느 때보다 극심하
여 건설적 비전을 추진하는 것을 불가능하게 만들었다. 이런 대내외적

도전에 더하여 사실상 확실시되는 한국의 잠재적 위기 요인은 가족의 재생산이 거의 중단되다시피 한 청년층의 상황이다. 합계출산율은 인구의 안정적 유지를 논할 수준을 넘어서, 사회의 급속한 붕괴를 걱정해야 하는 수준인 0.8대에 진입했다. 더욱 우려스러운 점은 이 수치가 바닥이 아니며, 내리막길이 아직도 더 남아 있을지도 모른다는 데 있다. 인구의 급속한 감소와 노령화는 대외적 위기가 가속화되고 있는 현 상황에 적절한 대처와 극복을 어렵게 만들 것임이 틀림없으며, 국방, 의료, 인프라 등 각종 사회의 근간 영역에서 시스템의 지속 가능성을 뒤흔들 것이다. 따라서 이 위기를 극복하지 못한다면, 2020년대 한국의 '전성기'는 조로早老하여 탈진하기 직전의 한국이 잠시 빛낸 회광반조回光返照 정도로나 기억될 것이다. 지금 한국이 발하는 에너지가 잠시 깜빡이다 꺼지는 빛으로 끝나는 것이 아니라, 앞으로도 오랫동안 세계를 향해 비추는 광휘로 거듭나기 위해서라면 이미 눈앞으로 다가온 인구 문제와 공동체의 재생산 문제를 정면으로 마주하고 해결해야만 하는 것이다.

이 글에서는 **현재 대한민국 청년층이 마주하고 있는 다양한 현실이 디지털 시대를 마주하면서 발생한 문화적 문제임을 먼저 논하고, 그에 대한 해결의 실마리도 문화에서 찾을 수 있다는 가능성을 이야기하고자 한다.** 현재의 저출생 경향은 정보화에 따른 세계 도시World City의 패권이 만들어낸 현상이다. 여기서 세계 도시의 패권은 종합적 차원에서 형성되지만, 다른 어떤 것으로도 대체할 수 없는 압도적 패권은 문화적 매력에 있다. 따라서 지속 불가능한 현재의 세계 도시 집중 추세를 완화하고, 한국의 공간 구조를 지속 가능한 형태로 전환하기 위해서라면, 다른 무엇보다도 지역에 자생력 있는 문화 공간을 육성할 필요성이 있다.

| 정보 시대 세계 도시의 부상

에스파냐의 사회학자 마누엘 카스텔Manuel Castells은 20세기가 끝나기 직전에 집필한 그의 저서 『정보 시대』에서 정보화 시대의 공간 구조는 세계 도시의 부상과 세계 도시 간의 연결 확대, 세계 도시와 배후지의 공간적 단절로 특징지어질 것이라고 논했다. 인터넷을 비롯한 정보통신 기술의 발전은 자본·인력·기술·자원의 세계적 이동과 재배치의 한계 비용을 무의미한 수준으로 낮추었고, 이로 말미암아 지구 전체가 하나의 경제적 권역으로 작동하는 세계화된 경제가 출현하였다. 이 과정에서 각 지역을 대표하는 세계적 중심지로서 세계 도시는 해당 지역의 자본·기술·인적 자원이 집적되는 장소로, 세계 경제 속에서 지역의 경제적 활동을 조율하고 매개하는 관문이 되었다.

하지만 역설적으로 이 과정에서 전통적인 공간 구조, 즉 세계 도시와 그 배후지의 긴밀한 연결은 훨씬 느슨해진 반면에, 세계 경제를 조율하기 위한 세계 도시 간의 연결망이 더욱 견고해지는 결과가 만들어졌다. 막대한 부가 집중되는 세계 도시의 엘리트들은 공항과 인터넷을 통해서 다른 세계 도시로 끝없이 이동하고 정보를 교환하지만, 막상 세계 도시와 물리적 거리가 가까운 지역과의 실질적 교류는 줄어든 것이다. 카스텔은 정보 시대의 세계 도시는 각종 정보·기술·사람이 계속해서 흘러드는 '흐름의 공간space of flow'으로 재편되고, 실제 물리적인 정주 공간으로서 '장소의 공간Space of Place'은 점점 위축될 것이라고 전망했다.

한편 카스텔은 또 다른 저서인 『정보 도시』에서 흐름의 공간으로서 세계 도시의 거주민들은 큰 틀에서 양극화되고 있다고 이야기한다. 지구적 정보의 흐름에 참여할 수 있는 이들이 한 축을 담당하며, 그들은 세계 도시의 엘리트이자 지구적 경제의 엘리트들이 된다. 다른 한편으로, 배후지인 장소의 공간들이 위축된 결과, 세계 도시에서 창출되는 부와 기회를 잡기 위해서 다양한 이주민들이 유입되는데, 이들은 세계 도시의 하층을 형성한다.

21세기를 지나며 정보통신 기술은 카스텔이 자신의 정보 사회학 이론을 발표할 때보다 훨씬 더 높은 수준으로 발전했고, 공간적 변화에 대한 그의 전망도 대부분 타당한 것으로 드러났다. 런던·파리·뉴욕·LA·도쿄 같은 도시들은 단순히 영국·프랑스·미국·일본 등 일국 경제의 중심지 역할을 뛰어넘어서 유럽·아메리카·아시아라는 지역 경제의 사령탑이자, 지구적 경제의 중심으로 부상했다. 싱가포르나 두바이 같은 도시 국가들은 주권이 미치는 배후지가 없음에도 불구하고, 국경을 넘어서는 동남아시아와 중동 국가들을 배후지로 삼아 세계 도시로 부상했다. 실제 21세기의 세계 경제는 이 같은 세계 도시 간의 네트워크가 창출하는 에너지를 동력으로 성장했고, 세계 도시들은 점차 서로 닮아갔다. 어디서나 국제어인 영어를 사용하고, 지구적으로 통용되는 애플리케이션을 통해서 도시의 서비스를 이용할 수 있게 되었다. 하지만 세계 도시와 단절된 배후지의 정치적 불만은 세계화에 대한 반발로서 포퓰리즘을 불러오기도 했다.

| 세계 도시 서울

한국의 경우도 카스텔이 전망한 세계화와 정보화에 열렬히 참여하면서 그 수혜를 누리는 국가가 되었다. 20세기 후반까지 한국은 냉전기 미국이 조성한 네트워크에 참여하면서 동아시아의 제조업 거점으로 성장해왔다. 이 덕택에 한국은 중국의 개혁개방이 만들어낸 엄청난 경제적 기회에 편승할 수 있었고, 재벌 대기업들은 단순히 지역적 차원의 경제적 행위자를 넘어서 지구적 경제의 주요 참여자로 부상했다. 그 과정을 상징하는 수치가 바로 한국이 달성한 1인당 GDP 3만 달러였다.

하지만 20세기 후반과 21세기에 한국이 경험한 경제 성장은 그 질적인 차원에서는 분명한 차이가 존재한다. 개발 시대 한국의 성장 거점은 남동임해공업단지를 중심으로 한 지역 유수의 제조업 단지들이었다. 한국의 다양한 광역시들, 그리고 그와 인접한 산업 도시들은 20세기 경제 개발 정책의 성공을 보여주는 증거들이었다. 그러나 21세기 한국의 성장 거점은 명백히 세계 도시이자 흐름의 공간으로서 서울이 되었다. 물론 지역의 제조업 단지들이 세계화 시대에 질적으로 도약할 수 있었던 것도 사실이지만, 중국의 부상과 동남아시아 국가들의 세계 경제 합류로 인해서 지역의 고용은 위기를 겪었다. 비용 경쟁에서 개발도상국의 상대가 되지 못하는 업종은 고용을 축소하거나 생산 기지를 해외로 이전하는 것으로 대처했다. 과거처럼 고용을 크게 창출하지 못하는 지역은 예전과 같은 경제적 활력을 보여주지 못하게 되었다.

반면 21세기 세계화 경제 속에서 성장분의 상당수는 세계 도시 서울을 거점으로 둔 수출 대기업 종사자들과 그들을 상대로 하는 전문직 및 고차 서비스업 종사자들에게 돌아갔다. 그들은 세계화 경제에서 정보와 자원의 재배치, 그리고 기술혁신을 주도하는 한국 경제의 새로운 역할을 놀라울 정도로 성공적으로 수행했다. 그렇게 형성된 한국의 상류 중산층들의 부는 자연스럽게 그들의 소비생활과 문화생활로 유입되었다. 그들은 자유로워진 해외여행과 큰 폭으로 확대된 유학 기회를 통해서 국제적인 문화를 서울에 이식했고, 소비 트렌드를 주도했다. 기회와 연결망을 찾아 각종 문화인이 서울에 둥지를 틀었고, 서울의 문화적 다양성과 깊이는 해가 가면 갈수록 성장했다. 게다가 2010년대 이후 한국 문화의 세계적 위상이 급성장하면서 이제 서울은 여타 유서 깊은 세계 도시에 결코 뒤지지 않는, 일류 세계 도시 대열에 합류하게 되었다.

그 결과 2010년대가 되었을 때 서울은 이미 마누엘 카스텔이 분석한 세계 도시이자 정보 도시로서 완전히 자리 잡았고, 한국의 공간 구조도 그가 분석한 것처럼 재편되었다고 보아도 무방했다. 서울은 인천과 김포 공항을 통해서 끝없이 세계 각지의 도시로 연결되고 있었고, 초고속 인터넷 네트워크가 서울을 지구 반대편까지도 순식간에 이어 주고 있었다. 반면 이촌향도離村向都 세대들이 점차 고령화되고 서울을 정체성으로 삼는 신세대들이 부상하면서, 서울과 지역의 심리적·정서적 연결은 빠른 속도로 약화되었다. 한편 세계화 경제의 수혜를 제대로 누리지 못해 정체되거나 쇠락하게 된 지역의 인구는 서울로 유출되어 새로운 이주민 집단을 형성했다.

그 결과 현재 한국에서는 '제2차 이촌향도'라고 부를 수 있는 현상이 펼쳐지고 있는 듯하다. 산업 시대였던 20세기 후반의 이촌향도는 전국에 산개한 농촌 지역에서 일자리를 찾아 인근 지역의 중심 도시들로 향하는 흐름이었다. 앞서 언급한 광역시나 순천, 구미, 포항 등 지역의 산업 도시들은 가까운 배후지의 인구를 흡수하면서 성장했다. 그리고 21세기 정보 시대가 되자, 이런 지역 중심 도시들마저도 인구가 유출되어 세계 도시로 우뚝 서게 된 서울, 나아가 서울을 중심으로 형성된 수도권으로 향하게 된 것이다. 제2차 이촌향도로 말미암아 한국은 경기도 전체와 강원도 영서 지역, 충남 북부 지역까지 포괄하는 '대서울 Greater Seoul'을 중심으로 움직이는, 실질적인 도시 국가로 변모하고 있다.

┃ 디지털 네이티브와 새로운 삶의 양식

하지만 최근의 제2차 이촌향도와 수도권 일극 체제의 심화를 단순한 경제적 기회의 문제로만 축소하면, 지금의 공간적 변화를 주도하는 청년층의 심리와 행동을 오독하게 된다. 사실 아무리 세계화 경제로 서울이라는 세계 도시와 그 배후지인 지역의 분절이 심화되었다 하더라도, 지역의 경제적 기회가 완전히 사라진 것은 아니다. 서울이 축적한 부는 정부의 재분배 정책, 지역 균형 발전 정책, 민간의 낙수 효과 등으로 상당한 수가 지역으로 여전히 유입되고 있다. 반면 서울을 비롯한 수도권에서 다수의 청년이 안정적인 삶을 누릴 수 있는 경제적 기회를 찾는 것은 쉽지 않다. 특히 인구가 집적되면서 발생하는 주거 비용의 끝없는 상승과 교통 혼잡 등은 대다수 청년층이 얻는 급여 수준에 심한 압박을 가한다. 객관적 지표로 보이는 삶의 질을 따졌을 때, 수도권에서의 삶보다 지역에서의 삶이 더 쾌적하고 낫다고 할 수 있는 면이 전혀 없지는 않을 것이다. 사실 급여 수준을 더 높여주는 조건을 걸어도 지역 파견 근무를 거부하고, 퇴사까지도 고려한다는 최근의 여러 증언이 보여주는 것처럼, 수도권 지향성은 이미 경제적인 문제를 넘어서는 차원에 존재한다. 따라서 진짜 문제는 경제적 기회의 제약과 여러 금전적 압박에도 불구하고 수도권에서의 삶을 지향하는 이유를 밝히는 것이다.

그렇다면 서울이 창출하는 부를 넘어서는 수도권 지향성의 원인은 어디에 있을까? 도시경제학자 리처드 플로리다는 도시의 활력을 결정하는 비경제적 요소의 중요성을 일찍이 설파한 바가 있다. 그는 고차 서비스, 생산자 서비스, 지식 정보 산업에서 활약할 수 있는 인적 자본을 창조 계층Creative Class이라고 하였고, 창조 계층이 모여 혁신의 견인차로 경제를 이끄는 공간을 창조 도시Creative City라고 칭했다. 서울은 그런 의미에서 세계 도시인 동시에 현재 세계에서 가장 역동적인 창조 계층들이 모이고 있는 창조 도시인 셈이다. 창조 도시론을 인상적으로 만드는 것은, 기업이 일자리를 창출하면 인력이 그리로 이동한다는 전통적인 산업 입지론을 뒤집어, 창조 계층이 모여 사는 곳으로 기업이 이동한다는 플로리다의 통찰이었다. 그렇다면 창조 계층은 어째서 창조 도시에 모이고, 결코 그곳을 떠나려 하지 않을까? 리처드 플로리다가 비경제적 요소의 중요성을 강조하는 것이 바로 이 지점이다. 즉, 창조 계층이 자신들의 수준 높은 인적 자본을 쌓을 수 있는 교육 요인, 비슷하거나 색다른 사람들을 만나기 용이한 사회적 자본과 네트워킹 여건, 소비문화를 즐기고 최신의 유행을 따라갈 수 있는 **어메니티[1] 환경 등이 창조 계층을 끌어들이는 힘**이지, 단순한 급여의 크기로는 이를 대체할 수가 없다는 뜻이다. 그렇기에 높은 주거비와 물가로 가처분 소득이 다소 낮아지더라도, 서울은 '살 만한' 가치가 있는 땅으로 인식되며, 기나긴 통근으로 길에 시간을 버리는 게 부담스럽더라도 경기도는 '괜찮은' 곳이라고 여겨진다. 서울의 위상이 압도적인 것은 따라서 단순한 소득의 문제가 아닌 것이다. 소득으로는 서울은 그런 절대적 우위를 발휘할 수 없다. 대신 교육·문화·어메니티·네트워킹이라는 차원으로 접근하면 전혀 다르다. 서울과 수도권은 한국에서 대체 불가능한 매력을 발산한다.

창조 도시로서 서울이 만들어내는 매력은 최근 청년층이 새롭게 형성한 삶의 양식과 상호 작용하면서 그 중요성을 더욱 키웠다. 2010년대에 스마트폰과 SNS가 확산되면서, 사람들의 사고방식, 가치관, 행태 등 모든 것에 격변이 찾아왔다. 특히 SNS는 모두에게 자신의 메시지를 송출할 수 있게 해주는 채널을 제공했고, 수많은 사람이 이 채널을 통해서 자신이 어떤 삶을 살고 있는지를 홍보했다. 사회적 동물로서 인간의 본성에 대한 치밀한 이해를 바탕으로 설계된 SNS는 사용자들의 몰입을 유도하기에 충분한 도구였다. 자신의 표현에 '좋아요' 등의 표시로 즉각적인 피드백을 받고 그 수치를 정량화할 수 있게 되면서, 사람들은 SNS를 통해 주변인 사이에서, 혹은 주변인들을 넘어서는 전체 사회 속에서 더 큰 인정을 받고자 집중했다. 바야흐로 사

---

1 Amenity, 인간이 살아가는 데 필요한 종합적인 쾌적함.

이버 세계에서의 삶이 진실성을 획득하고, 오프라인 공간에서의 삶은 사이버 공간의 삶을 위한 준비 단계로 종속되는 순간이었다. 그리고 인스타그램의 이미지나 유튜브 영상 등 극히 감각적인 매체들이 청년층의 SNS 시장에서 패자霸者로 등장하면서, SNS 군비 경쟁에서 가장 확실한 표현 수단이 정립되었다. 바로 문화와 소비였다. 여행, 공연 문화, 외식 등 각종 문화 소비를 인증하는 SNS의 게시글들은 한 사람의 문화적 감각을 입증하는 지표이자, 그 사람의 정보력과 사회적 네트워크까지 확인할 수 있는 창구가 되었다. 그리고 사이버 세계의 인정 경쟁의 장에서 영향력을 확보한 인플루언서들은 말 그대로 영향력influence을 행사하면서 자신의 삶을 다른 사람들이 모방하게끔 만들었다. 그런 의미에서 SNS는 리처드 플로리다가 말한 창조 계층이 아니더라도, 창조 계층이 수행하는 삶의 양식을 모방하고자 하는 욕구를 청년층 전반에 확산시켰다고 볼 수도 있었다.

그렇기에 서울의 경제적 기회는 다종다양한 문화적 경험을 담을 수 있는 그릇을 만들어주기에 본질적으로 중요한 것이었다. 이 문화적 경험은 스마트폰을 통해 SNS에 업로드되면서 청년층에게 심리적 만족감과 삶의 의미를 제공해준다. 반면 지역에서 설령 경제적으로 더 큰 보상을 받는다고 하더라도, 유행의 최선두를 달리는 서울의 소비문화가 없는 한, 그 보상은 의미를 상실하게 된다. 반대로 삶의 구석구석으로 파고든 온라인 미디어는 서울에 펼쳐진 다양한 소비문화를 실시간으로 볼 수 있게끔 만들었고, 여기에 KTX로 대변되는 교통망의 혁신이 더해지면서 지역의 청년들은 실제로 서울을 물리적·심리적으로 더 가까운 공간으로 인식하게 되었다. 한 명의 이주는 그리고 연쇄적인 파급 효과를 미쳐 더 많은 사람의 이주를 야기하고, 그 흐름이 빠르게 확장되면 지금의 제2차 이촌향도까지 이어지는 것이다.

물론 세계화 경제로 지역의 활력이 쇠락하는 경향을 고려하자면, 제2차 이촌향도 현상은 SNS가 없었더라도 어느 정도는 필연이었을 것이다. 하지만 창조 도시로서 서울의 위상과 중요성이 성장하는 속도와 추세를 질적으로 다르게 만든 원인은 디지털 네이티브 세대가 새로이 구축한 삶의 양식에 있었다. 디지털 네이티브 세대에게 삶의 근간으로 자리 잡은 소비와 문화에 대한 욕구를 충족시켜주는 공간이 서울밖에 없었기에, 그리고 서울과의 심리적 거리가 급속히 좁혀지면서 수도권은 지역 청년들을 흡수하는 거대한 구심력을 형성하게 된 것이다. 서울은 이 도시에 문화적 활력을 부여하고 경제적 부를 생산하는 창조 계층의 집적지이자, 그 도시가 발산하는 매력을 향해 오는 수많은 지역 청년들을 끌어들이는 중심지임을 충분히 인식하지 못한다면, 한국의 공간 구조에서 발생하는 격변을 이해할 수 없다.

▌재생산의 단절

'전 인구의 창조 계층화'이자 '한국의 도시 국가화'로도 표현할 수 있는 공간 구조의 변화가 서울의 힘, 특히 문화적 힘을 폭발적으로 신장시켰음은 주지의 사실이다. 2020년대에 지구적인 영향력을 확보한 한국의 문화, 'K-컬처'는 분명히 서울에 끝없이 유입되는 청년층과 그들이 만들어내는 역동성을 통해 성장한 것이다. 그리고 K-컬처의 지구적 성공은 한국의 국제적 매력을 높여주고, 그 매력에 이끌려 유입된 세계인들이 한국 문화에 세계성을 더하는 선순환 구조를 만들어 냈다.

하지만 지금 서울이 발하는 문화적 매력은 점점 그 지속 가능성에 의문을 더하고 있다. 비유하자면 서울의 밝은 빛은 자신이 서 있는 기반을 연료로 계속해서 태우면서 발한다고 해도 과언이 아니다. 서울의 강력한 중심성과 문화적 매력, 그리고 그로 인한 인구 재생산의 위기와 지방 소멸의 문제는 하나로 연결되어 있기 때문이다. 그렇기에 서울이 자신의 빛을 위한 연료를 모조리 태웠을 때는, 빛 자체가 아예 꺼질 수도 있다.

한국 미래 기반의 최대 위협은 서두에서 밝혔듯 급격한 저출생과 노령화다. 혼인과 출산 적령기에 해당하는 1980년대생과 1990년대생들은 1년에 대략 60만 명대가 태어났지만, 그들은 2020년대에 들어서 30만 명에도 한참 못 미치는 자녀를 낳고 있다. 이런 추세가 계속된다면, 1990년대생보다 수가 적은 2000년대생들이 가족을 꾸리고 자녀를 낳을 2030년대의 출생아 수는 더욱 줄어들 것이다. 청년층의 감소와 인구 구조의 노령화는 자연스레 사회 시스템의 활력을 저하시키고, 종국적으로는 사회 유지를 위한 기본적인 인프라의 작동을 불가능하게 만든다. 그렇다면 한국이 지금까지 누려온 산업 강국과 문화 강국으로서의 위상도 당연하게도 유지할 수 없다. 북한과 대치하고 있는 휴전선의 병력 밀도부터 무너질 것이고, 의료도 마찬가지다.

갈수록 심해지고, 아무리 예산을 쏟아도 개선의 기미가 보이지 않는 저출생 현상에 대한 주된 설명은 경제적 설명이다. 결혼율과 출산율이 감소하는 경향을 이야기하면 일단 청년 세대가 처한 경제적 어려움부터 논하는 것이 상식이다. 육아에 드는 비용은 그대로인데 사회는 제대로 보장을 해주지 못하고 있고, 또 여성이 출산을 통해 경력이 단절되면 그로 인한 막대한 경제적 손실과 커리어의 손상을 겪어야 하는데, 역시 사회가 이 손실을 충분히 보장해주지 못한다는 것이다. 결혼과 출산 또한 자원 투자의 문제에서 자유로울 수 없다는 점을 생각하면 이런 경제적 설명은 분명 중요하다.

하지만 경제적 여유가 감소한 것은 최근의 현상을 어느 정도 설명은 해주나 전체를 설명하지는 못한다. 극단적인 예시를 들자면, 지금 청년 세대보다 훨씬 더 여건이 어려운 전쟁 직후에는 어떻게 사람들이 가족을 만들었단 말인가? 한국전쟁 직후의 극히 어려웠던 때에도 결혼과 출산이 활발히 이루어졌던 이유는 당시 사회 구성원이 결혼과 출산을 무조건 해야만 하는 의무로 간주했기 때문이었다. 따라서 오늘날 결혼과 출산이 감소한 현상을 설명하기 위해선 물론 변화한 물적 조건을 고려해야겠지만, 이와 같은 문화적이고 심리적인 조건 또한 결정적인 변수로서 중요하게 고려해야 한다.

그렇기에 우선 **가족이 이전보다 덜 형성되고, 마찬가지로 출생 또한 줄어드는 것은 '가족주의의 퇴조'라는 심리·문화적인 변화와 맞닿아 있다.** 단순히 경제적인 지원책을 통해서 출생률의 반등을 노리는 것이 불가능한 이유도, 애초에 가족을 형성하겠다는 의지가 충분하지 않은 상황에서는 경제적 지원이 더해진다고 하여 기저의 심리를 바꾸지 않기 때문이다. 물론 가족주의가 퇴조했기 때문에 가족의 형성이 위축되고 있다는 설명은 동어반복이자 순환논법일 것이다. 더 적절한 설명을 위해서는 '왜 가족주의가 퇴조했는가'를 이야기해야만 한다.

필자는 이전에 썼던 책인 『K를 생각한다』에서 1990년대생들의 비혼과 비출산은 기본적으로 청년층에게서 광범위하게 나타나고 있는 '탈가치화' 현상을 그 원인으로 하고 있다고 주장했었다. 탈가치화는 사회적 지위나 직관적 감각을 넘어서는, 추상적 가치를 추구하고 그를 위한 책임을 지는 전통적인 삶의 형태가 퇴조하는 추세라고 정의할 수 있다. 가족과 자녀라는 사회의 기초를 이루는 단위마저 이 영향을 막대하게 받는 현재 상황은, 탈가치화가 개인의 삶에서 가장 심원한 수준에까지 도달했다는 의미다.

탈가치화는 세계화·정보화 시대의 청년층이 마주하고 있는 사회적 현실이 만들어낸 현상이다. 격화되는 세계적 경쟁은 일국적 차원의 복지 국가가 존속할 수 없게끔 만들었고, 세계 도시와 배후지의 분기로 인한 불균등 발전과 경제적 이중 구조의 등장은 계층 격차를 날카롭게 드러냈다. 이런 상황에서 청년층은 상층으로 진입하거나 혹은 밀려나지 않기 위하여 더 격렬한 경쟁에 참여해야만 했고, 이미 스스로가 그 경쟁의 영역에 참여할 수 없다고 판단될 때는 대중문화·소비문화를 비롯한 감각의 영역에 몰두하게 되었다. 지위와 서열화는 SNS를 통해 일상의 모든 국면에서 인식되면서 심리적 압박을 극대화했다. 따라서 자신 일상의 차원을 넘어서는 추상적 가치와 장기적 비전에 투자할 수 있는 심리적 여유가 고갈될 수밖에 없었고, 가족주의 또한 그 결과 퇴조하게 되었다.

청년층이 생활하는 한국의 공간 구조는 그들의 심리적 압박을 더 강화시키는 방향으로 계속해서 변해왔다. 양극화된 현실 속에서 SNS를 통해서 상층의 소비문화와 삶의 양식에 실시간으로 접근할 수 있는 상황이라면, 상층에 속하지 못한 대다수 사람에게는 비관과 자포자기가 확산될 수밖에 없다. 하지만 이런 비관적 전망 대신에 현실을 개선할 수 있는 낙관적 기대와 활력을 주는 공간은 한국에 없었다. 제2차 이촌향도는 수도권과 지역 양측이 관여하는 현상이다. 청년층이 계속해서 유출되는 지역은 사회적 네트워크와 경제적 활력의 감퇴에 직면하여 위기를 맞이할 수밖에 없다. 반면 수도권은 지역에서 찾을 수 없는 새로운 기회를 발견하는 공간이지만, 동시에 그 기회에 이끌려 전국 각지에서 유입된 인구로 인하여 주거비, 일자리, 교통 인프라 등에 작용하는 부하는 갈수록 심해지고 있다. 극단적으로 말하자면, **한국은 활력이 사라지고 무기력해지는 지역과 과밀화로 탈진 직전까지 인간을 몰아붙이는 수도권으로 나뉘는 중이다.** 이런 공간 구조 속에서 추상적 가치와 장기적 비전을 추구하라고 요구하는 것은 지나친 기대라고밖에는 할 수 없다.

그 결과, 현재 한국에서 결혼과 출산은 무척이나 '계급적인 현상'으로 이해되고 있다. 과거라면 삶의 통과의례이자 의무에 가까웠던 가족 형성이, 이제는 안정적 일자리와 주거 환경을 갖춘 이들만 할 수 있는 일종의 특권적 삶의 양식으로 비춰는 것이다. 물론 이 같은 통념은 경제적 조건에 다소 과한 비중을 부여한 감이 있다. 객관적 지표로 보았을 때 현재의 청년층의 절대다수는 현재의 기성세대가 청년층이었을 때보다 풍족한 삶을 누리고 있다. 따라서 경제적 조건은 SNS와 같은 새로운 미디어와 상호 작용하여 '새로운 심리적 조건'을 창출했기 때문에 진정으로 중요하다. 가족의 형성을 더는 의무로 생각하지 않게 되고, 가족이라는 것은 '여유 있는 사람들'이나 만드는 것이라는 새로운 사회적 관념은 탈가치화라는 새로운 심리적 조건이 만들어낸 경향이다. 그리고 이 심리적 조건은 세계화·정보화·공간 구조의 격변이라는 힘들이 상호 작용하면서 형성되었다.

문제는 이 같은 공간 구조가 앞서 언급한 것처럼 지속 가능한 형태가 아니라는 데 있다. 지역의 활력이 줄어들면, 지역의 청년들은 계속해서 수도권으로 향하고 지역의 재생산 고리가 끊어진다. 반면 수도권은 더욱 과밀해지고 삶의 만족도는 갈수록 떨어지게 된다. 과밀 공간에서의 심리적 압박은 수도권에서의 재생산 고리도 끊게 만든다. 나아가 추세가 장기화됨에 따라 아예 수도권으로 더 송출할 지역의 청년 인구가 남지 않는 상황이 오면, 그나마 현재의 한국을 작동시키는 역동성의 원천도 아예 사라지게 될 것이라 보아도 무방하다.

물론 최근의 저출생 경향에 대해서, 이를 반전시키거나 완화하는 것은 사실상 불가능에 가깝고, 청년층의 사회적 관념과 가치관이 변화한 것이니 불가능한 해결을 모색하는 것보다는 적응 방안을 찾는게 맞지 않느냐는 지적이 있다. 혹은 성공하기 어려운 무리한 정책을 추진하는 것보다는 부족한 인구를 이민을 수용하여 보충하고, 다문화 국가로의 전환을 시작해야 한다는 주장도 있다. 이 두 제안은 모두 어느 정도 타당한 면이 있다. 사실 한국의 저출생 현상은 이미 장기화된 국면에 접어들었고, 인구 감소와 고령화는 막을 수 없는 필연이 되었다. 그 뿌리가 경제적 문제보다도 문화적 문제이니 일부 정책적 처방으로 효과를 빠르게 거두는 것도 기대하기 어렵다. 그렇기에 새로운 국면에 맞는 적응 방안을 찾아내야만 한다. 이민 문제도 당연히 중요하다. 한국에는 이미 다양한 국가 출신의 이민자 집단이 형성되어 있으며, 한국으로의 이주를 원하는 인구는 계속 늘어날 것이고, 한국 또한 이주민의 수용 없이는 공동체를 유지하기 점차 어려워질 것이기 때문에, 다문화 사회로의 전환과 적응은 역시 막을 수 없는 추세이자 우리의 생존 방안이 될 것이다.

그러나 위 두 가지 사안을 고려한다고 치더라도, 현재 청년층이 처하고 있는 공간적·사회적·심리적 문제를 도외시할 수는 없다. 첫째, 문화와 가치관의 변화에 따라서 가족 형성을 원하지 않는 인구가 늘어났으며, 이 추세를 반전시키기 어려운 것은 분명 사실이다. 그러나 세계 어느 곳보다 가파른 기울기를 보이는 한국의 추세는 분명 거대한 사회적 위기를 낳을 수밖에 없다. 사실 가족주의의 퇴조와 재생산의 단절은 단순한 가치관의 변화이자 호오好惡의 문제로만 평가할 수 있는 것은 아니다. 정보화에 따라서 1인 가구를 중심으로 하는 새로운 생활 양식은 사실 한국뿐 아니라 세계적으로 빠르게 확산되고 있다. 경제학자 노리나 허츠는 『고립의 시대』에서 사이버 공간을 향한 몰입과 그에 따른 사회적 고립감은 개인의 정신·육체 건강을 악화시키며, 정치적 극단주의와 사회적 갈등의 격화를 야기한다고 주장했다. 현재 한국의 청년층 사이에서 극한 상태라고 해도 과언이 아닌 다양한 사회 갈등과 혐오의 확산은 재생산의 단절과 그로 인한 고립감과 불가분의 관계를 맺고 있을 것이다.

둘째, 이민 역시 완전한 해결책이 될 수 없다는 사실은 이미 대량 이민을 수용한 서구 국가들에서 나타나는 정치·사회적 위기를 통해 드러난 바가 있다. 이들 국가에서는 이민자가 집중되는 세계 도시와 그와는 단절된 배후지의 갈등이 기성 정치권과 신흥 포퓰리즘 세력의 대립 구도로 격화되었다. 2016년 미국에서 도널드 트럼프 대통령의 당선과 영국에서 일어난 브렉시트는 이민이 순전히 사회에 이득만 가져오는 것이 아니며, 그들을 효과적으로 기존 사회에 통합시키는 데서 사회적 비용 또한 발생한다는 것을 보여주었다. 만약 이 비용을 잘 관리하지 못할 경우, 갈등과 분열이 급증해 공동체에 위기가 찾아오게 된다. 한국의 경우에는 아직은 서구 국가들보다 이민에 더 잘 대처해온 것 같다. 한국의 이민자들은 한국 사회의 생산 영역 구석구석으로 파견되어 한국 문화에 동화되고, 사회에 통합되는 비율이 더 높은 것으로 보인다. 그러나 제2차 이촌향도로 벌어지는 수도권 과밀화와 지방 소멸의 흐름 속에서, 이민자들로 점점 인구가 줄어드는 지방을 채우는 식으로 대처한다면 한국의 현재 공간 구조는 아예 민족적으로 이중화되는 수준까지 닿을지도 모른다. 그렇게 되었을 때 한국은 서구 국가들과는 유형이 다른 다문화 사회로서 새로운 종류의 도전들에 직면할 수밖에 없을 것이다. 즉, 저출생 사회에 대한 적응과 다문화 사회로의 전환은 모두 한국의 공간 구조 및 사회 환경을 지속 가능한 모델로 전환하는 밑그림 속에서 함께 고려되어야 할 문제이지, 자연력으로 간주하며 방치해도 되는 문제는 아니다.

▮ 지역 문화 도시의 필요성

한국이 현재 마주하고 있는 지속 가능성의 위기, 특히 재생산의 단절은 정말이지 난마亂麻처럼 꼬여 있는 문제라고 해도 과언이 아니다. 동아시아 국가들이 모두 초저출산에 직면하고 있다는 점에서 이는 동아시아 문화권의 문제이기도 하며, 세계화와 그에 따른 지구적 경제의 재편, 스마트폰과 SNS의 확산에 따른 디지털 네이티브 세대의 출현과 그들의 새로운 삶의 양식, 그에 따라 급변한 한국의 공간 구조 등 그야말로 문명사적인 전환들이 동시에 상호 작용하면서 형성된 추세이다. 따라서 단일한 정책이나 제안을 통해서 이 문제를 해결할 수 있다면 그것은 거짓말이나 다름없고, 이는 그간의 정책들이 단 하나도 효과를 거두지 못했다는 데서 입증된다. 따라서 한국을 지속 가능한 공동체로 바꾸기 위한 총체적인 재설계가 없이는 작금의 사태에 대처하는 것이 아예 불가능하다.

물론 필자는 그런 총체적 재설계를 위한 종합적 대안을 제시할 만한 능력이 없다. 다만 이 글에서는 현재의 위기가 기본적으로 공간 구조의 문제이며, 공간 구조는 행위자들의 문화적 지향을 반영하여 형성된다는 것에 주목하고자 한다. 따라서 **현재의 공간 구조에 가해지는 압박을 완화하기 위해서는 지역의 문화를 그 해결책으로 삼아야 한다는 것이다.**

상기하였듯이, 청년층이 수도권으로 향하는 이유는 그곳에 경제적 기회가 있어서이기도 하지만, 결국에는 수도권이야말로 SNS를 중심으로 재조직된 그들의 삶의 양식에 최적화된 공간이기 때문이다. 소비문화의 다양성과 사회적 네트워크 차원에서 수도권을 대체하기는커녕 독립적인 중심을 형성할 수 있는 공간이 한국에는 전혀 없다. 최근에 성장하는 비수도권 지역들도 사실 상당 부분은 수도권의 확장에 따른 결과물이기에, 역설적으로 수도권 의존의 가장 전형적인 사례들이다. 그렇다면 이런 상황에서 지역의 어려운 문화적 조건을 활용하여 개선

대한민국, 넥스트 레벨

을 도모한다는 것 자체가 어불성설일 수도 있지 않을까?

따라서, 먼저 가장 기본적인 전제를 솔직하게 인정할 필요가 있다. 지역은 서울과 경쟁할 수도 없으며 독립적인 중심을 만들어내기도 어렵다. 물론 한 번 구심점을 안착시키고 거기서 발전을 거듭하면 모르지만, 그것이 단기간에 이룰 수 있는 목표는 확실히 아니다. 이 때문에 지역의 전략은, 서울에 맞서서 중심을 형성하려는 도전 대신에 서울에 편승하고 서울을 이용하는 전략이 될 필요가 있다. 특히 현대 경제에서 중심적 역할을 맡는 창조 계층의 서울을 향한 강한 열망은 그들이 설령 지역에 매력을 느끼고 기반을 갖춘다고 하여도 수그러들지 않는다. 그들은 언제든 서울을 경험하고 싶고 그곳의 네트워크에 속하고 싶어 한다. 그러니 지역이 해야 할 일은 이러한 활동을 도리어 장려하는 일이다.

지역을 활성화하기 위해 서울로의 이동을 장려하라는 이야기가 황당하게 다가올 수도 있다. 그러나 **독자적인 중심이 될 수 없다면, 중심과 유기적으로 연결된 2차 중심이 되는 것은 좋은 생존 전략이 될 수 있다.** 요컨대 차라리 대한민국 전체를 수도권을 중심으로 한 단일 도시권, 혹은 도시 체계로 인식하자는 것이다. 서울 인접 경기도의 여러 도시만이 수도권이 아니라, 서울과 KTX로 연결된 경기도 바깥의 수많은 도시도 '대한민국 도시 체계'라는 거대한 도시 체계의 일부로서 접근해야 한다는 것이다. 수도권 광역 전철로 연결된 천안이나 춘천이 '확장된 수도권'에 편입되는 것은 좋은 참고가 될 수 있다. 도시철도로 2시간 정도가 걸리는 천안과 춘천이 1차적 확장선이라면, KTX로 서울역, 혹은 수서역에서 2시간이 걸리는 지역까지는 아마 수도권의 2차적인 확장선으로서 기능할 수 있을 것이다.

확장된 수도권으로서 천안이나 춘천은 해당 도시와 서울을 오가는 이중생활의 패턴은, 서울에 인접한 경기도 위성 도시의 일반적 모습, 즉 긴 통근 시간을 감수하는 베드타운 패턴과는 사뭇 다른 모습을 보여주고 있다. 물론, 편도 2시간을 넘는 기나긴 통근 시간을 감수하면서 일반적인 위성 도시에서의 생활 패턴을 극단적으로 보여주는 사람들도 많다. 그러나 그밖에도, 자신이 생활 기반을 갖춘 해당 지역에서의 삶과 교육, 취업, 네트워킹 등을 목적으로 오가는 서울에서의 삶을 동시에 병행하는 패턴도 부상하고 있다는 뜻이다. 일주일 중 며칠은 서울에서 보내고, 며칠은 자신의 지역에서 보내는 식이다. 물론 이런 패턴은 서울에 온전히 이주할 수 없게 하는 여러 제약 조건을 반영하기에 지역의 자생성을 중시하는 차원에서는 불편하게 느껴질 수 있다. 하지만 일단 이중생활을 유지하는 것이 가능해진 데 주목해볼 필요가 있다. 지역이 지역만의 구심점과 유인 요인을 제공할 수만 있다면, 지역과 서울의 유인 요인 양자를 모두 확보하고자 하는 이들에게 이중생활은 새로운 의미로 다가올 것이기 때문이다. 서울로 갈 수 없기에 어쩔 수 없이 선택한 '불편한' 패턴이 아니라, 지역과 서울이 주는 혜택 모두를 자신의 경력을 계발하는 데 확보하고자 하는 '전략적' 패턴으로서 재해석할 수 있게 된다. 지역 입장에서도, 서울과 네트워크를 확보하고 있는 양질의 인적 자원을 유치하고, 지역의 인적 자원 수준을 서울과의 연결을 통해 끌어올릴 수 있다.

하지만 서울과의 연결을 확대하는 것은 지역 입장에서는 명백히 양날의 칼이 된다. 인재 유출의 위험 때문이다. 지역의 인적 자원들이

대한민국, 넥스트 레벨

지역과 서울을 오가는 이중 패턴을 유지한다고 하더라도, 충분히 인적 자본을 축적하고 서울에서 생활할 수 있을 정도의 자원을 확보하면 그들은 서울로의 완전한 이주를 선택한다. 이는 지역에서 창출하고 유지하는 유인 요인이 턱없이 적기 때문이기도 하고, 그만큼 서울이 갖는 매력이 대단해서이기도 하다. 이 때문에, 창조 계층으로 대표되는 인적 자원을 서울을 통해 계발하면서도 동시에 지역에 일정 비율로라도 남게 하기 위해서는, 적어도 두 가지 차원에서 경쟁력을 집중적으로 확보해야 한다. **하나는 일자리로 대표되는 경제적 기회 요인이고, 또 다른 하나는 그들을 지역에서도 자신 있게 소비할 수 있게끔 해주는 어메니티 요인이다.**

경제적 기회 요인은 어려우면서도 단순하다. 경쟁력 있는 콘텐츠를 생산할 수 있는 생태계가 지역에 조성되어야 한다. 서울에서 교육을 받고 수도권의 인적 네트워크들과의 교류를 활발히 하면서도, 지역에 남아 일할 수 있는 동기·기회·보상을 제공할 수 있어야 한다. 두 번째로, 음식, 숙박, 공연 등 각종 소비 트렌드를 충실히 따라갈 수 있는 소비문화 생태계를 만들어야 한다. SNS의 확산은 소비문화를 '인스타그램에 올려서 자랑할 수 있는' 상품과 서비스를 구매하는 방향으로 움직였다. 지역 소비문화는 이런 SNS로 인하여 큰 타격을 받았는데, 몇몇 관광지를 제외한다면 일상적 소비 영역에서 서울이 갖는 우위가 더욱 커졌기 때문이다. 특히 창조 계층은 이런 소비문화와 어메니티 차원에서 지역이 보이는 열위를 견디지 못하고 서울 거주를 열망한다. 만약 SNS를 중심으로 재편된 소비문화에서 경쟁력을 보이지 못한다면, 지역은 매 끼니 식사 수준의 소비마저도 서울에 빼앗길 것이다. 일자리와 동시에 대체가 어려운 문화적 매력을 조성해야 하는 이유이다.

필자는 K-컬처와 K-콘텐츠를 지역이 적극적으로 활용하여 지역에 문화적 서사와 의미를 입히는 방안을 제시하고 싶다. 물론 지역성은 K-컬처에서 굉장히 어색한 개념이다. 사실 K-컬처의 세계적 성공은 어떤 면에서는 K-컬처가 이해에 복잡한 맥락과 사전 지식이 필요하지 않은 '무지역적 문화'이기 때문에 가능한 것이기도 했다. 하지만 한국 문화에 지역성이 상대적으로 약하고, 한국의 현대적 소비문화인 K-컬처에 지역성이 잘 나타나지 않는다는 것이 한국의 지역에 지역성 자체가 '없다'는 것을 바로 의미하지는 않는다. 조금 더 엄밀히 말하자면, 현 상황은 한국의 대중문화에 지역성이 나타날 만큼 지역 문화, 혹은 지역성을 갖춘 문화가 덜 계발된 것에 가깝다. 굳이 주의 깊게 관찰하지 않더라도 여전히 방언, 음식, 풍경 등 지역적 특색은 전국 어느 지자체를 가도 곳곳에서 드러난다. 따라서 **요점은 지역의 잠재적인 문화 자원들을 발굴하고 그것을 지역성의 형태로 구체화한 뒤 대중문화와 접목시키는 일이다.**

이런 관점에서 본다면, 어떤 잠재적 문화 자원들을 중점적으로 다루어야 할지도 더 명확해진다. 앞서 살펴보았듯이, 현대 문화는 다양한 문화 자원들을 메인스트림Mainstream으로 끌고 와 대중적으로popular 만들어내는 대중문화pop culture이며, K-컬처는 그러한 대중문화 유행을 선도하는 위상에 올라섰다. 지역 문화를 K-컬처의 맥락에서 고려할 때도 마찬가지 접근법이 필요해진다. 지역의 수많은 문화 자원 중에서 K-컬처와 함께할 수 있는 지역성과 지역 문화를 선별해내는 것이 중요하다는 의미다. 이런 지역성을 웹툰, 드라마, 영화 등의 소재로 적극적으로 활용하고, 세계적 스타로 자리 잡은 K-팝 아이돌의 다양한 고향을 의미 있는 장소로 발굴하여 홍보할 필요가 있다.

향후 지역의 문화 공간은 다음과 같은 기능을 발전시켜야 한다. 먼저, 콘텐츠 생산의 공간이 될 수 있어야 한다. 지역을 소재로 한 다양한 콘텐츠들을 개발함에 있어서, 소재를 발굴할 수 있는 해당 지역과의 접근성, 세계 도시로서 문화 산업의 최중심지인 서울과의 용이한 연결성이 모두 중요해진다. 이를 바탕으로, 어떤 식으로 지역을 배경으로, 지역성을 소재로 한 콘텐츠를 만들지 그에 관한 방법론·노하우·아이디어들이 공유될 수 있는 공간이 구축될 필요가 있다. 이를 바탕으로 생산되는 콘텐츠들이 서로 연계될 수 있다면, 충분히 콘텐츠를 통해 지역성을 보강하고 재정의할 수 있게 되는 것이다. 두 번째로는, 어쩌면 더 중요하게도, 콘텐츠 소비의 공간이 될 수 있어야 한다. 콘텐츠 로케이션이나 아이돌의 지역성을 활용한 '성지 순례'는 당연하게도 이미 어느 정도 역사성을 확보한 기존 지역을 중심으로 이루어질 것이다. 그러나 그러한 각종 콘텐츠는 서로 엮어주고, 콘텐츠로부터 파생되고 연계된 각종 상품, 혹은 네트워크를 즐기는 공간도 분명 필요하다. 새로운 문화 공간은 바로 그런 차원에서 '소비의 허브' 역할도 맡아야 한다. 콘텐츠와 아이돌이라는 대체 불가능한 존재들을 활용한 소비 마케팅이야말로, 소비 트렌드의 최첨단으로서 서울이 갖는 위상에 그나마 지역이 뒤처지지 않을 수 있는 얼마 안 남은 해자垓子이기도 하다.

이상의 논의를 다음과 같이 정리할 수 있을 것이다. 먼저, 지역이 자생력 있는 문화 도시로서 부상하기 위해서는 지역성을 지닌 여러 콘텐츠를 지속적으로 다양하게 배출할 수 있는 생태계가 조성될 필요가 있다. 바로 이러한 콘텐츠들을 통해서 한국 지역의 강한 특징이라고 할 수 있는 '약한 지역성'은 새로운 방식으로 재구성된다. 지역의 시공간에 의미와 서사를 부여하는 것은 추상적이고 모호한 '역사'가 아니라, 구체적인 콘텐츠가 되어야 한다. 물론 그 콘텐츠들이 중시해야 할 것은 다른 경쟁 콘텐츠와 비교하였을 때 전혀 밀리지 않는, 오히려 트렌드를 선도할 수 있는 시장성과 상품성을 지니는 것이다. 그런 콘텐츠로 무장했을 때, 소비문화의 측면에서 지역은 서울이 갖는 압도적 지배력에 대응하여 독자성과 생존성을 확보할 수 있을 것이고, 그를 통해서 문화 및 부가가치 창출의 결정적 존재들인 창조 계층을 성공적으로 유치할 수 있을 것이다.

┃ 지역 콘텐츠와 공간 재구축

세계화와 정보화를 비롯한 지구적 현상과 전국적 공간 구조의 격변을 이야기하는 글을 대중문화 콘텐츠 활용 방안으로 끝맺는 데서 갑작스러움과 어색함이 느껴질지도 모르겠다. 하지만 필자가 이 같은 '어색한' 대안을 제시하는 이유는 크게 두 가지다. 첫째로는, 앞서 이야기한 바대로 총체적 문제를 위한 종합적 해결책을 제시할 능력이 필자에게는 없다는 데 있다. 둘째로는, 디지털 시대 콘텐츠와 소비문화를 활용하고 그를 통해 공간을 재구축하는 것이 결코 경시되어서는 안됨을 강조하기 위해서다. 스마트폰이 확산된 이후에 소비 및 대중문화를 따라가고자 하는 디지털 네이티브 세대의 열망이 얼마나 커졌는지는 아무리 강조해도 지나치지 않다. 그리고 무엇보다도, 그 지구적이고 거시적인 변화들이 미시적이고 일상적 차원에서 작용한 결과물이 현재 한국이 직면한 재생산의 위기다. 그렇기 때문에 종합적이고 거시적인 해결책에 미시적 차원을 더하는 것은 당연하게도 중요하다.

물론 수도권 일극 체제를 완화하고 지역 분산을 통한 새로운 발전 모델을 제시하는 담론은 한국 사회에 이미 상당한 지분을 차지하고 있는 논의다. 기존 논의는 지역에 어떻게 활력 있는 산업과 일자리를 만들 수 있을 것인지, 교육과 의료를 비롯한 필수 인프라를 어떻게 효과적으로 배치할 수 있을 것인지에 대한 고민에 집중되어 있다. 물론 이들은 한국의 공간 구조 전환을 논할 때 반드시 고려해야만 할 요소이다. 일자리가 없는 공간, 학교와 병원·돌봄 시설이 없는 공간에 사람이 정주할 수는 없기 때문이다. 그러나 삶의 '객관적 지표'를 구성하는 요소들과 공간이 제공할 수 있는 '주관적 만족감'은 또 별개의 문제일 수가 있다. 청년층은 일자리와 기회를 찾아서 수도권으로 이주하기도 하지만, 맛집과 공연 문화 때문에도 이주한다. 그렇기에 공간 구조를 바꾸기 위해서는 객관적 지표를 충족시켜주는 기반을 지역에 조성해야 하고, 동시에 그 공간에 청년층의 문화적 소비 및 표출 욕구에 부합하는, 주관적 만족감을 줄 수 있는 아이템들을 어떻게 부여할 수 있을지 고민해야 한다. 대중문화가 단순한 상품을 넘어 삶의 의미를 제공해주는 우리 시대의 새로운 종교가 된 지금, **한국의 대중문화를 통해 지역성을 부활시키는 프로젝트에 도전하는 것은 어떨까.**

4장

국민 안전과 디지털 행정

데이터 시대, 인간과 공동체에 주목하자

재난 극복을 위한 국가 안전 레질리언스 전략의 지향점

'빠름'과 '오롯함'의 부조화, 어떻게 극복할 것인가?

디지털화로 데이터가 폭발하는 시대에 기술 지상주의를 경계해야 한다. 기술만이 혁신의 주체가 되는 것이 아니라 인간·공동체·정부가 함께 공동 생산하는 진정한 '데이터 시대'를 열어야 한다. 혁신을 만들어가는 기술과 기업이라면 반드시 인간, 공동체 그리고 민주주의를 전제하도록 하면서 시장, 정부 그리고 공동체의 적절한 조화와 균형이 정책 조합 관점에서 늘 고려되어야 할 것이다. 데이터 시대는 개인이 전면에 등장하는 세상이기 때문에, 공동체의 안전감을 기반으로 개개인의 기술혁신 능력을 종합하는 공동 혁신의 패러다임이 필요하다.

특히 국민이 온라인뿐만 아니라 실생활에서 체감하는 안전을 위해, 21세기 이후 9·11 테러, 동일본 대지진과 같은 상상을 초월하는 충격적 사태가 발생하고 우리나라에서도 20세기 말 성수대교와 삼풍백화점의 붕괴에 이어 최근에는 세월호와 이태원의 참극이 발생하였다. 우리의 사회·기술 시스템이 예기치 못한 위협에 대해 얼마나 취약한지를 절감하고 있다. 특히 최근의 재난은 대표적 복잡계 현상이다. 이렇게 복잡한 사회·기술 시스템에서는 다른 부분 간 비선형적 상호 작용이 존재한다. 지금까지 재난 사고를 이해하는 방식은 기계 시스템의 오류나 실패를 분석하는 방식인 전체를 구성 요소로 분해하여 이해하는 요소 환원주의가 적용되어왔지만, 앞으로는 레질리언스 관점이 필요하다. 즉 예기치 않은 사고는 시스템 내에서 기능의 변동이 비선형적인 공명共鳴을 일으킴으로써 발생하는 것으로 간주하고 안전 대책은 시스템의 상태를 감시하여 공명을 억제하는 것으로 바뀌어야 한다. 시스템의 개별 구성 요소를 볼 때 어떤 문제도 없이 기능하고 있음에도 불구하고 최종적으로 사고가 발생할 수 있는 것이 현실 세계이기 때문이다. 사실 복잡한 사회·기술 시스템에서 모든 결함을 제거하는 것은 불가능하기 때문에 일정 정도 결함의 존재를 인정할 수밖에 없다. 따라서 레질리언스적 접근을 통해 시스템 기능의 변동성은 불가피하다고 인식하고 사고 방지를 위해 기능 변동이 공명하거나 확대되지 않도록 억제함으로써 대규모 사고를 방지하기 위한 조직적 학습 또는 시스템 진화를 위한 학습을 해야 한다.

한국이 자랑하는 전자정부의 경우 정작 정부 내부의 e-프로세스 수준은 10년 전의 미국 수준조차 제대로 따라가지 못하고 있다. 한국에서는 특정 e-서비스를 개발·고도화하기 위해 그때마다 부처 간 정보 공유 및 시스템 연계를 요청해야 하고, 새로운 데이터원DB이 붙을 때마다 추가된 DB의 데이터 정제 여부 및 품질 수준 점검, 표준화되지 못한 DB 연계 작업을 수행해야 하는 비효율성을 감수해야 한다. '빠름'과 '오롯함'의 부조화가 돌이키기 어려운 역량 격차를 만들고 있다는 우려를 하지 않을 수 없다. 기존 강점이었던 빠름에 기초한 사회 시스템과 기술혁신 관행의 연속성을 일정 정도 유지하면서, 다소 시간이 걸리더라도 본원적 기술혁신 역량 강화라는 오롯함을 동시에 추구해야 한다.

1

데이터 시대,
인간과 공동체에 주목하자

윤종인(이화여대 초빙교수, 전 개인정보보호위원장)

| 무엇을 준비해야 하는가?

지금은 데이터 시대다. 데이터가 산업과 경제 전반에 걸쳐 새로운 가치 창출의 촉매제가 되는 시대이다. 데이터를 기반으로 삶과 생활이 바뀌는 것을 디지털 전환이라고 한다. 그리고 이러한 데이터가 추동하는 경제 성장을 특징적으로 데이터 경제라고 지칭한다. 최근의 전 세계적인 코로나 팬데믹으로 디지털 전환이 더욱 빨라지고 데이터 경제 규모가 급속도로 증가하고 있다. 전 세계 데이터 경제 시장 규모는 2022년 기준 약 2,600억 달러 정도라고 한다. 데이터 시대에 우리는 전에는 상상하기 어려웠던 생활의 편의를 경험하고 있다. 세계는 더욱 좁아지고, 사람은 더욱 가까워지고 있다. 경제에서도 구독 경제 등 새로운 형태와 종래에 보지 못했던 거대 기술 기업의 등장을 목도하고 있다. 유니콘, 데카콘 등 기술 기업이 매년 전 세계적으로 줄이어 등장하는 등 바야흐로 데이터 시대가 전성기를 맞고 있다. 2021년 시가총액 기준 세계 10대 기업 중 8개가 데이터 관련 테크 기업이다. 데이터 시대의 도래는 비단 경제뿐만 아니라 정부 운영에도 크게 영향을 미친다. 데이터를 기반으로 한 정부 운영의 혁신은 박근혜 정부의 공공 데이터 개방 정책을 시발점으로 하여, 문재인 정부의 디지털 정부혁신으로 이어졌다. 최근 윤석열 정부 출범과 함께 등장한 디지털 플랫폼 정부의 중요 의제 역시 데이터를 기반으로 한 과학적 정부 운영과 맞춤형 공공 서비스의 제공에 있다.

우리나라는 한국전쟁 이후 약 70년간 전쟁의 폐허로부터 세계 10위권의 경제 선진국과 민주 국가를 동시에 달성하는 기적을 이루어냈다. 국민의 각고의 노력과 헌신, 기업의 지속적인 혁신, 정부의 정책적 육성 의지가 함께 만들어낸 성과이다. 인류 역사를 거슬러볼 때, 이렇게 짧은 기간에 우리나라가 이루어낸 것과 같은 경제적·사회적 발전의 사례를 찾기는 쉽지 않다. 아울러 최근에는 이러한 발전이 음식, 음악 등 한국의 문화 전반으로까지 확대되고 있어 대단히 고무적이다. 하드 파워뿐만 아니라 소프트 파워 강국으로서의 도약 가능성을 보여주는 긍정적 신호로 평가할 수 있는 대목이다. 그간 대한민국의 성장과 발전은 선진국의 발전 모형을 따라 근대 산업화를 압축적으로 달성함으로써 이루어진 것이라고 할 수 있다. 이러한 추격자follower 발전 전략은 그간 보여준 효과성과 후발 주자로서 갖는 여러 가지 이점에도 불구하고 그 한계 역시 명확하다. 선진국을 앞서기는 쉽지 않은 것이다. 선도자로서의 전략적 전환이 필요한 이유다. 이와 관련하여 데이터 시대에 대한민국이 다시 한번 새로운 도약을 이룰 수 있다고 생각하는 사람들이 많다. 필자 역시 마찬가지다. 대한민국의 높은 교육 수준과 강력한 IT 인프라, 기업의 역량과 정부의 의지 등을 볼 때 가능성이 없지 않다. 데이터 시대가 만들어내는 사회와 경제의 패러다임 변화에 적극적으로 적응하고 긍정적인 결과를 만든다면 대한민국은 다시 한번 도약을 할 수 있으리라는 기대가 크다.

데이터 시대, 대한민국의 새로운 도약을 위한 준비는 우선 데이터와 데이터 시대, 그리고 디지털 전환에 대한 충분한 이해가 전제되어야 한다. 일반적으로 인간은 선례 없는 일에 대한 대응에 매우 취약하다. 선례 없는 일에 대하여 과거 경험에 의존하여 대응하려다가 실패를 겪는다. 새로운 데이터 시대는 우리에게 새로운 기대를 하게 하고 사회·경제적으로 긍정적인 측면이 많지만, 데이터를 둘러싼 다양한 갈등과 이해 상충, 그리고 이로 인한 복합적인 불안을 낳고 있다. 데이터 시대의 가속적 변화로 인하여 개인·공동체·국가 전체가 다양한 부적응을 겪고 있다. 예를 들어 대중 영합주의 정치가나 국수주의자가 주장하는 분파주의적 분열이 늘어나고 있다. 데이터 경제로 인한 불평등 문제도 있다. 네트워크 효과는 경제적 독점으로 이어지기 쉽고, 자본과 노동 사이 소득 배분의 편향성을 더욱 크게 할 수도 있다.

이 글의 목적은 데이터 시대의 새로운 도약을 위한 제안으로 혁신과 변화를 동력으로 하는 자유주의 시장 경쟁과 자본주의 경제를 적극적으로 옹호하면서도, 그로 인한 부작용을 살펴보고 이를 해결할 수 있는 대안을 탐색하는 데 있다. 그 대안으로 데이터 가속화 시대에 자칫 상실하기 쉬운 인간과 공동체의 역할을 다시 회복하는 것을 제시하면서, 이를 위한 제도와 정부의 긍정적 역할이 필요하다고 본다. 결국 가속화되는 데이터 시대를 준비하는 이러한 방안의 중심에는 그간 잊혀온 개개인으로서의 인간과 이웃 공동체에 대한 재인식이 자리 잡아야 한다고 본다. 다소 역설적인 주장이지만, 이를 통해 기술만이 혁신의 주체가 되는 데이터 시대가 아니라 인간(사람)·공동체·정부(국가)가 함께 생산하는 데이터 시대를 열어야 한다.

구체적으로는 먼저, 데이터 시대에 불가피하게 발생하는 여러 가지 이해 상충을 속도감 있게 해결할 수 있도록 하는 새로운 데이터 관리 제도의 설계가 필요하다. 데이터를 전기처럼 안전하게 쓰는 것이 우리가 지향하는 데이터 시대의 최종적인 사회 목표가 되어야 한다. 둘째, 데이터 시대가 가져올 수 있는 여러 가지 부작용에 대비한 선제적 대책이 필요하다. 동종 선호와 필터 버블[1] 같은 현상이 사회와 민주주의에 미치는 부정적인 영향을 차단하고, 정부와 기업에 의한 감시와 추적의 투명성과 법적 적합성을 확보하여야 한다. 기술 창조 기업은 그 기술이 가져오는 긍정적 과실만을 취해서는 안 되며, 부정적 영향에 대하여도 책임을 져야 한다. 셋째, 데이터 시대에도 인간적인 삶을 가능케 하는 다양한 대안에 대한 논의가 시작되어야 한다. 일의 성격 변화와 잠식에 따른 노동 소득 감소, 그리고 이로 인한 장기적인 부의 불균등 배분에 대비하여 인간에 공감하는 다양한 교육 제도의 설계·소득의 균형 배분 문제가 본격적으로 논의되어야 한다.

---

[1] Filter Bubble. 정보 제공자가 이용자에 맞추어 필터링한 정보를 제공함으로써, 이용자가 이미 필터링된 정보만을 접하게 되는 것.

넷째, 데이터 기술의 인간화를 도모해야 한다. 인간의 약점을 악용하지 않고 이를 보완하며, 인간의 강점을 지지하는 데이터 사용 기술이 우대를 받아야 한다. 데이터 시대에도 당연히 인간은 존중의 대상이어야 한다. 기술의 은밀함과 복잡함이 이를 회피하는 수단이 될 수는 없다. 다섯째, 초강력 개인과 기업이 활동하는 데이터 시대에 강력한 사회 안전망이자 자제력의 원천으로서 공동체community의 긍정적 역할이 다시 한번 고려되어야 한다. 공동체는 그 유장한 역사에도 불구하고 최근에는 개인(시장)과 국가(정부)보다 상대적으로 그 역할이 제한적으로 인정되어왔다. 가속의 시대를 견디는 중요한 수단으로 공화주의적 전통에 입각한 조화로운 공동체 마인드의 회복이 필요하다. 이를 통해 우리나라가 직면하고 있는 다양한 사회·경제적 난제wicked problems를 해결하는 정책 조합에 정부와 시장과 함께 공동체가 포함되는 다양한 공동 생산co-production 방식이 널리 확산되어야 한다.

우리나라는 지금 국민소득 3만 달러 시대를 살고 있다. 하지만 아직은 사회 구성원이 만족하는 좋은 사회에는 도달하지 못하고 있다. 데이터 시대는 우리에게 새로운 도전이자 기회이다. 더 나은 우리나라를 위한 지혜가 필요한 시점이다. 역사상 다른 시기와 마찬가지로 데이터 시대의 현재와 미래 역시 명과 암이 있다. 달콤함과 쓴맛이 함께한다. 따라서 데이터 시대를 준비하면서 과도한 비관주의에도, 그리고 낙관주의에도 빠질 필요가 없다. 미래는 우리가 무엇을 하는가에 달렸다. 역사는 필연적이지 않으며 인간의 노력에 관대하다. 따라서 데이터 시대를 제대로 대비하기 위해서는 혁신과 변화만이 유일한 답이다. 데이터가 만드는 가속의 시대에 혁신도 가속화되어야 하기 때문이다.

▎데이터 시대의 도래와 디지털 전환의 가속화

데이터가 폭발 중이다. 전 세계 데이터의 총량은 2025년 180ZB[2]로 예상되며, 이는 2016년 16ZB와 비교하여 10배 이상 증가한 규모다. 데이터는 매년 40% 이상 증가하고 있다. 이러한 속도에 발맞추어 디지털 전환과 데이터 경제 규모의 확대 역시 빠르게 진행되고 있다. 한 예로 인류 역사 이래 2003년까지의 축적된 데이터 총량이 지금에는 한 시간 이내에 생성된다고 하니 정말로 놀랍다. 이러한 데이터는 인공지능과 빅데이터, 무인 운송 수단, 사물인터넷, 블록체인, 클라우드 등으로 대표되는 이른바 4차 산업혁명을 견인하는 핵심 동인이다. 최근 팬데믹으로 인한 비대면 경제 활동 확산 등으로 이러한 디지털 전환 속도는 더욱 빨라지고 있다.

생각해보면 데이터는 인간 경험human experience의 축적이다. 그리고 인간 역사는 지식의 축적 과정이다. 고대 헬레니즘 문화의 정수는 알렉산드리아 대도서관이었다. 당시 세계 최대의 알렉산드리아 도서관의 장서는 약 70만 권에 달하였다고 전해진다. 인쇄 기술과 출판 혁명을 통해 중세 시대 수도원과 상아탑(대학)에 머물렀던 지식이 탈출하여 대중 독서 시대를 열었고, 이는 근대의 중심 세력인 부르주아의 성장을 견인하는 원동력이 되었다. 개인주의는 이러한 시기에 발맞추어 자신만의 사고와 지식을 축적할 수 있을 때 발생하였고 이것이 자유주의의 토대가 되었다. 이후 자유주의는 프랑스 혁명 등을 거치면서 민주주의로 확대되었다. 이런 측면에서 공공도서관은 대중 독서 시대

---

2 ZB는 제타바이트(ZetaByte), 1ZB는 1조 기가바이트(GB)에 해당한다.

를 열고 민주주의를 지키는 발명이며, 역사상 가장 중요한 정보 미디어라고 할 수 있다. 현재 세계에서 가장 큰 도서관으로는 미국 의회도서관이 꼽힌다. 1800년도에 설립된 미국 의회도서관은 2000년 기준으로 소장 장서만 1,900만 건, 기타 시청각 자료는 3,300만 건에 달한다. 그만큼 인류의 지식이 발전하고 축적된 것이다. 그런데 인류의 경험과 지식의 종합이라 할 수 있는 미국 의회도서관 소장 자료를 데이터 단위로 환산하면 1제타바이트의 400만 분의 1에 불과하다고 하니 지금의 데이터 규모와 증가 속도를 가늠하기는 쉽지 않다.

데이터는 다양한 비유를 통해서도 이해된다. 통상적으로는 21세기의 연료라는 뜻에서 원유oil에 비유되고 있다. 2007년 《이코노미스트》는 데이터를 세계에서 가장 가치 있는 자원이라고 정의한 바 있다. 천연자원처럼 소유할 수도 있고, 거래도 가능한 사유재의 특성도 함께 강조하는 개념이다. 반면 데이터는 공공재적 특성도 지니고 있어서 가능한 많은 사람이 이를 이용할 수 있도록 허용함으로써 부의 창출을 극대화하여야 한다는 견해도 있다. 즉, 데이터는 햇살과 같다는 것이다. 데이터를 도로나 철도와 같은 인프라로 인식하고 공공 투자와 데이터를 관리하기 위한 새로운 제도의 설립 필요성을 주장하기도 한다. 이러한 주장들은 데이터가 갖는 다중적 속성들로 인한 것으로, 아직도 데이터에 관한 종합적이고 체계적인 관점이 정립되지 않았음을 보여준다. 그러나 분명한 것은 고갈의 우려가 있는 원유와는 달리 데이터는 무한정 복제가 가능한 비경합성을 가지며, 다양한 이종 데이터 간 결합을 통해 더욱 다양한 분석과 예측, 그리고 가치 창출이 가능하다는 점이다. 컴퓨팅 능력이 크게 발전함에 따라 이러한 속성들은 새로운 데이터 경제의 원동력으로 작용하고 있다.

그렇다면 이러한 데이터는 어디에서 오는 것일까? 대부분은 개인 정보 또는 개인 데이터personal data이다. 전체 디지털 데이터 중 개인 정보의 비율은 약 75% 정도로 파악된다. 개인 데이터의 경제적 가치는 2020년 기준으로 1조 유로에 해당한다고 하며, 이 중 정부와 기업이 얻는 이익이 67%, 개인이 얻는 이익이 33%로 분석되었다. 지금의 세계는 디지털 세상과 항상 연결되어 있다. 늘 연결된 인터넷 세상에서 데이터가 생성된다. 사람은 스마트폰을 매일 2,000번 이상 조작한다. 매분 수억 통의 이메일을 주고받고, 수백만 개의 페이스북과 인스타그램의 '좋아요'를 클릭한다. 수십만 개의 트윗이 분 단위로 소통되며, 수백만 장의 사진이 페이스북과 인스타그램에 업로드된다. 페이스북 월 이용자는 27억 명에 이르며, 하루 24시간 중 페이스북과 인스타그램에 쓰는 시간이 평균적으로 50여 분에 달한다. 스마트폰은 위치 정보, 통화 정보는 물론이고 스마트폰 내 각종 센서를 통해 이용자에 관한 다양한 행태 및 생태 정보를 수집하고 전송한다. 500억 개가 넘는 다양한 장비와 기기(사물)가 네트워크로 연결되어 데이터를 수집·처리한다. 이외에도 자율 주행 기기와 드론 등에 의하여 수집되는 정보 역시 막대하다.

이렇게 수집된 데이터는 컴퓨터 연산 능력의 비약적인 성장에 힘입은 인공지능을 통하여 분류하고 분석·처리되어, 종전에 볼 수 없었던 생활의 변화와 새로운 디지털 경제를 활성화하고 있다. 인공지능 스피커, 원격 의료, 공유 경제, 스마트 시티, 핀테크, 디지털 화폐 등 최근에 우리 주변에 등장한 새로운 경제 동향의 배후에 데이터가 있다. 데이터는 이종 데이터 간 결합을 통해 새로운 가치를 창출한다. 빵집이 기상 데이터를 활용하여 매일 굽는 빵의 종류와 수량을 정하며, 철도 이용객 데이터와 카드 이용 데이터를 통해 지역별 관광 유치 전략을 구상한다. 최근에는 금융 '마이 데이터'를 통해 금융사 곳곳에 흩어진 금융 정보를 통합하여 계좌를 조회하고, 가계부를 관리하며, 소비 패턴을 분석하여 맞춤형 금융 상품을 추천한다. 대표적인 레몬 시장[3]인 중고차 거래 시장의 허위 매물 필터링 시스템을 개발하는 데에도 데이터가 쓰인다. 데이터로 인하여 이렇듯 우리의 생활은 더욱 편리해지고 있다.

세계 경제 역시 데이터를 기반으로 가파르게 성장하고 있다. 지난 2000년 초의 약진과 급속한 퇴조 이후 IT 산업은 제2의 부흥기를 맞고 있다. 데이터를 기반으로 한 이번의 IT 산업 약진은 제4차 산업혁명이라는 이름으로 불릴 정도로 그 위력이 당당하다. 이로 인하여 세계 경제의 지형도 빠르게 변화하고 있다. 전통적 제조업의 우위는 이미 무너졌다. 2020년 기준으로 세계 글로벌 시가총액 10대 기업 중 아람코와 버크셔해서웨이를 제외한 8개가 애플·아마존·구글로 대표되는 데이터 관련 기업이다.

데이터 기업이 플랫폼화하면서 O2O online to offline 시장이 크게 확대되고 있다. 전 세계 O2O 시장 규모는 2025년에 3,340억 달러로 전망된다. O2O는 온라인 기업의 플랫폼을 기반으로 오프라인 사업으로 확장하는 사업 형태이다. 예를 들어 카카오는 국민 메신저 플랫폼을

---

3 The Market for Lemons. 불량품이 나돌아다니는 시장.

기반으로 택시, 대리운전, 선물, 자동차 정비 등 다양한 분야의 서비스로 그 영역을 확대하고 있다. 미국 아마존은 온라인 도서 구매 플랫폼으로 시작하여 글로벌 물류 업체가 되었다. 구글과 네이버는 검색 서비스 플랫폼을 기반으로 사업을 지속해서 확장하고 있다.

데이터를 기반으로 한 서비스 결합의 예도 많다. 핀테크는 금융과 모바일을 결합하고 있다. 그 결과, 전통적인 산업 간 경계가 모호해지는 빅 블러big blur 현상이 일반화하고 있다. 한 예로 네이버는 뉴스 검색 포털인가 아니면 온라인 쇼핑 업체인가? 또한, 우리나라 스타벅스의 선지급 충전금이 2020년 기준 2,000억 원에 달하자 국내 금융 회사들이 우려를 표명하기도 했다.

데이터 시대의 도래는 이렇듯 우리에게 긍정적 미래를 전망하게 한다. 하지만 이러한 장밋빛 전망의 배후에 있는 도전 역시 적지 않다. 데이터 시대에 우리는 전기를 안전하게 활용하는 것처럼 데이터를 안전하게 활용할 수 있는 것을 사회적 목표로 삼아야 한다. 데이터와 관련한 기술혁신이 느려지는 일은 없을 것이다. 그러므로 기술을 인간 중심적으로 제대로 관리하기 위한 노력이 속도를 내야 한다. 대한민국이 데이터 시대를 잘 대비한다는 의미는 막연히 장밋빛 전망만의 실현에 있지 않다. 장밋빛 전망만을 좇아서 되는 일은 아니다. 관건은 이러한 데이터 시대에 수반하는 여러 가지 도전에 대한 대응의 성패에 있다.

▎제안 1: 새로운 데이터 관리 제도 설계

이러한 도전 중 가장 시급하게 처리하여야 할 과제는 새로운 데이터 관리 제도의 설계이다. 지금까지는 사실상 개인 정보 보호를 제외하고 데이터 관리 제도는 없는 것과 같은 상태에서 데이터 경제가 시작되었고, 거대 데이터 기술 기업이 탄생하였다. 데이터는 디지털 전환과 데이터 경제의 관건으로 2차 산업혁명에서 원유가 수행한 역할에 비견된다. 하지만 앞서 설명한 것과 같이, 데이터가 원유처럼 소유 가능한 사유재인지 또는 햇빛·도로·철도와 같은 공공재인지에 대한 명확한 성격 규명과 이에 기반한 제도적 설계는 아직 이루어지지 않고 있다. 또한, 사유재라 하더라도 데이터의 대부분인 개인 정보 소유자가해당 개인인지, 아니면 이의 수집 주체인지도 명확하지 않다. 일견 개인 정보의 소유자는 개인으로 보이지만, 데이터도 원유처럼 정제 과정이 필요하므로 수집 주체의 권리를 인정하여야 한다는 주장도 있다. 아울러 데이터는 성격상 비경합성을 가지지만 암호화 같은 기술의 적용을 통해 배제성을 확보하는 경우 일종의 클럽재[4]로 볼 수도 있다. 따라서 데이터의 성격 규정과 이를 토대로 한 데이터 거래에 관한 제도적 설계가 필요하다.

데이터 처리 방식은 현재 클라우드 산업의 발전과 함께 대형 데이터센터IDC를 중심으로 하는 중앙 집중형 모델에 기반을 두고 있다. 하지만 카카오 데이터센터 화재 사건에서 보았듯, 이러한 집중형 모델은 재난에 취약할 뿐 아니라 막대한 비용이 소요되며, 전력 등 에너지 소비에도 상당한 문제가 있다. 따라서 향후 더욱 가팔라질 데이터의 수집 규모의 증대에 집중형 모델로만 대응하는 것은 한계가 있다. 엣지

---

4 Club Good. 배제성과 비경합성을 동시에 갖는 재화.

컴퓨팅Edge Computing과 같이 데이터가 수집되는 말단과 최대한 가까운 곳에서 데이터를 신속하게 처리하는 모델이 병행 활용되어야 한다. 최근 프라이버시와 인공지능의 양립을 가져올 수 있는 기술로 소개된 바 있는 연합 학습Federated Learning 역시 데이터의 분산형 처리를 통해 집중형 방식의 문제점을 일부 해결하고 데이터 처리를 민주화하려는 기술적 해결 방안의 하나로 보인다.

아울러 데이터 공유의 확산을 위한 사회적·제도적·기술적 과제들을 집중적으로 고민하여야 한다. 데이터의 공유를 가로막는 대표적인 문제의 하나는 소위 조직 내 또는 조직 간 데이터 칸막이, 즉 데이터 사일로data silo 현상이다. 이를 해결하기 위한 일관성 있는 정부·부문·기업 단위의 데이터 공유 전략의 수립과 시행이 필요하다. 또한, 개인 데이터의 공익 목적 활용에 관한 폭넓은 사회적 합의도 우리가 해결해야 할 과제이다. 의료 기술의 발전을 위한 의료 정보의 활용, 공익 목적을 위한 개인 정보의 활용에 관한 사전적 포괄 동의, 공공 또는 민간차원의 오픈 데이터open data 운동의 활성화도 검토해볼 만하다. 개인 정보 보호법상 가명 정보의 도입으로 일부 돌파구를 마련하였으나, 아직도 개인 데이터의 공공적 활용에 관한 고민은 부족하다. 2013년 이후 추진해오고 있는 공공 데이터 개방도 상당한 성과에도 불구하고, 각 기관의 데이터 사일로 현상을 극복하였다고 보기는 어려우며, 오픈 데이터 운동에의 민간 기업 참여가 부족한 부분 역시 아쉽다. 데이터 공유가 부족한 가장 큰 원인은 결국 투명성과 상호 간 신뢰 부족에 있다. 데이터 공유의 목적, 절차, 결과 등에 대한 투명성을 높일 수 있는 제도적 설계가 필요하다.

이와 관련하여 데이터의 공정한 거래 활성화를 위한 데이터 스튜어드십stewardship에 관한 고민이 필요하다. 현행 개인 정보 보호 제도는 개인 정보의 수집·활용 과정에서 개인 정보에 관한 개개인의 자기 결정권 보장에 일차적인 목적을 두고 있다. 이것은 아날로그 시대 프라이버시 보호 차원에서 주조된 개념으로 대규모 개인 정보의 수집·활용을 전제로 하는 본격적인 데이터 시대에는 다소 부족한 측면이 있다. 데이터 생산자로서의 개인과 데이터 이용자로서의 기업의 이익을 함께 균형감 있게 고려하지 못하기 때문이다. 최근 개인 정보 보호법 개정 논의에 등장한 데이터 전송 요구권을 시작으로 데이터 신탁 제도, 데이터 협동조합, 개인 데이터 저장소 등 다양한 제도와 실행 기술이 선제적으로 연구되고 상황에 맞게 도입될 필요가 있다. 건강한 경제의 관건은 신뢰이다. 신뢰는 제도적 신뢰가 기반이 되어야 한다. 데이터 경제를 이루는 구성원 간에 이러한 데이터 관리 제도와 인프라에 대한 굳건한 신뢰가 형성되어야 한다. 이것이 향후 지속 가능하고 공정한 데이터 경제의 토대가 될 것이다.

▌제안 2: 데이터 경제가 유발하는 부작용을 선제적으로 치유

데이터 시대가 가져오는 생활의 편리성은 그간 우리가 겪어보지 못한 것이다. 많은 이들이 이에 환호한다. 다가오는 미래 전망도 밝다. 하지만 가속적으로 발전하는 데이터 시대에 우리는 상당한 부적응을 겪고 있다. 우선, 기술 기업이 우리가 지켜온 그간의 지적인 습관을 해

246

테스트

체하고, 생각과 행동을 지배하며 사색의 가능성을 파괴할 우려가 있다. 온라인에서 무엇을 볼 때 우리는 깊은 사색을 가능하게 하는 독서의 기능을 희생시키게 된다. 우리는 읽고 생각하는 사람이기보다 휘황찬란하게 펼쳐지는 다양한 형태의 화면을 수동적으로 보고, 토막글과 짧은 착상에 반응하는 사람으로 변모한다. 민주주의의 근간이 되어온, 자유로운 개인이 독서하고 사색하는 행위가 어느새 힘든 투쟁 과정이 되고 만다. 또한, 인터넷을 통해 궁금한 것을 언제라도 찾을 수 있게 되면서, 내부에 지식을 입력할 이유가 없게 된다. 인간은 인지적 구두쇠다. 이른바 기억의 외주화 현상이 일반화된다. 여기에 특정 기업 또는 기업의 알고리즘이 필터링과 추천 권한을 통해 정보와 지식의 승자와 패자를 결정하고 인간이 생산한 콘텐츠를 독점하게 된다. 즉, 생각의 독점 기업이 탄생하게 된다.

기술 기업이 플랫폼으로서 정보 관리자의 역할을 하면서, 플랫폼 이익에 따라 이용자의 주의력을 이용하여 편견을 증폭시키는 필터로써 작용할 우려가 있다. 동종 선호와 필터 버블과 같은 병리적 현상이 나타나고, 이것은 가짜 정보 범람의 원인이 된다. 사실에 기반하지 않은 조작된 내용의 정보 전파 가능성이 사실을 담고 있는 메시지보다 70%가 높다고 한다. 그 결과 온라인상에 나타나는 분열은 오프라인 사회로까지 확장된다. 지난 10년간 진화해온 필터 버블 앞에 민주주의가 위기에 처하고 있다. 또한, 맞춤형 소셜미디어 광고는 이용자 선호의 반영을 넘어서 선호 자체를 기업의 입맛에 맞도록 조종할 수도 있다는 우려를 준다. 게임 등 디지털 행위 중독의 문제도 있다. 마약 등 약물 복용과 게임 내 특정 임무의 성취 시 보이는 뇌의 활성화 패턴은 유사한 모습을 보인다고 한다. 이렇게 이용자의 명시적 동의나 뚜렷한 이용자의 인식 없이 나타나는 다양한 형태의 선호 및 두뇌 해킹 brain hacking 은 민주주의의 토대인 개인의 양심의 자유를 저해할 가능성을 제기한다.

다음으로, 국가 또는 기업에 의한 개개인의 추적과 감시의 문제이다. 전자 상거래, 자동차 이동, 우편물, 공공 카메라, 휴대전화, 소셜 미디어 등 현대 사회의 모든 정보 흐름을 통하여 이용자 또는 소비자는 쉽게 추적을 당할 수 있다. 데이터 시대 대부분의 개인 정보는 이러한 행태 데이터이다. 서비스의 이용자 또는 소비자가 정보의 생산자이다. 이 경우, 이용자 또는 소비자는 고객이 아닌 상품이 된다. 이용자에 관한 데이터는 기업에는 매우 소중하므로 점점 더 많은 데이터를 수집하게 된다. 정부 역시 마찬가지다. 여기에서 기업에 의한 감시 자본주의 또는 정부에 의한 감시 국가의 위험성이 나타난다. 데이터의 애초 수집 목적을 넘어 제3의 목적으로 데이터를 활용하여 잉여 이익을 만들어내는 감시 자본주의에 관한 논의는 지금의 데이터 경제 성공의 이면을 잘 설명하고 있다. 공공 부문에서도 의료·복지·감염병 예방과 같은 공공 목적의 데이터 수집·활용이 더욱 강화되고 있다. 데이터의 수집은 공공 목적의 달성과 과학적 정부 운영을 위하여 불가피하지만, 투명성이 관건이다. 우리 인간이 탐내는 서비스 중 대부분은 데이터의 흐름 분석에서 나온다. 현재 우리가 당면한 핵심 문제는 우리가 추적을 당하는 것을 어디까지 허용할 것인지 정하여야 한다는 것이다. 예를 들어 그들은 이용자를 알지만 이용자는 그들을 전혀 모르는 일방적인 원형 감옥(파놉티콘) 방식인지, 아니면 최소한 감시자를 감시할 수 있는 상호적이고 투명한 형태의 공동 감시co-veillance 체계를 구축할 것인지 등을 정해야 한다.

데이터 시대의 진전에 따라 발생하는 이러한 제반 도전 과제들은 최근 포스트 휴머니즘과 기술 결정론이 거두고 있는 광범위한 승리의 그림자를 보여준다. 이제 기술은 단순히 인간 활동의 보조적 역할에 그치는 것이 아니라 그 행동과 의미를 재구성하는 강력한 힘이 되었다. 편의성을 지향하는 기술의 힘의 대가는 깊어가는 소외이다. 지금 우리는 지식과 직관에 따라 행동하기보다 기계 또는 알고리즘의 작동 신호에 따라 반응한다. 이것은 알고리즘이나 봇bot의 탓은 아니다. 이 현상의 진짜 원인은 사람이다. 기술은 그 자체로는 선하지도, 악하지도 않다. 전적으로 사람들이 어떤 용도로 사용하는가에 달렸을 뿐이다. 기술 결정론에 대한 엄격한 도구주의적 대응이 필요한 시점이다. 인간과 인격, 인간에 대한 공감을 최우선에 두어야 한다.

데이터 경제가 심화할수록 데이터 윤리의 실현 역시 중요한 과제가 된다. 이를 통하여 자유의지 또는 개인의 자유로운 선택에 기초하는 근대 자유주의의 원리를 지켜내야 한다. 그리고 궁극적으로 개인의 양심의 자유에 기초하는 민주주의의 토대를 바르게 정립해야 한다. 이 것이 2018년의 페이스북의 케임브리지 애널리티카 스캔들[5]이 주는 교훈이다. 이 사건은 SNS가 사용 여부에 따라서는 강력한 정치적 통제 또는 조작 수단으로 사용될 수 있음을 보여주었다. 새로운 기술이 민

---

5 Facebook-Cambridge Analytica Data Breach. 2016년 초 케임브리지 애널리티카 회사가 수백만 페이스북 가입자의 프로필을 동의 없이 수거해서 정치적 선전에 사용했다는 사실이 드러남.

주주의의 발전을 돕는 윤활유로서가 아니라 가짜 뉴스와 거짓 정보의 확산을 돕는 위험한 도구가 되어 도리어 민주주의를 왜곡하고, 전체주의 또는 권위주의를 부추길 수 있다는 것이다. 불필요한 규제를 제거하고 명확화함으로써 거대 기술 기업들의 혁신은 적극적으로 장려하되 인간 중심적 규칙과 제도, 윤리에 대한 사회적 합의가 시급하다는 주장이 힘을 얻고 있다.

| 제안 3: 인간적인 삶을 가능하게 하는 사회적·경제적 대책

데이터 경제는 현재 진행형이며, 경제적·제도적으로 더 많은 연구와 대비가 필요하다. 이와 관련하여 데이터 경제를 둘러싼 부의 재분배 효과에 주목하여야 한다. 부의 재분배 효과는 기업 간 불평등과 노동과 자본 간 소득 불균형으로 나누어 살펴볼 수 있다. 데이터 경제는 네트워크 효과로 인한 플랫폼 기업의 출현이 하나의 특징이다. 세계 경제는 몇몇 플랫폼 기업에 의하여 지배되고 있으며, 우리나라도 예외는 아니다. 이러한 기업 간 불평등은 독점의 폐해로 확대된다. 이는 최근 전 세계적인 플랫폼 규제의 핵심 주제이다. 우리는 기술 기업들이 우리의 삶의 방식을 세세하게 결정하는 것을 우려해야 한다. 권력이 타인에게 영향력을 행사하는 힘이라고 볼 때 기술 대기업이 우리의 삶과 사회 구조·인식에 미치는 영향력에 대한 진지한 고려가 필요하다. 특정 기업의 경제적 성공이 우리의 정치적·사회적 생활을 좌지우지해도 되는 자유 이용권이 될 수는 없다.

아울러 데이터 경제가 가져올 수 있는 일의 변화와 이로 인한 자본과 노동 사이에 편향된 소득 분배 효과에 관한 연구와 대응이 중요하다. 데이터 경제는 불가피하게 일의 변화를 가져온다. 지금까지는 자본과 기술은 보완재 관계에 있었으나, 앞으로는 대체재 관계로 전환될 가능성도 제기되고 있다. 자본을 통하여 사람의 신체 능력과 인지 능력이 로봇과 인공지능으로 대체되고, 정서 능력까지 대체될 상황에 있다. 앞으로는 데이터 기반의 컴퓨터 또는 인공지능이 할 수 없는 일은 없을 것이다. 따라서 데이터 경제가 본격화되면, 전통적인 일자리는 지금보다 더욱 위협받을 수 있다. 통상적으로 안전하다는 평가를 받았던 노동의 양쪽 끝 계층도 이제는 위험하다. 따라서 데이터 시대 기술 진보로 인한 소득 불평등 문제를 해결하는 데 국가의 제도와 정책이 중요하다. 데이터 시대 정부의 역할은 생산이 아니라 규칙의 엄정한 제정과 적용, 그리고 분배이다. 일의 잠식을 적극적으로 방어하면서 잠식의 속도와 폭을 완충하는 노동 정책이 검토될 만하다. 일례로 일의 잠식에 대응하여 노동 시장이 아닌 공동체를 기준으로 한 지식 노동 또는 문화 노동 등에 대한 보상을 검토할 수 있다. 또한, 데이터 경제의 원유인 데이터 생산자에 대한 적절한 보상 방안을 검토해볼 수도 있을 것이다. 디지털 배당금과 같은 직접적인 방법, 개인 정보에 대한 사적 권리의 보장을 통한 간접적 방법, 절충적 방안으로 개인 단위가 아닌 데이터 협동조합과 같은 집합적 권리 행사 방안 등 우리의 실정에 맞는 다양한 방안이 논의될 필요가 있다. 데이터 경제의 등장이 우리에게 빠른 속도로 다가오는 만큼 새로운 경제에 맞는 제도와 기술이 속도감 있게 도입·정착되어야 한다. 이러한 제도적 인프라의 적시 구축에 데이터 시대 새로운 도약의 성패가 달려 있다.

▎제안 4: 인간에 공감하는 인간 중심 기술 시대

최근 인간에 대한 학제 간 연구는 인간이 가진 공감 능력에 주목하고 있다. 공감empathy은 슬픔, 기쁨, 분노 등 타인이 느끼는 감정에 대한 공유이다. 최근 연구 결과는 인간의 공감은 인간을 넘어서 동물 등 다른 생물에 대한 감정 공유 능력을 포함한다고 한다. 공감 능력은 인간이 사회적 동물로서 가장 크게 발전시켜온 능력이다. 공감 능력이 우수한 유전자를 가진 것이 인간이 진화 과정에서 우위에 설 수 있었던 이유 중 하나였다. 특히 데이터 기술의 시대에는 합리적이고 논리적인 이성의 역할보다 공감하는 능력이 인간이 지닌 여러 가지 능력 중에서도 가장 핵심적인 것으로 여겨진다. 유능한 사람의 요건으로 그 사람이 가지고 있는 지식보다는 어떤 사람인지가 중요해진다는 것이다. 주변 사람과의 공감, 협력과 창의성, 소통 등 개인의 특징을 반영하는 요소가 능력 판단의 기준이 된다. 이제 노동자는 지식 노동자에서 관계 노동자로 그 우수성의 의미가 변화할 것으로 전망된다. 즉, 공감하는 사람이 체계화된 사람을 능가한다. 다정한 것이 살아남는다는 것이다.

미래의 기술 기업은 공감에 기반하는 인간 중심 기술을 추구하여야 하며, 이를 투명하게 공개할 수 있어야 한다. 인간 중심 기술은 인간의 약점을 악용하지 않고, 오히려 인간의 약점을 보완해주고 강점을 강화하는 기술이다. 행위 중독을 막고 부작용을 줄이는 데 망설이지 않는 기술이다. 예를 들어 자체 알고리즘 개발을 통해 필터 버블 현상을 완화하는 한편 제3자 앱 활동 기록을 수집하여 광고 알고리즘에 활용할 수 없도록 소셜 로그인의 대안이 되는 보편적인 인증 시스템을 도입하는 것을 검토할 수 있다. 이외에도 분산형 데이터 저장 및 처리 방식이나, 이용자의 이익을 대변하는 독립 회사가 로그인에 필요한 최소한의 정보만 제공하는 방식을 추구할 수도 있다.

또한, 인터넷 기술 기업이 몰고온 민주주의의 위협에 적극적으로 대응하여야 한다. 이는 공동체의 본질과 존재 이유와 관련되는 것이다. 기술이 민주주의와 인간을 위협한다면 폭넓은 사회·경제적 합의를 통해 반드시 해결 방안을 도출하는 것이 공동체의 생존에 중요하다. 앞으로는 데이터의 수집 과정보다 처리 또는 활용에 대한 투명성 확보가 더욱 중요하고, 이를 위한 심층적인 제도 정비가 중요하다. 인터넷 기업의 인공지능은 완성 단계이다. 이에 대한 적절한 윤리적·사회적 기준이 정비되어야 한다. 새로운 기술을 창조하고 이를 통하여 경제 활동을 영위하는 기업은 수익만을 추구해서는 안 된다. 이로 인한 부정적 효과에 대하여도 적극적으로 대응할 책임이 있다. 혁신을 이어가면서도 그 혁신을 만들어가는 기술과 기업이 반드시 인간·공동체·그리고 민주주의를 전제하도록 해야 한다.

| 제안 5: 정책 조합에 건강한 공동체 장착

공동체는 대부분의 역사 동안 인간 사회의 중심이었다. 자연재해 등 다양한 위협으로부터 인간을 지켜내는 강력한 안전장치로서 기능을 수행해왔다. 그러나 근대 이후 휴머니즘의 등장과 개인의 성장, 시장의 출현과 이를 통한 자본주의의 발전, 강제력을 가진 근대 국가 등장으로 인해 정부(국가)와 시장이 근대 사회의 근간으로 자리 잡았다. 공동체는 뒷전으로 물러났다. 토론에 의한 공동체적 해결이라는 공화주의적 이상은 합리적 관료제와 보이지 않는 손에 의존하는 시장에 의해 전적으로 대체되었다. 그러나 최근 시장 자유주의(신자유주의)와 국가 사회주의(사회주의와 파시즘)의 대안으로 공동체 또는 공화주의에 대한 본격적인 재고 움직임이 나타나고 있다. 시장이 사회 질서의 확보를 보증하는 유일한 수단이자 국가에 대한 대안이라고 보는 자유 방임적 자유주의자의 주장은 타당하지 않다. 국가 없는 시장이 있을 수 없다. 시장도 국가의 제도 중 하나이다. 마찬가지로 국가 사회주의의 실험은 실패로 귀결되었다. 시장, 정부 그리고 공동체의 적절한 조화와 균형이 정책 조합 관점에서 늘 고려되어야 한다. 시장 사회에서의 질서는 국가·공동체·시장의 결합에 의해서만 유지될 뿐 시장 자체에 의해서는 성공적으로 유지될 수 없기 때문이다.

공동체는 본격화하는 데이터 시대의 중요한 안전판으로 기회균등과 공정의 토대가 될 수 있다. 가속화 시대에 공동체는 실질적인 안전망으로서 역할을 충분히 감당할 수 있다. 우리나라에서도 일부 지역 단위에서 공동 육아와 생활 협동조합 활동 등을 통하여 점차 그 가능성을 탐색하고 확산하는 단계에 있다. 특히 공동체 기반의 복지와 의료, 재분배 등을 포함하는 분산 자본주의는 공유와 공동의 경제적 이익을 기반으로 배타적 재산권보다는 접속권을 보장하는 것으로 구성원 간 협력과 배려를 중요한 가치로 삼는다.

한편, 공동체는 국가(정부)에의 일방적인 의존을 경감하고, 초강력

개인들이 활동하는 세상에서 강력한 자제력의 원천이 된다. 데이터 시대 인성 계발의 최선의 방식은 두터운 공동체를 이루는 것이다. 공동체에는 공립학교, 공공도서관, 공원, 이웃, 여가 활동 등 다양한 공동체 인프라가 포함된다. 공동체는 종전의 가족과 지역 공동체인 이웃을 넘어 사회적 네트워크로 확대함으로써 지리적 한계를 극복할 수도 있다. 이는 공감의 대상이 전 세계 공동체로 확대되는 것으로, 좁아지고 평평해지는 세계에서 전 지구적 난제의 해결과 평화의 중심으로 작동될 가능성을 열어준다. 미래는 개인의 시대이자 공동체의 필요성이 더욱 커지는 시대이다. 공동체는 과거의 생존을 위한 공동체라기보다는 상호 행복과 성장을 위한 공동체여야 한다. 우리에게 바람직한 공동체는 집단주의적 전통으로 인해 상대적으로 부족한 개인주의적 요소를 보완하면서도 다양성에 관대한 공동체이다.

이처럼 가속의 시대에 대한 대응으로 공화주의적 전통에 입각한 조화로운 공동체 마인드의 회복이 필요하다. 이를 통해 중산층 회복, 저출산 노령화, 지역 불균형 등 우리가 직면한 사회적 난제를 해결하여야 한다. 정부와 시장 외에 공동체를 함께 포괄하는 공동 생산 방식과 다양한 문제 해결형 정책 조합이 널리 확산되어야 한다. 다만, 공동체를 정책 조합에 포함하기 위해서는 자신은 자신의 행동에 대하여만 책임을 지면 된다는 극단적인 자유주의 철학은 반드시 재고되어야 한다. 개인의 이익과 공동의 이익 간에는 균형이 필요하며, 자신의 행동이 타인에게 미치는 영향에 대하여 자유주의를 근거로 책임을 면하게 해서는 곤란하다. 기술 우위론자 또는 포스트 휴머니스트에 대한 공화주의적 공동체의 경고가 필요한 시점이다. 더욱이 이러한 자유주의의 철학이 기득권을 가진 자들에게만 유리하도록 작동되어서는 안 된다. 능력주의의 이름으로 기회 자체를 가지지 못한 사람들에게 미치는 데이터 시대의 부정적인 영향이 사회적으로 용인되어서도 안 된다.

▎혁신과 역동적 안전성만이 유일한 해법

인간 역사에서 유명한 3개의 사과가 있다고 한다. 먼저, 아담과 이브가 먹은 과일인 금단의 사과가 있다. 두 번째는 만유인력의 법칙을 유추했다는 아이작 뉴턴의 사과이다. 마지막으로 혁신의 아이콘인 스티브 잡스의 사과가 있다. 세상을 바꾼 3개의 사과라 할 수 있다. 세 번째 사과가 인터넷 기업의 혁신 과정과 데이터 시대의 도래를 상징적으로 보여준다. 인터넷 기업의 혁신은 1990년대부터 시작되어 2007년 아이폰의 출현, 그리고 거대 기술 기업의 등장으로 이어져 왔다. 이제는 인터넷이 우리의 세상을 지탱하는 시스템이 되고, 생활의 편리함과 더불어 독점과 사생활 침해 등 다양한 문제가 발생시키고 있다. 지금 인터넷을 바로잡고 문제를 해결하는 일은 우리의 미래를 바로잡는 일이다.

이를 해결하는 방법 역시 혁신과 변화가 유일하다. 진정한 위험은 때로는 변화의 속도를 늦추는 데서 올 수도 있다. 인간의 역사는 혁신과 이를 통한 가치 창출의 역사이다. 지식의 집단 전승에 힘입어, 혁신은 늘 거인의 어깨 위에서 이루어져 왔다. 집단 지능 또는 뇌간 협력이라고 할 수 있다. 아이디어의 세계는 수확 체증의 법칙이 적용된다. 인간의 아이디어에 기반한 경제적 진보는 앞으로도 계속될 것이다. 과거

한 국가가 망했던 큰 원인은 혁신보다 전쟁·부패·사치에 많은 관심을 두었기 때문이다. 번영으로 가는 유일한 길은 역동적인 안전성을 확보하는 것뿐이다. 새로운 것을 적극적으로 수용하고 창조적 생태계를 조성하며, 기업가 정신 등을 지속해서 고취하여야 한다. 하지만 혁신은 사회 구성원의 안전감과 분리할 수는 없는 것이다. 사회 안전감을 통해 두려움을 극복할 수 있어야만 혁신도 가능하고, 사회 내 분노와 혐오도 줄어들 수 있다. 특히 인간 중심 기술과 공동체가 주는 안전감이 중요하다. 데이터 시대는 개인이 전면에 등장하는 세상이기도 하다. 90억 명 개개인의 혁신 능력이야말로 어떤 측면에서 보면 무한대로 남아 있는 천연자원이라 할 수 있다. 지구 전체가 네트워크로 연결되는 세상이다. 공동체의 안전감을 기반으로 개개인의 기술혁신 능력을 종합하는 공동 혁신의 패러다임이 필요하다.

1850년대 산업혁명으로 생산성은 크게 향상되었으나, 사회 환경 악화라는 부작용이 있었다. 그리고 사회가 이러한 변화에 적응하기까지 100년이라는 시간이 걸렸고, 긴 세월에도 여전히 극복하지 못한 문제가 일부 남아 있다. 데이터 경제도 새로운 경제에 맞는 장치와 제도를 수립하기까지는 어느 정도 시간이 필요할 것이다. 하지만 환경에 대한 개체 수준의 대응에 국한되는 동물과는 달리 인간은 종種으로서 지속해서 기술을 혁신함으로써 성공적인 문명을 만들고 진보를 이루어왔다. 합리적 낙관주의의 입장에서 데이터 시대를 준비해나가야 한다. 앞서 제안한 것처럼 데이터 시대를 대비하기 위한 우리의 과제는 적지 않다. 그러나 비관주의의 함정에는 빠지지 말자. 만만치 않은 과제이지만, 충분히 풀어나갈 수 있다. 극복하면 될 일이다.

2

재난 극복을 위한 국가 안전 레질리언스 전략의 지향점

윤명오(서울시립대학교 재난과학과·방재공학과 주임교수, 공학박사)

| 레질리언스 시대의 도래

21세기 이후 9·11 테러(2001년 9월 11일), 동일본 대지진(2011년 3월 11일)과 같은 정부와 모든 사람의 상정을 초월하는 충격적인 사태가 발생하였다. 이러한 사태의 발발은 사회·기술 시스템이 상정을 초월한 위협에 대해 얼마나 취약한지를 절감하게 하는 계기가 되었다. 어떤 문제점을 중심으로 시스템 안전성을 판단할 것인가에 대한 접근 방식은 시대에 따라 변화되어왔다. 기술과 사회가 복잡한 사회 시스템을 창출해낸 것을 사회·기술 시스템socio-technical system이라고 부른다.

기술의 시대

사회·기술 시스템이 비교적 단순했던 시대에는 트러블의 원인이 기계 장치 등 하드웨어의 고장이나 오동작과 같은 기술적 문제에 있다고 생각했다. 사고나 고장을 방지하기 위해서는 기술의 성숙도가 핵심 요소라고 생각한 시대였다. 이러한 접근 시각에서는 고장이 발생하게 되는 이유와 메커니즘을 해명하고 안전 설계와 품질 보증을 완벽하게 함으로써 하드웨어 요소와 관련된 문제를 해결할 수 있었다. 예를 들어 1951년 취항한 세계 최초의 제트 여객기인 드 하빌랜드 코멧de Havilland Comet의 추락 원인은 여러 가지가 있었으나 가장 결정적 원인은 금속판을 연결하는 데 쓰인 리벳rivets이었다. 금속판 연결 과정에서 나사 대신 리벳을 사용했고 리벳을 박는 과정에서 드릴 작업 없이 하다 보니 금속판에 미세한 균열이 발생한 것이다. 이 균열이 여압과 감압을 반복하면서 부하를 받아 점점 균열이 커지게 되었고 균열이 한계에 이르렀을 때 비행기는 공중 분해되어 추락하였다. 즉, 금속 재료의 피로 파괴가 원인으로 추락 사고가 발생했다. 이와 같은 현상 자체에 대해서는 당시에도 이미 알려져 있었으나 검증 시험 방법은 충분히 확립되지 못했었다. 이 사고를 계기로 검증 시험 방법이나 피로 파괴의 용열 전파를 억제하는 구조 설계 등 다양한 기술적 개선이 이루어져 피로 파괴에 의한 추락 사고는 방지할 수 있었다.

휴먼 에러의 시대

기술이 성숙함에 따라 장치 고장에 의한 대형 사고는 감소했으나 신기술의 도입에 따른 시스템의 복잡함은 운전원이나 이용자 능력의 한계를 초월하여 휴먼 에러에 기인한 사고가 다발하게 되었다. 1979년 미국의 스리마일섬TMI, Three Mile Island에서 발생한 원자력 발전소 사고는 이 시대를 상징하는 사고였다. 이 사고는 2차 냉각 계통의 막힘blockage 현상이 원인으로 시작되었다. 막힘은 레진 필터에서 일상적으로 일어나는 현상으로 담당자는 압축 공기를 불어넣었으나 제거가 되지 않자 압축 공기를 이용하여 물을 강제로 주입하였고 레진은 제거되었으나 이 중 일부가 물에 밀려 역지 밸브를 개방하게 만들어 계측 공기 배관으로 들어가 주급수 펌프, 복수기 부스터 펌프가 모두 정지하는 사태가 초래되었다. 이로 인해 노심을 크게 손상시키는 대형 사고가 발생했다. 작업자가 행한 휴먼 에러가 사고를 결정짓게 된 것이다. 원자로 용기에 실제로는 냉각수가 상실된 상태였으나 작업자가 가득 차 있는 것으로 잘못된 판단을 해서 자동적으로 기동시켜 긴급 노심 냉각 장치를 수동으로 정지시켜버렸다. 이로 인해 노심이 과열되어 크게 손상을 입은 것이다. TMI 원자력 발전소 사고에서 작업원이 범한 에러의 배경에는 부적절한 휴먼 인터페이스가 존재했다. 예를 들어 이상이 발생한 직후 제어실에서 100을 초과하는 경보가 일제히 발령되어 작업원은 플랜트에서 무엇이 발생한 것인지 명확한 상황 인식을 하지 못했다. 더욱이 냉각수 상실의 경로가 된 안전 제어판의 상태를 나타내는 표시가 실제 상태를 반영하지 않도록 설계되어 있었다. 이와 같은 부적절한 인터페이스 설계는 작업원이 원자로 용기의 내부 상태에 대하여 정확히 인식하지 못하게 만들었다. 이와 같은 사고를 경험한 이후 인적 요인human factor 개선을 통한 휴먼 에러 방지가 중요한 과제로 인식되어 인간의 육체적·심리적 특성에 따른 근로 환경과 인간-기계 인터페이스를 설계하는 노력이 이루어져 경보에 우선순위를 부여하고 다수 동시 발령 시에는 중요하지 않은 경보를 억제하는 연구 등이 이루어졌다.

사회·기술의 시대

사회와 기술의 관계가 시스템에서 실패의 주요 원인이 되어 기술·인간·관리·조직·사회 간의 부적절한 상호 작용에 의한 사고가 빈번히 발생한 시대에 들어섰다. 이와 같은 사고의 영향은 종종 조직의 경계를 초월하여 사회에 광범위한 피해를 입히고 '조직 사고'라는 형태로 나타났다. 1986년 체르노빌 원자력 발전소에서 발생한 사고는 전형적인 조직 사고의 예이다. 사고 직후 작업원의 작업 규칙 위반이 원인으로 사고가 발생한 것으로 여겨졌다. 그러나 국제 사회에 의한 사고 조사가 진행됨에 따라 당시의 국가(소련) 시스템의 특징적 사회 조직적 요인이 그 규칙 위반의 배경이 되었음이 밝혀졌다. 당시의 작업원은 제대로 훈련받은 적이 없었으며 작업 규칙을 왜 지켜야 하는지에 관한 배경 지식도 없었다. 또한, 다른 조직 간 기술 정보에 관한 커뮤니케이션이 부족하여 성과 달성만이 우선되어 규칙을 지키려고 하는 정신은 희박했다. 같은 해 미국에서 '스페이스 셔틀 챌린저'가 발사 직후 폭발하여 승무원 전원이 사망하는 사고가 발생했다. 이 사고의 직접적 원인은 추위에 의한 고체 로켓 부스터의 O링 파손이었다. 그러나 직접 원인의 배후에는 커뮤니케이션 부족이나 다양한 경우의 수를 고려한 의사결정 부재와 같은 미국항공우주국NASA 특유의 조직 요인이 있었던 것으로 알려졌다. 이러한 사고 경험을 배경으로 안전 문화 개념이 생성되었다. 안전 문화는 안전과 관련된 여러 문제를 최우선적으로 파악하고 중요성에 입각하여 주의를 기울이는 조직이나 조직 구성원의 가치관, 신념, 태도 등의 특성으로 정의된다. 이 시기 이후 조직의 안전 문화의 수준을 평가하고 촉진하기 위한 노력이 연구자나 실무자 사이에서 이루어지고 있다.

레질리언스의 시대

전통적 공학의 방법론에서는 우선 엄격한 조건을 설정한 후 설계 기준을 정하고 이 설계 기준을 만족하도록 안전 설계가 이루어진다. 여기에서 설계 기준을 초과하는 사태가 발생할 가능성이 있으므로 그 확률은 잔여 리스크로 추정하게 된다. 설계 기준을 초과할 것 같은 사태에서는 손해의 발생이 불가피하므로 이와 같은 손해로부터 사회·기술 시스템이 얼마나 빠르게 회복될 수 있는가를 판단해야 한다.

복잡한 사회·기술 시스템의 안전 기준에 포함되지 않은 잔여 리스크에 대하여 어떻게 대처할 것인가에 대해 기존의 방법론에서는 충분히 검토되지 않았다. 최근 중대 자연 재난, 사고, 경제 위기 등을 경험하면서 사람들은 기술에 의한 리스크 콘트롤 방식을 의심하기 시작했다. 설계 기준의 한도 내에서뿐만 아니라 이를 초과한 리스크도 대상으로 하는 사회·기술 시스템의 안전 대책 체계를 요구하게 된 것이다. 이러한 배경을 통해 시스템 안전 분야 관계자들이 최근 주목하게 된 개념이 레질리언스이다. 레질리언스는 환경으로부터 더해지는 변화에 적응하여 기능을 정상적으로 유지하는 사회·기술 시스템을 의미한다. 즉, 예상·예측하지 못한 사태에 대처하기 위해서 피해가 발생한 상태에서 얼마나 빠르게 원상의 기능으로 돌아올 수 있을 것인가를 추정하고 대처하는 시스템이 요구되고 있다.

ǀ 레질리언스의 정의

레질리언스는 전문 용어로서 다양한 분야에서 이용되고 있으나 분야에 따라 의미하는 바가 약간 다르다. 레질리언스가 전문 용어로서 최초로 사용된 분야는 환경생태학으로 알려져 있다. 홀링Holling은 레질리언스가 시스템 지속성의 정도를 나타내는 지표이며 변화나 충격을 흡수하여 상태 변수 간 관계를 유지하는 시스템의 능력이라고 정의한다. 임상 심리에서는 사람이 가혹한 체험을 하게 되더라도 우울증이나 PTSD 등 정신장애가 발생하지 않는 기질로서 정의되며 경제에 있어서는 경제 위기 등의 심각한 충격 상황에서 영향을 완화하여 위기에서 회복하는 능력을 의미하는 용어로 사용된다. 방재공학 분야에서는, 브루노Brueau가 내진에 관하여 레질리언스 개념을 처음으로 적용하였다. 브루노는 지진력이나 지진이 일으키는 다양한 요구에 물리적 또는 사회적 시스템이 견디고 상황 평가, 신속한 대응, 효과적 회복 전략에 따라 지진에 의한 영향에 대처하는 능력이 레질리언스라고 정의하였다. 그리고 레질리언스는 아래의 네 가지 특성으로 정의된다고 하였다. 이를 R4 프레임워크라고 한다.

지진 재난에서의 레질리언스 특성

① **강건성**Robustness : 시스템, 구성 요소, 그 밖의 평가 대상이 기능의 저하나 상실을 초래하지 않고 정해진 수준의 응력이나 요구에 견딜 수 있는 강도 또는 능력

② **가외성**Redundanc : 대체 가능한 시스템, 구성 요소, 그 밖의 평가 대상이 얼마만큼 있는가를 나타내는 정도. 기능이 중단·저하·상실된 경우에도 기능 요구를 지속하여 만족할 수 있는 능력

③ **대처 능력**Resourcefulness: 시스템, 구성 요소, 그 밖의 평가 대상이 위협에 직면한 상태에서 상황을 파악하고 우선순위를 고려하여 자원을 재배치하는 능력
④ **신속성**Rapidity: 손실을 최소한으로 하고 장래 발생할 파괴를 방지하기 위해 적시에 우선해야 할 임무와 목표를 달성하는 능력

브루노는 레질리언스 평가 지표로서 시간과 사회시스템의 기능의 상태를 핵심지표로 사용한다. 시스템의 기능은 위기 직후에 급격히 서하되지만 시간이 지남에 따라 회복되고 장기적으로 원상 수준으로 돌아온다. 시스템의 레질리언스가 높으면 회복이 빠르고 레질리언스가 낮으면 회복이 늦어지게 된다. 레질리언스 능력은 지진 발생 직후 사회 인프라의 질이 원 상태로 돌아올 때까지의 회복 곡선과 정상 상태 수준을 나타내는 수평선으로 둘러싸인 영역이다. 이 면적이 작을수록 레질리언스가 높은 시스템이라 할 수 있다.

내진에 관한 레질리언스는 일반적 시스템의 레질리언스를 이해하는 데 참고가 된다. 그러나 자연 재난 발생 이후의 위기 관리라는 상당히 제한된 분야를 해석하는 것으로 시스템 운용에서 일상의 리스크 관리 활동에 있어서 레질리언스를 어떻게 다루어야 할 것인가에 대한 관점은 결여되어 있다는 한계가 있다.

방재의 관점과 달리 시스템론적인 레질리언스의 개념에서는 시스템의 정상적인 상태와 이상 상태를 특별히 구별하지 않는다. 이러한 관점에서 보면 레질리언스 공학은 사회·기술 시스템에 레질리언스를 내재시키기 위한 방법론에 관한 분야라고 생각할 수 있다. 기존의 리스크 매니지먼트가 리스크를 허용할 수 있는 수준 이하로 억제하는

것을 목적으로 했던 것에 비해 레질리언스 공학에 있어서의 리스크 매니지먼트는 변화·충격·불확실성 하에서 기능의 변동성을 흡수할 수 있도록 시스템의 능력을 높이는 것을 목표로 하는 것이다. 따라서 레질리언스는 평상시의 상태에서 안정적 동작, 이상 상태에서의 사고 방지, 사고 후의 손해의 최소화, 재난 발생 후의 신속한 복구 등 시스템의 모든 운용 조건을 대상으로 한다. 요약하자면 레질리언스는 변화에 대한 시스템의 적응력과 대응 능력이라고 할 수 있고 아래의 네 가지 속성과 관계가 있다.

레질리언스에 대한 영향 속성

① **안전 여유**Safety Margin: 안전한 가동이 보증되는 한계에 시스템이 현재 얼마나 근접한 상태에서 가동하고 있는가?
② **완충력**Buffering Capacity: 동작이나 구조에 지장을 일으키는 방해의 종류와 강도에 대해 어느 수준과 범위까지 시스템이 흡수할 수 있을 것인가?
③ **허용도**Tolerance: 안전한 가동이 보증되는 한계의 주변에서 시스템의 거동이 어떻게 될 것인가? 한계를 초과한 때 완만하게 파괴될 것인가, 급격하게 파괴될 것인가?
④ **유연성**Flexibility: 외부로부터의 변화나 압력에 호응하여 시스템이 자기를 재조직화하여 적응하는 능력

안전 여유는 시스템의 상태를 나타내는 점과 가장 가까운 안전 한계와의 거리로 표현된다. 안전 설계를 할 때는 시스템의 상태가 안전 한계를 초월할 확률이 설계 기준을 만족하도록 충분한 안전 여유를 확보해야 한다. 이것이 기존 리스크 매니지먼트의 전통적 방법론이다. 이에 비해 다른 세 가지의 속성은 비교적 새로운 개념이다. 완충력은 변화나 충격에 대한 시스템의 흡수력·저항력이다. 기능이 저하된 상

태에서의 회복 속도에 대응하는 레질리언스 삼각형은 완충력과 관련한 척도로 볼 수 있다. 허용도는 안전 한계를 벗어난 영역에서 시스템 기능이 얼마나 완만하게 또는 급격하게 저하될 것인가를 나타내며 안전 한계를 초과하면 바로 파괴되거나 중단되는 시스템은 허용도가 없는 것이라 할 수 있다. 유연성은 시스템이 과거의 경험을 통해 학습된 내용을 반영하여 현명하게 대응하는 능력을 의미하며 설계 변경, 개보수, 조직 개혁 등을 수반하는 시스템의 재구성에 의한 대응을 의미하는 것이다.

┃ 사고 분석 모델과 레질리언스

산업혁명 이후 단일 기술에 대한 실패 또는 에러 발생을 차단하기 위한 연구는 각 분야에서 지속적으로 이루어져 왔으며 사고가 어떻게 발생하는가에 관한 이해가 깊어졌으나 리스크를 어떻게 평가하여 저감할 것인가에 대한 문제는 사고에 대한 이해에 비하여 여전히 풀어야 할 과제로 인식되고 있다. 시스템이 외적 충격에 대하여 저항성을 가지고 있고 레질리언트한 상태라 한다면 안전하다고 말할 수 있다. 따라서 가능성 있는 모든 리스크를 도출하여 평가하는 것이야말로 시스템 안전의 전제 조건이라 말할 수 있는 것이다.

사고라는 현상을 이해하고 현상에 관한 인식의 상이를 해소하기 위하여 1930년대부터 사고 모델이 적용되어왔다. 사고 모델은 비교적 단순한 단일 인자 모델, 복잡한 선형 인과 모델을 거쳐 현재의 시스템적·기능적 모델로 발전해왔다. 단순 선형 모델의 대표적 예로서 하인리히Heinrich(1931)의 도미노 모델이 있다. 이 모델은 원인 사상과 그 영향의 선형적 연쇄 작용으로서 사고를 설명한다. 도미노 모델의 관점에 따르면 시스템은 원래 안전한 것이나 부가적인 외적 작용의 영향으로 사고 발생을 이해하게 된다. 도미노 모델은 사고를 이해하기 위한 구체적 접근법이라는 의미가 있으나, 한편으로 사고를 잘못 이해하는 계기를 제공하기도 한다. 단순한 선형적 사고 모델이 빠지기 쉬운 오류는 '사고에는 근본 원인이 반드시 존재하고 사고 현상을 거슬러 올라가면 반드시 원인을 발견할 수 있다'라고 생각하게 된다는 점이다. 다른 하나의 중요한 오류는 특정 도미노를 제거하거나 도미노의 간격을 크게 하면 사고의 선형 계열을 변경할 수 있고 이를 통해 시스템 안전이 강화될 수 있다는 인식을 갖게 한다는 것이다.

복잡 선형 모델로는 리즌Reason(1990)이 최초로 주장한 스위스 치즈 모델이 있다. 이 모델은 최일선에서 행동하는 운영자가 실시간으로 행하는 불안전 행동과 약화된 장벽이나 방호 수단이 과거부터 현재에 이르기까지 잠재해 있는 조건과 상호 결합함으로써 발생하는 것으로 사고가 발생하는 것으로 설명한다. 슬라이스된 치즈의 단면에 나 있는 구멍은 이와 같은 각각의 불완전 조건이고 이 구멍을 위험이 통과하게 됨으로써 인적·물적 손실을 초래하는 사고를 발생시키는 것이다. 이 모델은 도미노 모델보다는 실질적이고 복잡하지만, 주요 대상이 구조나 구성 요소 그리고 각각의 기능에만 초점을 맞추고 있어 시스템 전체상을 보지 못하는 것은 단순 선형 모델과 동일하다는 한계를 갖는다. 스위스 치즈 모델에서는 다수의 식별 가능한 구성 요소로 구성되고 고장(또는 리스크)은 그 구성 요소의 기능 불완전이자 방호 수단의 상실에 의한 것이라고 해석된다. 이 경우 인과 관계는 영향 현상의 단순한 전파 관계가 아니라고 하더라도 사고는 비교적 명쾌한 현상의 조합으로 표현된다. 그리고 특정 장벽이 파괴된 것은 개별의 구성 요소와 기능 불완전 현상을 대응시켜 설명한다. 복잡 선형 모델의 전체 개념은 다수의 요인이 동시에 발생하는 것은 무엇 때문인가를 설명하기 위함이다. 그러나 이 모델의 한계는 행위자agent, 위험원을 포함한 객체, 장벽, 환경 등 고정적 관계를 포함한 구조에 의존하는 방식을 벗어날 수 없다는 데 있다.

일정 종류의 사고에 대해서는 복잡 선형 모델을 사용하더라도 설명되지 않는 영역이 존재한다. 이를 통해 사고를 일으키는 것은 여러 조건이나 상황이 예상하지 못한 형태로 조합되거나 전체적인 작용에 기인한다는 인식하에 발전된 모델이 시스테믹 모델이다. 시스테믹 모델은 복잡한 시스템에서 발생하는 비선형 현상으로 사고를 이해하는 것을 기반으로 한다. 시스테믹 모델에서 중요한 것은 시스템의 변동성을 이해하는 것이다. 시스템의 변동은 환경에 의한 것과 시스템을 구성하는 서브 시스템에 의한 것, 두 가지 요인이 모두 작용한 것으로 구분할 수 있다.

환경에 의한 것은 외인적exogenenous 변동성, 서브 시스템에 의한 것은 내인적endogenous 변동성이라고 불린다. 내인적 변동성의 대다수는 개인 또는 집단으로 시스템 내에 포함되어 있는 인간human에 기인한다. 그러나 이것을 단순히 인간이 나쁘면 에러가 발생하기 쉬운 상태로 해석하는 것은 경계하여야 한다. 특성의 변동 가능성을 파악하는 데 있어서 결합적 인지 시스템인 인간·기계·시스템이나 사회·기술·시스템

등의 복잡함에 적절히 대처하기 위해 필요한 특성으로 이해되어야 한다. 시스테믹 모델 관점의 본질은 다음의 네 가지 항목으로 구성된다.

시스테믹 모델의 관점

① 정상 동작, 실패 동작 모두 융합적 현상이다. 정상 동작이나 실패 동작 모두 **특정 구성 요소나 부분의 정상(실패) 거동에 기인한 현상으로 인식되거나 해석되어서는 안 된다.** 또한, 정상적 동작은 규범적 동작과는 다름을 분명히 인식해야 한다. 정상 동작은 규칙이나 정상 제어에 의해 사전에 정해진 동작이 아니라 **예견하기 어려운 요소를 포함한 환경에 대응한 결과로서 생성된 동작을 의미**하는 것이다. 기술 언어로 표현하면 정상 동작은 환경 변화에 포함되어 있는 규칙성regularity을 반영한 평형 상태를 의미한다.

② 시스템 동작에 의해 초래되는 결과가 목적하거나 기대하거나 요구된 것과 다른 결과를 초래할 때가 있다. 이와 같은 결과가 발생한 경우 그 원인은 **동작의 실패(또는 구성 요소나 기능 요소의 실패)에 의한 것임은 물론이고 문맥이나 조건의 변동을 의미하기도** 한다. 한편 개인 차원에서 볼 때 국소적 최적화를 위한 행위나 조정 동작은 규범적 행위 내에서 이루어지는 것으로 간주되므로 예외적 행위라고 할 수 없다. 이것은 사람들이 작업을 수행하는 데 있어서 많은 간략화 행위나 휴리스틱(경험칙)을 사용하는 것과 마찬가지다.

③ **인간 활동의 적응성과 유연성 확보 여부에 따라 시스템 효율이 달라진다.** 규범적 행위가 성공하는 데에는 인간이 국소적 조건, 기술의 결점이나 편향된 성질quirks, 자원이나 요구 등으로 인해 발생하는 예측 가능한 변화에 잘 대처할 수 있어야 한다. 사람들이 반복해서 발생하는 변동에 대해서 올바른 예측을 하고 빠르게 학습하여 이 학습을 통해 상황을 평가하는 데 요구되는 시간을 절약함으로써 선제적이고 능동적으로 행동할 수 있기 때문이다.

④ 그러나 **인간의 적응성과 유연성은 실패 동작의 이유가 되기도 한다.** 단, 실패 동작의 원인이 되는 경우는 적다. 행동이나 대응 조작은 대부분 항상 현재 상태의 완전한 분석이 아니라 한정된 조건하에서 이루어진 분석에 기반하게 된다. 이는 시스템이 효율성과 완전성의 트레이드오프trade-off가 이루어진 상태기 때문이다.

어떤 사고 모델을 이용한다는 것은 사고가 어떻게 발생했는가를 해석하는 데 있어서 중요한 역할을 하나, 레질리언스를 어떻게 해석하고 있는가를 결정하는 데 있어서도 활용된다. 단순 선형 모델에서 레질리언스는 특정 원인 현상에 대한 저항성impervious을 의미한다. 도미노 모델에서 레질리언스는 각각의 도미노가 넘어지지 않거나 충분한 거리를 두고 하나의 도미노가 넘어지더라도 주변에 영향이 미치지 않는 것을 의미한다.

복잡 선형 모델에서 레질리언스는 유효성이 높은 장벽을 유지하는 것, 그 장벽이 유해한 인간 행동agent이나 잠재적 조건에 의해서도 성능상 영향을 받지 않고 버틸 수 있는 것을 의미한다. 이 두 가지 모델에서는 안전한 상태에서 불안전 상태로의 전이는 구성 요소 또는 서브 시스템 중 하나가 기능상 장애를 일으키는 것으로 간주한다. 따라서 레질리언스는 유해한 영향에 대한 저항력으로 정의된다.

이와 대조적으로 시스테믹 모델systemic model에서는 기능 면에 대해 중점을 둔다. 레질리언스는 유해한 영향을 피하거나 저항하는 것이 아니라 효과적으로 자신을 조정할 수 있는 조직의 능력에 상당하는 것으로 간주하는 것이다. 불안전 상태가 발생하는 것은 어떤 실패 또는 고장에 기인한 것이 아닌 시스템의 조정이 불충분하고 부적절하기 때문이라는 인식이다. 이러한 관점은 실패와 성공을 동전의 양면에 놓고 보는 것과 같다. 따라서 실패든 성공이든 이와 같은 의미에서는 정상 동작으로 간주되는 것이다.

▎ 리스크 이해(사고 모델)의 변화
시스템의 안전을 위협할 수 있는 상황이나 조건을 명확히 하기 위해 활용되는 것이 리스크 모델이다. 단일 요소의 고장으로 사고가 발생한다고 이해하는 모델이 있는 것과 마찬가지로 리스크 모델도 개별 요소의 고장에 주목한 모델이 있다. 고장 모드 및 영향 해석 법인FMEA, Failure Mode and Effect Analysis이 그 예이다. 한편 일련의 동작을 기본적인 모델로 파악한 것이 사건 나무 분석 기법ETA, Event Tree Model이다. 사건 나무 분석 기법은 선형 모델과 유사한 개념이라 할 수 있다. 사건 나무 분석 기법은 의사결정 나무Decision Tree의 원리를 이용하여 사고의 발생 과정을 사고 요인의 연쇄 작용으로 파악하여 사고 발생의 초기 사상 또는 촉발 사상initiating event 로부터 사고까지의 연쇄적 전개를 나뭇가지 형태로 표현하는 귀납적 분석 기법이다. 복잡 선형 모델과 대응하는 모델로는 결함 나무 분석 기법FTA, Fault Tree Analysis이 있다. 결함 나무 분석법은 하나의 특정한 사고에 대하여 원인을 파악하는 연역적 기법과 정량적 기법을 통합한 개념이다. 사고의 일련의 조건을 조합시키고 그 조합체가 사고를 발생시키기 위한 필요충분조건이 되는 형태이다. 사건 나무 분석 기법이나 결함 나무 분석 기법은 결과 사상이 인시던트incident 즉 소규모 사고인 경우에는 충분히 유용하다. 소규모 사고의 경우 대부분 비교적 단순한 사상의 조합이 원인인 경우가 많으므로 고도의 분석을 요구하지 않기 때문이다. 그러나 대규모 사고가 발생하는 것은 다수의 요인이 공기적concurrence 으로 발생하고 그 요인의 일부에 대해 명확한 관계가 사전에 알려지지 않거나 파악되지 않은 경우가 많다.

사고 나무 분석 기법이나 결함 나무 분석 기법은 확률론적 리스크 평가를 위해 유용한 도구로 이용된다. 그러나 인과 관계를 파악하고

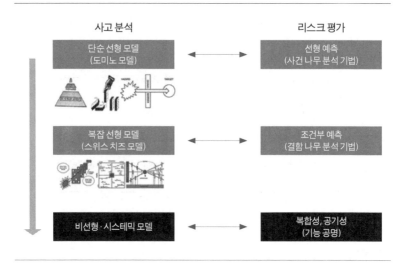

자 하는 관점에서 선형으로 인식하고 있는 이 기법으로 대규모 사고 나 재난 상황을 이해하는 데에는 한계가 있다.

이러한 한계에 기반하여 시스테믹 모델이 등장하였다. 시스템의 동 적인dynamic 결합 관계를 이해하기 위해서 사고의 기능 공명형 모델 Hollnagel(2004)이 사용되고 있다. 리스크 평가를 수행하는 데 있어서의 문제는 대다수의 경우 그래프적인 표현에 의존하는 데서 발생하는데 그래프로 편집된 리스크 분석은 부분적 문제에 대한 관계를 표현하는 데 초점을 맞추게 되기 때문이다. 이것은 공기성共起性을 해명하거나 왜 안전한 시스템이 서서히 또는 급속히 불안정한 상태가 되는가를 설명 할 수 없다.

시스템의 안전 확보와 레질리언스에서의 핵심은 복잡 시스템은 동적(변동 가능성)이며 동적인 안정성을 유지하고 있는 상태는 때에 따라서는 동적인 불안정 상태로 변화할 수 있다는 사실을 인식하는 것이다. 불안정 상태로 변화하는 속도는 사고가 발생했을 때와 같이 급격할 수도 있고 안전 여유safety margin를 둔 설계에 의해 서서히 발생할 수도 있다. 복잡 시스템은 자체의 특성을 조정하고 적합화시키는 과정이 필요하므로 필연적으로 동적 상태를 유지하게 된다. 그런데 이러한 조정 절차를 사전에 프로그램화하거나 시스템에 적용하는 것은 불가능하다. 이와 같은 동적 변화를 예측하여 설계 단계 또는 이용 단계에서 반영할 수는 없기 때문이다.

현실적으로도 모든 발생 가능한 문제를 고려하여 설계하는 것은 불가능한 일이기도 하다. 그럼에도 불구하고 복잡 시스템이 안정 상태를 유지할 수 있는 것은 조정 조작이 관리 범위를 벗어나지 않고 제어 가능한 상황 하에 있다는 전제에서 비롯된다.

레질리언스의 본질은 조직 또는 시스템이 동적 작용(변동 가능성)에 대하여 안정적인 상태를 유지하는가를 재획득하는 것을 가능하게 하는 고유의 능력이라고 할 수 있다. 이 능력을 획득함에 따라 시스템은 큰 혼란이 발생한 후 또는 연속적 압력stress을 받는 상황에서도 동작을 지속할 수 있게 된다. 사전적인 정의로 레질리언스는 '되튐, 탄성, 탄력, 회복력, 복원력, 쾌활성[1]'을 의미한다. 이 정의에 따르면 시스템을 불안정하게 만드는 충격 요인을 조기에 발견하면 발견할수록 그 영향에서 회복하는 것이 쉬워진다는 의미로 해석할 수 있다. 조정이 빠르

---

1 『에센스 영한사전』, 1998.

게 이루어질수록 결과적으로 작은 조정만으로도 시스템을 안정적으로 유지할 수 있다는 의미인 것이다.

고도화된 현대의 시스템에 대하여 기존의 안전에 대한 접근 방식으로는 한계가 있음을 다수 연구자들이 주장하고 있다. 시스템의 각 구성 요소를 볼 때 어떤 문제도 없이 기능하고 있음에도 불구하고 최종적으로 사고가 발생할 수 있는 것이 현실 세계이기 때문이다. 즉, 안전성과 신뢰성은 동일한 개념이 아닌 것이다. 현대의 기계와 시스템은 복잡화가 가속화되고 있으며 사람이 시스템의 전부를 파악하는 것이 점점 더 어려워지고 있다. 특히 ICT가 발달함에 따라 복잡성은 새로운 차원으로 진입하고 있다. 기존의 선형 사고 분석 모델들은 구성 요소의 에러나 실패를 기반으로 사고를 해석하고자 하였으므로 사고에 이르는 과정에 관여한 조직체제나 관리자의 의사결정, 안전 문화 등 시스템 전체의 요소를 설명할 수 없다는 한계가 있었다. 따라서 시스템 전체를 포함하는 복잡계 이론에 기반한 새로운 안전 해석 방법으로서 제안된 STAMP 모델과 같은 시스테믹 모델이 사용되고 있다. 이러한 사고 모델은 메커니즘, 기술, 휴먼 에러, 프로젝트 간 연계 실패, 복잡화 시스템의 문제점을 발견할 수 있다. 예를 들어 1999년 발생한 화성 탐사기 착륙 실패는 강하 중 전개된 착륙기 하단에 전해진 충격을 소프트웨어가 착륙으로 인식하여 역분사를 중단한 것이 원인으로 알려져 있으나 소프트웨어 프로그램에서 원인을 찾는 것이 아닌 다른 기기와의 연계나 소프트웨어 작성 시 요건 등 구성 요소 간 문제에 주목해야 한다는 것이 STAMP 모델의 사고방식이다. 여기에서 시스템이란 탐사기를 구성하는 기기뿐만이 아니라 설계 단계에서 운용, 조직

관리 체제에 이르는 모든 공정을 의미하며 STAMP에서는 시스템 전체에 잠재된 사고 요인을 특정할 수 있게 되어 있다. 즉, 이벤트 기반의 사고event-based thinking 가 아니라 시스템 사고systems thinking에 의한 사고 모델을 구축한 것이다. STAMP 모델은 안전 제약safety constraints, 프로세스 모델process model, 컨트롤 구조control structure의 3요소로 구성된다.

안전 제약이란 안전을 확보하기 위해 필요한 규칙을 의미하며 예를 들어 헬멧, 기계의 안전 장치, 재난 시 피난 규칙 등을 들 수 있다. STAMP에서는 안전 제약이 부적절하거나 지켜질 수 없는 경우에 사고가 발생한다고 정의한다. 컨트롤 구조를 세세하게 확인함으로써 부적절한 제어 행동이나 안전 제약, 시스템 설계 오류라는 사고를 발생시킬 수 있는 잠재 요인casual factor를 발견하는 게 가능하도록 설계한 것이 STAMP 모델이다.

STAMP 모델은 사고 분석 모델이므로 시스템의 안전 해석이나 리스크 평가를 위해서는 별도의 도구를 사용해야 한다. 대표적인 도구로서는 STPA System Theoretic Process Analysis, CAST Casual Analysis based on STAMP 등이 있다.

STPA는 위험원 분석 도구Hazards Analysis 로서 시스템 이론에 기반한 프로세스 분석이라 불린다. 사고가 발생하기 전에 사고를 발생시킬 수 있는 잠재적 요인을 발견하는 것을 목적으로 한다. STPA에서는 컨트롤 구조를 사용함으로써 시스템의 흐름 중에 있는 설계 오류, 소프트웨어 플로우Flow 오류, 상호 작용의 장해, 복잡 상황에서의 의사결정 에러, 조직·관리 체제의 결함이라는 시스템에 잠재한 사고 요인을 특정하게 된다. 즉, STPA를 사용함으로써 사고 현상에서 발생 메커니즘, 원인에 이르기까지의 사고 시나리오 그 자체를 작성할 수 있다는 특징이 있다. 사고 시나리오를 작성함으로써 피해가 발생하기 전에 사고 요인이 되는 시스템의 설계나 운용상 미스를 제거하는 것이 가능하다. 또한, 사고 시나리오의 작성을 통해 시스템의 개발 단계에서부터 리스크를 발견할 수 있다는 장점이 있다. 한편, CAST는 사고가 발생하기 전이 아닌 사고 발생 후에 검증하기 위해 사용하는 도구이다. 사고 원인 그 자체를 탐구하는 것이 목적이 아니라 사고가 왜 발생했는지를 설명하는 것이다. 시스템 전체의 분석을 통해 사고로 연결된 시스템상의 체질이나 잠재 요인을 발견하는 것이 목적이다. 예를 들어 휴먼 에러는 사고의 원인이 아니라 기계의 배치나 디자인, 복잡한 생산공정이나 무리한 실적에 대한 압박 등이라는 시스템상의 문제가 휴먼 에러를 일으키는 것이다. 사고가 발생한 이유를 명확히 설명할 수 있기 때문에 사고 후 사고 프로세스를 확인함으로써 '예측 가능했던 일이다'라고 생각하는 '하인드사이트 편향[2]'을 감소시키는 역할을 한다.

| 재난·리스크 인지의 변화

재난이나 리스크(위험)라는 키워드가 주는 첫인상은 불안과 공포다. 불안과 공포라는 막연하고 추상적인 감정을 근거로는 합리적인 대책이 나올 리 만무하다. 그렇지만 재난이나 리스크를 대하는 우리의 태도는 그 무엇보다도 높은 정서적 만족도만을 요구하기도 한다. 그리고

---

2 Hindsight bias, 결과를 알고 나서 선악을 구별.

도시 사회라는 거대·복잡 시스템을 운영하는 주체인 행정기관에 대해서는 특히 '절대적 안전'을 표방하는 무리하고 성급한 대책들이 요구되기도 한다. 이것은 재난이나 리스크를 인지하는 데 있어서 상당한 편향이 존재한다는 것을 간과하기 쉽기 때문이다. 특히나 리스크 인지의 편향은 기술이 고도화·복합화될수록 심화되어 나타난다. 새로운 기술의 도입은 그 기술로 인해 사람들의 생활을 위협하거나 개인의 자유와 권리를 침해할 가능성이 있으며 선례가 없는 리스크의 발생 가능성을 높이기 때문이다. 이러한 신기술 도입과 관련된 갈등은 일반적으로 '사실에 기초하는' 의견과 평가, '가치에 대한' 의견과 평가에 의해 이루어져 왔다. 재난을 초래할 것으로 '상상'되는 신기술의 도입과 관련된 갈등은 주로 '가치'에 대한 의견과 평가에 의해 이루어진다. '생명'이라는 절대적 '가치'를 들어 더 확실한 안전을 보장하라고 주장하는 반대 진영의 의견이 제기될 때, 재난이나 리스크라는 불확실성의 영역에서는 과학적 사실에 의해 입증할 수 없는 전문가의 의견만 존재하는 경우가 다반사이기 때문에 추정치로만 제시할 수밖에 없다. 그래서 전문가들이 객관적 증거(예를 들어 확률, 실험 증거 등)를 요구하는 대중을 설득하기 어렵다.

고도 기술 사회의 특징 중 하나는 기술이 우리의 일상생활의 모든 곳에 침투하여 기술과 생활을 분리하여 생각할 수 없다는 것이다. 기술이 미치는 영역은 광범위할 뿐 아니라 생활과 가치관, 문화, 사회 제도 등 대상도 다양하다. 최근 ICT의 발달로 정보 격차가 해소되고 정부 외 다양한 기관에 자신의 의견을 피력할 수 있는 매체가 증가함에 따라 더 이상 고도 기술은 전문가 또는 해당 기술을 개발·사용·규제하는 당사자들만의 논의 대상이 아니다. 일반 시민도 기술의 영향 평가와 리스크 관리에 적극적 의사 표명이 가능한 사회가 되었다. 따라서 고도 기술 사회에서는 개인도 정책·기술 리스크를 평가하고 정책·기술 선택에 대한 의사결정이나 리스크 관리의 책임 의식을 가지고 접근하고 있음을 이해해야 한다. 그렇지만 대다수 일반인의 기술 정보에 대한 이해와 리스크 인지는 아직 다양한 문제를 안고 있다. 우선 현재 사회에서 기술은 일상생활에 깊숙이 관여되어 있는 것이며 일상생활 중 기술 리스크는 매우 낮은 수준이므로 일반인들은 대부분 기술 리스크에 대해 무관심하다. 이에 반하여 거대 기술 시스템과 고도 기술은 난해하여 모든 사람이 기술을 이해하기가 불가능하다. 이로 인해 일반적인 리스크 인지 경향과 비교해보면 거대 기술 시스템과 고도 기술 리스크는 과대평가되는 인지 편향을 초래한다.

예를 들어 원자력 발전이나 유전자 조작 등과 같은 고도 기술은 제어에 실패할 경우 참혹한 피해를 초래할 가능성이 있는 기술이다. 그러나 이와 같은 기술은 일반인이 선택하여 소비하는 기술이 아니다. 결국에는 기술 실패 시의 참혹함에 대한 공포 이미지만 쉽게 각인되고 이러한 공포 이미지는 발생 확률마저 실제 이상으로 높게 인식시킨다. 특히 공포 이미지만 각인되어 있는 고도 기술 리스크가 사고를 일으킨 이후 이와 같은 리스크 이미지와 리스크 확률에 대한 인식을 수정하기란 거의 불가능에 가깝다. 일반인들이 거대 기술 시스템과 고도 기술에 대한 무관심·무지·리스크 과대평가를 해결하기 위한 대책으로 기존에는 기술과 리스크에 관한 정보를 적극적으로 제공하는 방법이 활용되었다. 그러나 일반인이 고도 기술에 대해 인지하는 경로는 대부분 언론 매체에 의존하게 되므로 정보 환경의 격차로 인해 이러한 대책은 올바른 리스크 인지로 연결되지 않는다. 또한, 고도 기술은 사고 발생 경험이 매우 적어 데이터 기반의 리스크 평가 자체가 불가능에 가깝기 때문에 상당한 모호함이 내포되어 있다. 이러한 전문가와 일반인의 리스크 인지 상이는 사회적으로 소모적인 논쟁과 비용을 지출하게 하는 비효율을 초래한다. 이미 충분히 안전한 기술에 '안전'과는 상관없는 '안심'을 위한 비용을 지출하고 실제의 '리스크'에 대한 전문적 논의는 후순위로 밀려나는 아이러니가 발생하는 것이다.

▎재난·리스크 인지 편향과 수용 태도

재난이나 리스크는 확률적이고 불확실성이 포함된 개념으로서 명확하고 구체적으로 인식하기 어려운 개념이며 이는 인간의 인지 능력이 감지할 수 없는 영역에 위치한다. 슬로빅Slovic (1986)은 사건 기억의 용이성과 상상의 용이성이 리스크 인지에 영향을 주고 단순히 리스크의 존재를 지적하는 것만으로 공포를 느끼게 된다고 하였다. 한편 최초에 형성된 인지는 좀처럼 바뀌기 어렵지만 리스크의 표현 방식을 변화시킴으로써 인지는 쉽게 변화할 수도 있다고 하였다. 이러한 인간의 인지 특성은 체험(경험)에 기반하거나 직감에 따른 판단(행동)을 하게 하며 이것이 인지 편향의 원인이 되기도 한다. 리스크 인지에서 발생하는 인간의 인지 편향의 종류에는 일반적으로 정상성 편향(어떤 범위 내에 있을 때 인지된 이상 사태를 가능한 한 정상 상황으로 이해하려는 편향), 비교 낙관 편향(이상 사태의 결과를 실제보다 낙관적으로 보려는 경향), 참사 편향(발생 빈도는 매우 낮지만 한 번 발생하면 큰 피해를 초래하는 재난을 과대평가하는 편향), 전문가 편향(풍부한 경험으로 인해 상황을 잘못 판단하는 편향), 버진Virgin 편향(경험 부재에서 기인하는 편향) 등이 있다.

한편 재난의 특성과 관련한 인지 편향도 존재한다. 재난 발생에 대한 개인의 기여와 선택에 따라 발생하는 인지 편향이다. 재난과의 관계가 자발적인 경우 재난 리스크를 과소평가하는 경향이 있다. 예를 들어 흡연으로 인한 폐암 발생 확률이 높다는 정보를 입수해도 흡연자는 폐암 발생 리스크를 과소평가하는 인지 편향이 나타난다. 재난이나 사고를 개인의 능력으로 조절할 수 없다고 생각할 때 재난 리스크는 과대평가된다. 그리고 재난 피해가 누구에게나 공평하게 발생하는지 여부에 따라서도 편향이 발생한다. 특정인이나 특정 그룹에만 적용되는 불평등한 리스크는 과대평가된다. 재난 영향 범위가 넓은 리스크와 좁은 리스크 중 광역적 리스크가 더 과대평가되며 한 번에 발생하는 피해자의 수가 많을수록 리스크는 과대평가된다. 죽음과 연결되는 재난, 거의 발생하지 않는 재난, 다음 세대에 영향을 줄 수 있는 재난, 진행 과정을 확인할 수 없는 재난, 잘 알려지지 않은 재난, 자연 발생적 재난, 새로운 재난의 리스크가 그 반대의 리스크보다 객관적 확률이나 피해 심각도와 관계없이 과대평가된다.

리스크 인지 편향에 관여하는 요인은 첫째, 개체적 요인(개인), 둘째, 문화적 요인, 셋째, 환경적 요인이 있다. 일반 시민의 리스크 인지에 있어서 편향을 제거하는 것은 효율적인 사회 시스템을 운용하는데 있어서 중요한 문제이다. 일반인이 건전한 리스크 인지를 하는 것은 공공 정책이나 경제·개인 행동·전문 영역 전반에 영향을 주기 때문이다. 일반인은 리스크를 수용할 때 큰 이익을 초래(자동차 운전 등)하거나 개인이 자발적으로 수용하는 리스크(번지점프, 흡연, 카레이싱 등)는 쉽게 수용한다. 하지만 불안이나 공포가 강한 경우 리스크를 수용하려고 하지 않는다. 특히 건강이나 생명에 관련된 리스크에는 매우 민감하여 사고·수술·부작용과 관련해서는 제로 리스크를 요구하기도 한다. 즉, 전문가나 규제 당국은 리스크에 대해 결과의 기댓값으로 판단하기 때문에 확률이 낮으면 리스크가 적은 것으로 인지하지만 일반인은 매우 낮은 확률이라도 피해가 중대한 경우 수용하지 않기 때문에 리스크 수용 차이가 발생하는 것이다.

이러한 리스크 수용 차이를 고려하지 않고 사안에 당면하여 해결책을 궁리해내다 보면 졸속의 포퓰리즘적 대책만이 난무하게 되고 정서적 충족감만을 남긴다. 이때 시스템은 위험 요인을 내재한 상태가 되어 발전하지 못한다. 또는, 도입 가능한 시스템을 근거 없이 도입시킨다.

일례로 우리나라가 세계 각국에 건설한 초고층 건축물은 두바이의 부르즈 할리파(2004년 9월 착공, 2010년 1월 개장), 싱가포르 마리나 베이 샌즈 호텔(2007년 착공, 2010년 개장), 대만 타이베이 101(1999년 착공, 2004년 개장) 등 다수 존재한다. 그러나 정작 롯데월드타워의 건축을 위한 논의에서는 지진 등에 의한 붕괴, 대형 화재, 테러 등 각종 재난과 사고 피해의 대형화에 대한 각종 우려와 민원 제기로 인해 세계 각국에서 이미 신뢰 가능한 것으로 인정된 기술에 대해 의심하고 재검토해야 하는 지난至難한 과정을 거쳐야 했다. 이러한 논의가 일반인의 시각에서는 건전하고 재난 안전을 확보하려는 확실한 대책으로 여겨질 수 있으나 전문가의 시각에서는 막대한 비용을 초래하는 비합리적인 접근이라고 여겨지는 것이 사실이다. '안전'을 논할 때 무엇이 합리적인가를 정하는 것은 획득해야 하는 안전 수준을 설정하고 안전마진을 더하여 투자 비용과의 비교를 통해 결정되기 때문에 전문가의 접근 방식이 '틀린 것'으로 여겨지기도 한다. 전문가들이 설정한 '허용 가능한 충격량'의 범위를 벗어난 내외부의 변수가 존재할 수밖에 없고 이것은 잔여 리스크로서 전통적 리스크 관리의 방법론에서는 대비책을 고려하지 않았던 영역이기 때문이다.

┃ 레질리언스 시대의 도래와 지향

재난은 대표적 복잡계[3] 현상이다. 다수의 사람을 구성요소로 포함하고 있는 복잡한 사회·기술 시스템에서는 다른 부분 간 비선형적 상호 작용이 존재한다. 지금까지 재난 사고를 이해하는 방식은 기계 시스템의 오류나 실패를 분석하는 방식인 전체를 구성요소로 분해하여 이해하는 요소환원주의가 적용되어 왔다. 그러나 비선형 상호 작용이 이루어지는 사회 시스템에 이 방식을 적용하는 것은 한계가 있다. 최근 수년간 복잡 시스템에 관한 연구가 진행되어 비선형성을 가진 복잡 시스템의 특징적 현상이 해명되고 있다. 창발(떠오름 현상), 카오스, 프랙탈, 지수법칙, 정형화된 사실stylized fact 등이 해당한다. 그리고 복잡

---

3 복잡계란 구성 요소가 상당히 복잡한 상호 작용 및 비선형 상호 작용에 의해 카오스 현상, 자기 조직화, 기억·연상, 학습 등의 기능이 발현되는 계를 의미함.

시스템 연구를 통해 발생 확률이 지극히 낮고 상당히 희소한 사태는 선형 시스템 모델과 정규분포를 통해 예상하는 것보다 훨씬 발생하기 쉽다는 사실이 밝혀졌다. 이와 같은 사람들의 예상을 뛰어넘어 발생하는 사태를 검은 백조black swan라고 한다. 기존의 리스크 매니지먼트에서는 사고는 바람직하지 않은 일련의 사태가 중첩되어 발생한다는 선형적 이미지로 파악하고 있었고 안전 대책은 실패하는 요소를 시스템에서 배제하는 것이었다. 이에 비해 레질리언스 관점에서의 사고는 시스템 내에서 기능의 변동이 비선형적인 공명共鳴을 일으킴으로써 발생하는 것으로 간주하고 안전 대책은 시스템의 상태를 감시하여 공명을 억제하는 것으로 변화하고 있다. 시스템론의 관점에서 레질리언스는 변화나 충격에 대해 시스템의 기능을 조정함에 따라 상황의 예측 가능 여부와 관계없이 필요한 기능을 지속시키는 시스템 고유의 능력으로 정의할 수 있다.

리스크는 처음부터 발생 확률이 지극히 낮게 존재한다는 점에서, 인식 과정epistemic과 확률 과정aleatoric의 불확실함으로 인해 리스크에 관한 예측을 곤란하게 하는 한계가 있을 뿐만 아니라, 제한된 사고 경험에 기반하여 편향적 판단에 의한 의사결정이 이루어질 수 있다는 한계도 존재한다. 실패 방지의 접근 시각에서 리스크 관리가 수행되어 왔으며 기존 방법은 확률론적 평가에 기초하여 리스크가 설정한 안전 목표와의 정합성을 확인하고 큰 피해를 초래하는 현상이 원천적으로 발생하지 않도록 차단하거나 그 발생 확률을 무시할 수 있는 수준으로 저감하는 기술을 개발하는 방식이었다.

그러나 고도화된 사회·기술 시스템의 변동성과 적응 능력을 과거

기술 중심 시대, 휴먼 에러의 시대(~1980년대 초반)에서 사용하던 접근 시각으로 해석하는 것은 지나치게 단순화하여 변동성을 이해하고 있는 것이고 '병원에 가지 않는다면 건강한 것이다'라거나 '불행하지 않으면 행복하다'라는 식의 흑백논리에 지나지 않는다. 레질리언스 시대에서는 정상적인 변동성이 복합된 예상하지 못한 결과로 인식하고 정상 모드와 실패 모드나 바람직한 상태나 바람직하지 않은 상태를 구분하는 관점이 아니다. 어떤 실패나 오류가 발생한 상황에서 시스템의 고유 기능이 어떻게 동작하고 있는가와 어떻게 그 기능을 강화할 것인가가 관심의 대상인 것이다.

과거의 '안전'을 바라보는 관점은 설계자의 입장에서 기능해야 한다고 규정한 대로 작동하는 이상적 시스템을 의미했다면 레질리언스 시대의 '안전'은 움직이고 있는 시스템의 기능이 지속적이고 연속적으로 작동할 수 있도록 운용할 능력이 있는가를 확인하는 데 초점을 맞추고 있다. 현대 사회는 다수의 시스템과 상호 연계되어 복잡한 시스템system of system을 형성하고 있으며 이를 구성하는 시스템을 단독으로 파악해서는 전체를 파악하고 이해할 수 없다. 예를 들어 중요 인프라로 취급되는 전력, 수도, 교통, 정보통신 등의 시스템은 상호 연계되어 기능 유지가 이루어지고 있으며 상호 의존적으로 운용된다. 따라서 하나의 시스템이 중단되거나 기능을 상실하면 그 영향은 다른 시스템에 전파된다. 하나의 시스템은 공간적으로 확장되어 있으며 어떤 장소에서 혼란이 발생한 경우 그 영향은 다른 장소에 전파되어 광범위한 시스템의 혼란을 발생시킬 우려가 있다. 이러한 혼란은 다른 시스템 간 의존 관계를 매개로 하여 다른 시스템에 혼란을 초래하는 불씨 역

대한민국, 넥스트 레벨

할을 하기도 한다. 대규모 자연 재난, 테러 공격, 국제 금융 시장 등의 혼란에 의해 전혀 관계없어 보이는 다른 시스템이 영향을 받는 사례는 종종 발생해왔다. 따라서 시스템 레질리언스를 향상시키기 위해서는 이와 같은 시스템 간 상호 작용을 고려하여 충격요인에 대한 복구 계획을 수립할 수 있어야 하는 것이다.

사회·기술 시스템에 막대한 손해를 초래하는 위기 발생 시 손해 발생의 장소, 종류, 규모, 피해자의 니즈, 시스템의 기능 회복에 필요한 자원의 분배 등과 관련된 정보를 신속하게 수집하고 의사결정권자에게 전달하기 위한 체계는 필수적이라고 할 수 있다. 긴급 시에는 고정식 센서 정보통신 네트워크가 피해를 입을 가능성이 있으므로 피해 현장에서 전개할 수 있는 이동형 시스템이 필요하다. 위기 관리 현장에서 드론이나 위성통신 시스템이 활용되고 있는 것은 이와 같은 맥락인 것이다. 수집된 정보는 의사결정권자에게 적시에 도달할 뿐만 아니라 대량으로 수집되는 정보 중에서 필요한 것만을 취사 선택하여 이해하기 쉬운 형태로 가공되고 제시되어야 한다. 이를 위해 영상 처리, 시각화 기술, 데이터마이닝, 정보 검색 등의 기술이 활용되고 있다. 동일본 대지진 발생 직후 대규모 통신 두절 현상을 겪었다. 지진이나 쓰나미의 영향으로 통신 중계국이나 기지국이 물리적 피해를 입은 경우 통신 자체가 불가능하였고 이 밖에도 가족이나 친지의 안부확인을 위한 음성통신(이 폭주하여 통신불능상태에 빠진 곳도 있었다. 이때 유효했던 것은 데이터 통신이다. 데이터 통신은 폭주가 발생하더라도 지연하여 도달하였기 때문에 데이터 통신을 이용한 정보 전달 및 정보 수집이 가능했다.) 한편, 피해 지역에서 SNS 등을 통해 올라오는 피해 상황과 관련된 정보도 피해 직후 정보통신이 원활하지 않은 상황에서 유용한 정보 수집 채널로써 활용되었다.

이러한 관점에서 레질리언스를 파악하다 보면 위기 상황이나 대규모 재난 시에만 레질리언스가 필요한 것이 아닌가 하는 오해가 있을 수 있다. 그러나 레질리언스는 사회·기술 시스템이 일상적 상황에서 안전성·신뢰성·보안과 상당히 관련되어 있다. 레질리언스는 유지 관리에 따라 기능을 유지하고 환경 변화에 반응하여 자기 개혁을 하고 과거의 경험을 통해 학습하고 개선할 수 있는 능력을 나타낸다. 위기 대응에 있어서의 레질리언스는 급격한 시스템 기능의 저하 상태에서의 회복력에 대응하는 것에 비하여 일상적 상황에서의 레질리언스는 상당히 완만한 기능 저하로부터의 회복력에 대응한다. 기존 리스크 매니지먼트에서는 시스템의 잠재적 결함을 도출하여 수정하거나 제거하려는 노력을 기울여왔다. 그러나 복잡한 사회·기술 시스템에서 모든 결함을 제거하는 것은 불가능하기 때문에 일정 정도의 결함의 존재를 인정할 수밖에 없다. 레질리언스적 접근은 시스템 기능의 변동은 불가피하다는 인식하에 사고 방지를 위해 기능 변동이 공명하거나 확대되지 않도록 억제하기 위해 이루어진다. 즉 레질리언스는 사고나 고장에 대비한 대책이라기보다는 대규모 사고를 방지하기 위한 조직적 학습 또는 시스템의 진화를 위한 학습이라고 할 수 있다. 따라서 레질리언스의 성과를 사회에 투영하기 위해서는 사회 제도나 사회 조직의 재설계가 필요하며 이러한 새로운 제도에 사람들이 적응하는 것을 어떻게 지원할 것인가에 대한 문제도 검토되어야 한다. 사람들이 신기술이나 신제도에 대하여 예상과 다른 반응을 하여 바람직하지 않은 부작용이 발생할 가능성을 예측할 수 있어야 하며 이를 위해 사회 시뮬레이션, 조직 관리, 프로젝트 관리 등을 포함한 논의가 가능한 학습구조를 형성할 때 대규모의 재난 상황에서도 피해 영향을 최소화할 수 있을 것이다.

3
'빠름'과 '오롯함'의 부조화, 어떻게 극복할 것인가?

홍길표(백석대학교 경상학부 교수, 기업가정신연구소 소장)

한국의 민간과 공공 부문 혁신을 비교적 가까운 거리에서 동시에 관찰할 수 있었던 필자의 머릿속을 떠나지 않는 화두 중의 하나는 "한국의 경쟁 우위라고 여겨지던 '빠름'의 강점이 과연 어디까지, 그리고 언제까지 한국의 경쟁 우위 요인으로 작동할 수 있을까?"이다.

외국인들이 흔히 느끼는 한국인의 특질 중 하나는 '빨리빨리' 행동 성향이다. 사회·문화적 토양 위에서 만들어진 이 특질은 한국어를 잘 모르는 국내 외국인은 물론 한국 기업이 진출한 현지 외국인 직원들이 가장 많이 듣고 먼저 알아들어야 하는 용어 중의 하나가 '빨리빨리'라는 우스갯소리를 통해서도 잘 알려져 있다. 나도 음식점에 가면 들어서자마자 "가장 빨리 나오는 음식이 무엇인가요?"라고 물을 때가 있다. '빨리빨리'의 행동 성향은 우리 문화적 체질에 이미 밴 변화하기 어려운 특질 중 하나임이 틀림없다.

문제는 '빨리빨리'에 담긴 '빠름'의 강점이 '오롯함'이라는 또 다른 관점의 혁신 원리와 잘 조화되지 못한다는 점이다. 이 글에서는 '빠름'과 함께 '오롯함'이라는 순우리말 용어를 사용해 2020년대 한국이 당면한 혁신 관행과 관련된 본질적 문제점을 진단하고, 그 해결 방향을 모색하고자 한다.

'빠름'은 모두 다 잘 알고 있지만, '오롯함'은 그리 익숙한 단어가 아닐 것이다. '오롯하다'는 "모자람이 없이 온전히 다 갖추다"라는 뜻의 순우리말이다. 필자는 '빠름'에 대비되면서 우리가 갖지 못한 혁신 원리를 응축하여 설명하는 단어를 찾기 위해 애썼다. 처음에는 '철저함'과 '올곧음'이라는 단어를 검토했지만, 조금씩 부족했다. 그래서 순우리말 사전을 뒤져가며 겨우 찾아 낸 단어가 '오롯함'이다. 이는 '기초를 다진다'를 전제를 지니면서 혁신 분야에서 자주 인용되는 '제때, 제대로 된 방법right time, right way'의 의미도 동시에 내포하고 있다. 그리고 혁신 분야에서 '빠름'과 '오롯함'은 일종의 상충성trade-off을 지녔다고 볼 수 있다. 물론 '빠르면서도, 동시에 오롯한 방법'을 택하는 것이 불가능하지는 않지만, 이를 동시에 달성하는 것이 결코 쉬운 일이 아님을 많은 사람이 공감할 것이다. 우리에게 부족했던 '오롯함'의 혁신 원리는 이 글 전반을 통해 보다 더 상세하게 설명할 것이다.

▎한국 혁신 역량의 현주소에 대한 인식

한국 혁신 역량의 현주소를 올바르게 인식하는 것이 새로운 길을

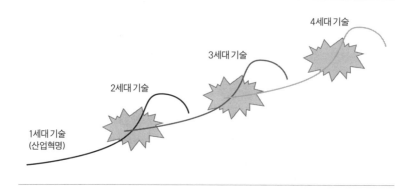

모색하는 첫걸음이 될 수 있다. 이를 위해 세대별 산업혁명으로 대표되는 산업 발전 과정에서 한국이 어떤 길을 택해 왔는지를 알아보자. 이른바 세대별 산업혁명의 특징을 기술수명주기TLC 개념을 적용해 표현하면 〈그림 4-2〉와 같다. 기술수명주기는 본원적 속성이 다른 차세대 모형을 창출하는 현상을 잘 보여주기 때문에 산업혁명의 세대 전환 모습과 결합할 수 있다.

서구 선발 국가들의 산업화 발전 패턴

흔히들 영국에서 시작된 산업혁명IR, Industrial Revolution을 1세대 산업혁명이라 지칭하며, 이후에 전기에너지 및 대량 생산체계를 중심으로 한 2세대 산업혁명, 컴퓨터와 인터넷을 중심으로 한 3세대 산업혁명, 그리고 지능 정보기술 발전과 산업 융합 등을 특징으로 삼는 4세대 산업혁명을 시대별로 나열해 설명한다. 이를 기술수명주기에 따른 기술혁신 패턴으로 재해석해보자. 먼저 그 시대를 지배하는 세대별 기술이 초기 성장기를 거쳐 성장기로 들어설 즈음에, 시대를 지배하는 기술을 추종하지 않고, 세대를 뛰어넘는 본원적 기술전환을 준비하는 사람들이 존재한다. 본원적 측면에서 세대를 뛰어넘는 새로운 기술이기 때문에 기술개발 초창기에는 성공보다는 수없이 많은 실패를 경험할 수밖에 없었을 것이며, 이 과정을 통해 새로운 본원적 기술에 대한 다양한 분야에서의 기초를 다지는 지식과 경험을 축적해나갈 것이다.[1] 수없이 많은 실패와 도전 과정을 거치면서 본원적 혁신 기술을 활용한 상품화 및 산업화에 성공한 사람, 즉 '제때, 제대로 된 방법right time, right way'을 고안한 사람이 나타나게 마련이다. 우리는 이와 같이 세대를 뛰어넘는 기술전환의 계기를 만드는, 시대를 앞서가는 사람을 퍼스트 무버first mover(선도자)라 지칭한다. 광산에서 물 긷는 데 사용되던 증기기관을 산업용 증기기관으로 전환한 제임스 와트, 새롭게 발견된 전기를 이용해 발전기와 전구를 만든 토머스 에디슨, 무선통신 전화기에 앱(인터넷 기반 정보서비스) 기능을 결합해 스마트폰을 만들어낸 스티브 잡스, 새로운 개념의 전기 자동차 상용화에 성공한 일론 머스크 등이 바로 여기에 해당한다. 한국도 이러한 세대를 뛰어넘는 본원적 기술전환을 성취한 퍼스트 무버가 있었으면 좋았겠지만, 아쉽게도 아직은 나타나지 않고 있다.

대한민국의 산업화 발전 패턴

그렇다면 한국은 그간 어떤 모습을 보여 왔나? 한국은 퍼스트 무버

---

1 필자는 이 단계를 '기초 다짐'이라 지칭한다.

인 적은 없지만, 가장 빠르게 새로운 조건에 적응하고 이를 따라가는 빠른 추격자fast follower 실력을 보여주었다는 평가를 받고 있다. 과연 올바른 평가일까? 앞서 제시했던 산업혁명IR의 세대 전환과 본원적 기술전환 과정에서 한국이 걸어온 길을 덧붙이면 〈그림 4-3〉과 같다.

한국은 너무나도 늦은 산업사회 진입으로 인해 산업혁명 1세대 기술을 습득하고 발휘할 기회조차 제대로 얻지 못했다. 일제 식민지 탈피 이후 1950년대 후반 또는 1960년대 초반에 들어서야 산업사회에 발을 들여놓을 수 있었다. 이미 선발 국가들은 산업혁명 2세대 기술의 성장기 기회를 누리고 있을 시기라 할 수 있다. 한국이 이 시점에서 선택할 방법은 이미 쇠퇴기에 접어든 산업혁명 1세대 기술과 기능을 익히면서, 발전하고 있는 2세대 기술의 일부를 접해보는 제한된 기회밖에 없었을 것이다. 결국 한국의 선택은 이미 성숙기를 넘어서는 기술 및 제품들을 위한 생산 활동에 저임 노동력 공급기지 역할을 하는 정

〈그림 4-3〉 산업혁명의 세대 전환과 한국이 걸어온 길

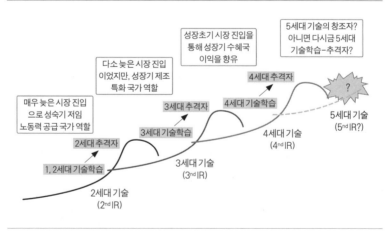

도였다.

한국에 찾아온 기회는 선발 공업국이 산업혁명 3세대의 성장기에 진입하는 1970년대 후반과 1980년대 초반 시기에 주어졌다. 앞선 시기에 저임 노동력 기반 생산기지 역할을 하면서 한국인들이 보여준 부지런함과 빠릿빠릿함(주어진 일을 빠르게 잘해내는 특성)으로 인해 선발 공업국은 한국이 단순 생산기지 이상의 역할을 부여하기에 충분한 역량을 보유했다고 판단했을 것이다. 당시에는 아마도 미래에 한국이 경쟁국이 될 것이라고 생각조차 않았을 선진국 기업들은 한국 기업을 생산에 특화된 파트너급 협력회사로 키우려고 생산 물량만 주는 것이 아니라 생산기술을 전수하는 전략적 선택을 했을 것이다.

선발 공업국은 물론 선진 해외 대기업으로부터 생산기술(응용기술 성격) 위주의 기술을 전수받으면서, 이른바 한국인의 독특성이라 할 수 있는 '빨리빨리'에 입각한 모방적 학습 능력이 그 힘을 발휘하기 시작했을 것이다. 특별히 가르쳐주지 않아도 선진 기업의 신제품을 모방해 자체 생산하는 능력을 갖추기 시작한 것이다. 1980년대를 지나 1990년대에 들어와서는 자체 브랜드를 내세운 유사 신제품을 세계 시장에 선보이며 시장 점유율을 조금씩 넓혀나갔다. 다만 이 과정이 한국 경제 및 한국 기업 입장에서 순탄한 것만은 아니었다.

1980년대에는 선발 공업국에서 퇴출되기 시작한 산업의 생산 설비를 대거 들여와 수요 대비 설비 과잉에 따른 국가 개입 산업 구조조정 위기를 맞기도 했다. 이후 1990년대에 들어와서는 급팽창하는 세계화 흐름에 편승하기 위해 외부 자금(부채)에 의존하는 무리한 사업 확장에 주력하다 IMF 구조조정이라는 철퇴를 맞기도 했다. 그런데 IMF 권

고안에 따라 살을 깎는 구조조정 압박을 국민적 고통을 기반으로 빠르게 극복할 수는 있었지만, 근본적 체질을 바꾸지 못하고 2010년대를 전후한 제4차 산업혁명의 파고를 맞이해야 했다.

문제는 산업혁명 4세대 기술에 있어서도 과거의 행태, 즉 '빨리빨리'에 입각한 모방적 학습 능력에 매인 채, 그 이상의 창조적 학습 능력을 발휘하지 못하고 있다는 것이다. 이미 성장 초입에 진입한 산업혁명 4세대 신기술을 지닌 국가와 기업들을 한국이 가장 빠르게 추격하는 모습을 보이고는 있지만, 2000년대부터 시작한 본원적 기술혁신의 맹아기 단계에서 실패를 무릅쓴 적극적 도전과 기술 주도권을 발휘하는 모습을 한국에서는 여전히 찾아보기 어렵다.

이상을 통해 보듯 한국은 지난 60여 년간 가장 빠르게 선발자를 따라가는 빠른 추격자 실력을 보여주었으며, 이것이 가능했던 것은 모방적 학습 능력이 매우 뛰어났기 때문이라는 점은 대다수가 공감할 것이다. 또한, 모방적 학습 능력 이면에는 '빨리빨리'라는 우리의 고유한 사회·문화적 작동 원리가 발휘되었기 때문이라는 해석도 가능할 것이다. 그렇다면 빠른 추격자 실력을 통해 앞으로도 지속적인 성장과 발전을 달성할 수 있을까? 문제는 지금까지의 성공 원동력이 앞으로도 작동할까에 대한 어느 정도 확실한 해답을 찾는 일이 결코 쉽지 않다는 데 있다.

| 새로운 고민의 출발점

미래를 낙관적으로 보는 것도 세상을 살아가면서 필요한 삶의 자세라는 점에 동의하지만, 그렇다고 국가의 운명을 낙관적 전망과 희망에만 의존할 수는 없을 것이다. 이 시점에서 필자는 '혹시 한국이 일본처럼 다음 세대의 낙오자 또는 지진아가 되는 것은 아닐까?' 그리고 동시에 '다음 세대의 선도국, 최소한 차세대 기술 학습-추격자가 되기 위한 과제는 무엇일까?'라는 문제를 고민하고 있다.

과거의 성공 원동력이 차세대에도 그대로 적용된다는 보장은 없다. 만약 이것이 하나의 법칙으로 작동했다면, 국가 간 서열은 영원히 깨질 수 없을 것이다. 옆 나라 일본의 경험이 이를 잘 보여준다. 일본이 4차 산업혁명기를 맞아 맥없이 힘을 못 쓰게 되리라 예측한 사람은 그리 많지 않을 것이다. 동아시아 국가 중 서구 문명을 가장 먼저 흡수해서 일본식의 사회 및 산업 발전 토대를 구축하고 이를 기반으로 세계를 대상으로 태평양전쟁을 일으킬 정도의 산업 기술 발전을 이룩한 국가였다. 또한, 패전국으로 많은 것을 잃어버렸지만, 1970년대 이후 일본식 경영을 바탕으로 미국이 내준 세계 시장을 공략해 한때는 세계 2위의 경제 규모를 달성하는 저력을 발휘한 국가이기도 하다. 비록 잃어버린 20년 또는 그 이상의 기간 만성적인 경제 침체로 일반 국민과 기업들이 많은 고생을 하고 있었지만, 그렇다고 2010년대 이후 일본 사회와 기업들이 디지털 대전환이라는 시대적 변화에 이 정도로 무기력한 모습을 보일지를 예측하지는 못했을 것이다. 일본의 예를 통해 보듯, 과거의 성공 원동력이 다른 운영 원리를 요구하는 차세대에도 그대로 적용되지 않는다. 이것이 역사로부터 얻는 교훈이다.

그렇다면 한국은 다음 세대에 필요한 대전환의 요구에 제때에 제대로 대응할 수 있을까? 한국이 보여준 모방적 학습 능력과 빨리빨리의 사회·문화적 작동 원리가 혹시 차세대 전환의 걸림돌이 되는 것은 아닐까? 과거의 성공 원동력이 다른 운영 원리를 요구하는 차세대에 잘 작동되지 않거나, 때론 발전의 걸림돌이 될 수 있기 때문에 신중하게 이 문제를 검토할 필요가 있다. 이를 위해 우선 차세대 기술의 본원적 창조 능력이 의미하는 것이 무엇인지, 이를 발휘하기 위해 어떤 조건이 필요한지를 서구 사회의 경험을 기반으로 살펴볼 필요가 있다.

오롯함을 추구한 길과 빠름을 활용한 길의 차이

2차 산업혁명 이후 세계 경제를 주도하고 있는 미국과 같은 선발 공업국의 경우, 다소 시간이 걸리더라도 오랜 기간 다양한 분야에서 축적된 지적 자산과 사회 시스템을 바탕으로 본원적 기술혁신 역량을 강화하는 방법(기술혁신 관점에서 일종의 오롯함을 추구한 방법)을 추구해 왔다. 이 방법은 앞에서도 잠시 소개했듯이 세대를 뛰어넘는 본원적 기술전환을 위해 기술개발 초창기에 성공보다는 수없이 많은 실패를 경험하는 과정을 통해 이른바 '기초 다짐', 즉 새로운 본원적 기술에 대한 다양한 분야에서의 기초를 다지는 지식과 경험의 축적 과정을 거친다. 그 과정에서 혁신 역량의 분산으로 인해 기존 세대 기술의 성숙기 단계 때 상품화 기술 측면에서 종종 후발국의 추격을 받기도 했지만, 시대를 앞서가는 본원적 기술혁신 역량 측면에서는 지속적으로 주도권을 잃지 않았다.

수없이 많은 실패와 도전 과정을 거치며 시대를 앞서가는 누군가는 본원적 혁신 기술을 활용한 상품화와 산업화에 성공한다. 즉 '제때, 제대로 된 방법right time, right way' 고안에 성공한다. 이를 통해 본원적 기술의 도입기와 초기 성장기 때, 해당 산업의 사실상의 기술 표준을 확립하고 이를 기반으로 퍼스트 무버로서 세계 시장을 공략해나간다. 이른바 '오롯함'을 추구하는 기술혁신 패턴이다. 우리 시대의 토머스 에디슨과 같은 존재인 테슬라의 일론 머스크가 다소 황당하게 들리는 아이디어를 현실에서 도전해 성공 또는 실패를 거듭하고 있는 사실이 이를 대변한다. 지금도 미국과 같은 풍토를 지닌 국가에서는 일론 머스크와 같은 엉뚱한 상상가들이 새로운 도전과 실험, 그리고 실패를 해도 재도전의 기회를 부여하는 관행을 유지하고 있다.

이 관점에서 본다면, 한국은 그간 어떤 성장 경로를 밟고 왔을까? 아쉽게도 본원적 기반 기술과 상품화 기술·기능의 두 축이 존재한다면, 한국은 주로 응용연구에 해당하는 상품화 기술·기능에 주력해온 것으로 보인다. 〈그림 4-4〉가 이러한 서로 다른 경로를 보여준다.

우리에게도 선발 공업국과 같은 기술 축적의 시간적 여유(빠른 산업사회 진입과 선발국 이점을 살린 산업과 시장 장악)가 존재했다면, 두 개의 축에 대한 선택권이 주어졌을지도 모른다. 그러나 우리에게는 그러한 선택 기회 자체가 없었다. 아주 뒤늦은 산업사회 진입에 따라 우리에게 주어진 것은 선발 공업국의 뒤를 따르면서 남겨진 성숙기 시장의 작은 쪼가리를 저임 생산 우위를 기반으로 어렵게 확보하고, 앞선 선진국 기업의 상품화 수준을 빠르게 뒤쫓는 방법밖에 없었을 것이다. 한국이 사회 전반적으로 빠름의 성향을 지녔으며 다른 국가의 국민보다 높은 교육열을 갖추고 학습 능력이 뛰어나다는 강점이 없었다면, 이러한 성장 경로도 결코 쉽게 성취해내기 어려웠을 것이다.

다만 빠름에 기초한 모방적 학습 능력을 활용한 성공에 너무 익숙

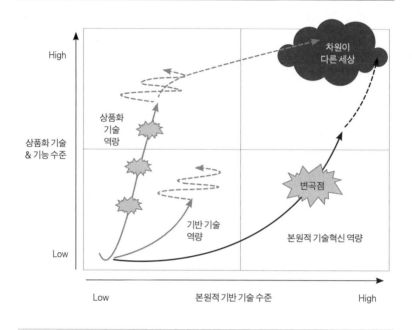

하다 보니 그렇지 않은 길, 즉 다소 시간이 걸리더라도 본원적 기술혁신에 도전할 수 있는 기반 기술 역량을 키우는 일에는 많은 에너지를 투입할 수 없었다. 최근에 들어와 한국 과학기술 연구개발 프로젝트 중 일부가 10년 이상 장기적인 연구 기간을 보장받고 있지만, 그 전의 국가 연구개발 프로젝트의 대다수는 5년을 보장받기도 어려웠으며 통상 3년 안에 성공 여부를 보여달라는 주문이 많았다. 짧은 기간 내에 성공 여부를 판가름 내기 위해서는 기반 기술이 아닌 상품화 기술이 더 적합했을 것이다. 또한, 한 사람에게 여러 번의 기회(즉 2~3번의 실패 후 재기의 기회)를 부여하기보다는, 더 많은 사람에게 한 번 정도의 기회를 부여하고 이 중 성공한 경우를 추켜세우는 것이 빠름의 사회 원리에 더 부합했을 것이다.

문제는 단기에 승부를 보는 상품화 기술·기능에 주력하다 보니, 기존 세상과는 차원이 다른 새로운 세상(예를 들어 디지털 전환을 하는 세상이 아니라, 디지털 전환이 완성되어 이른바 사이버와 물리적 시스템이 통합되는 CPS 기반과 원리에 따라 움직이는 차원이 다른 새로운 세상)의 발전을 뒷받침하는 본원적 기반 기술을 개발하는 관행이 사회·경제 시스템에 제대로 뿌리를 내리지 못한다는 점이다. 빠르게 승부를 볼 수 있는 기술이나 상품, 서비스 등에 대해서는 많은 관심을 보이는 반면, 그 모습이 잘 드러나지는 않지만 근본적인 문제, 예를 들어 사회·경제 시스템이 올바른 방향으로 운영되기 위해 필요한 기반 기술이나 운영 인프라 구축, 행위자들에게 내재화된 지적 기반의 강화 등의 문제에 대해서는 다소 무관심하다. 또한 시도하다 쉽게 포기한다.

한국 전자 정부 발전 경로와 미국 발전 경로의 차이

위와 같이 빠름에 기초한 모방적 학습 능력을 활용한 작은 성공에 너무 익숙해 다소 시간이 걸리는 본원적 기술혁신에 도전하지 않으려는 문제점은 한국 정부와 공공 부문에서도 발견된다. 필자는 경영학을 전공한 교수이지만, 2003년 참여정부 이후 정부혁신과 공공기관 경영 분야에서 오랜 기간 활동해왔다. 이 부문에 참여하면서 가까운 거리에서 관찰한 결과, 한국이 자랑하는 전자 정부, 최근 들어와서는 디지털 정부 발전 경로에서도 유사한 현상을 발견할 수 있었다.

한국 전자 정부의 발전 경로와 본원적 기술혁신을 추구해온 미국형 발전 경로와의 차이를 〈그림 4-5〉를 통해 살펴볼 수 있다. 앞선 혁신 역량의 유형에 따른 기술혁신의 경로에서 상품화 기술·기능에 해당하는 것이 전자 정부에서는 'e-서비스e-service', 본원적 기반 기술에 해당하는 것이 'e-프로세스e-process'라 할 수 있다. 이를 교차시킨 것이 바로 다음의 유형화 및 두 가지의 서로 다른 발전 경로이다.

전자 정부 측면에서는 유엔 등 국제기구들의 국가 간 비교 평가에서 지난 10여 년 이상 전 세계 1등 또는 그와 유사한 상위 순위를 지켜온 한국의 경험을 먼저 소개하고자 한다. 외형적으로 한국 정부(공공 부문 포함)는 앞서간 초고속 통신망 구축과 일반 국민의 통신망 접

〈그림 4-5〉 e-서비스 × e-프로세스 관점의 전자 정부 발전 수준과 경로

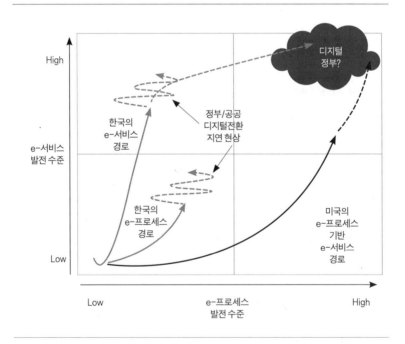

대한민국, 넥스트 레벨

근성 보장 정책을 바탕으로 대국민 서비스 측면에서의 매우 다양하고 성능도 우수한 전자 정부 서비스를 발전시켜왔다. 예를 들어 우리나라 국민의 상당수는 직접 관청을 찾아가지 않아도, '정부24[2] 서비스를 통해 집에서 주민등록등본 등 각종 민원 서류를 받아볼 수 있다. 또한, 연말이 되면 소득이 있는 거의 대다수 국민은 국세청이 운영하는 '홈택스HomeTax' 서비스를 통해 인터넷이 접속되는 어느 장소에서든 간단한 추가 입력과 동의 과정 등을 거쳐 소득을 신고하고 연말 정산 서비스를 받을 수 있다.

글로벌 정보통신 기술을 선도하고 있는 미국과 같은 선발 국가들조차 실현하지 못한 전자 정부 서비스를 한국 정부는 지난 10년 이상 대표적 전자 정부 서비스로 꾸준히 발전시켜오고 있다. 이에 따라 민간 산업 분야와 달리 전자 정부 분야에서는 미국이나 영국 등의 선발 국가를 제치고 종종 한국이 리딩 국가로 거론되기도 한다. 정말로 한국이 새로운 전자 정부의 지평을 넓히는 개척자로서의 역량-일종의 본원적 기술혁신 역량을 발휘해온 것일까? 아쉽게도 그러한 긍정적 평가를 내리기 어렵다는 것이 필자의 생각이다. 그 이유는 다음과 같다.

전자 정부, 특히 디지털 정부 단계로 진화하면서 강조되는 것이 'e-프로세스'의 발전 단계이지만, 이 측면에서 한국의 수준은 미국이나 영국 등에 뒤처져 있다. 무엇보다 'e-프로세스' 발전의 기초가 되는 데이터 기반이 상당히 취약한 치명적 약점을 지니고 있다. 전자적 업무

---

2 한국 전자 정부를 대표하는 서비스 브랜드로 여러 국제 기관에서 수상함.

처리를 넘어서 디지털 업무 처리를 하기 위해서는 시간이 다소 많이 걸리더라도 가장 먼저 그 기초가 되는 데이터 기반이 확고히 세워져야 한다. 이를 위해 아날로그 형태로 존재하던 모든 자료를 디지털 형태로 전환하는 것이 가장 먼저 이루어져야 한다. 다음으로 필요한 것이 데이터의 품질 수준 유지이다. 일종의 잡음noise 또는 잘못된 값이 입력된 데이터는 그 양이 아무리 많더라도 종종 심각한 오류를 발생시킬 수 있기에 자칫 쓰레기로 전락할 수도 있다. 더 나아가 보유한 데이터를 다른 기관들이 추가적인 비용이나 노력 없이 자유롭게 활용하기 위해서는 데이터 표준화가 필요하다. 오늘날 빅데이터 분석학이 발전하고 있는데, 이를 업무 처리에 바로 활용하기 위해서는 정제되어 있고 표준화된 데이터가 필수이다. 이 점에서 한국 정부 및 공공 부문의 데이터 축적 및 연계 활용 기반은 근본적인 취약성을 지니고 있다. 또한, 정부 및 공공 부문 업무와 관련된 e-프로세스 혁신 및 활용 수준도 높지 않은 편이며, 이는 한국 민간 부문의 해당 부문 역량 수준과도 연관되어 있다. 즉, 한국의 민간 부문 경우에도 대다수 e-프로세스 방법론과 하드웨어 시스템 개발이라는 본원적 기술 역량은 해외에 의존하는 실정이다. SI로 불리는 시스템 개발업 분야에서 "일은 한국 기업이 하지만, 돈은 DB와 서버 관련 원천 기술을 보유한 오라클이 앉아서 벌어간다"라는 우스갯소리가 이를 대변한다.

한편 한국과는 다소 다른 경로를 선택한 미국의 경우에는 민간 부문을 중심으로 e-프로세스 방법론과 하드웨어 시스템 개발을 중시하고 있으며, 동시에 다소 시간이 걸리더라도 정부 부문에서조차 e-프로세스의 기반이 되는 데이터의 정제 및 표준화, 그리고 e-프로세스 통합 기반 확립에 많은 공을 들였다. 한국 정부가 '빠름'에 기초한 새로운 e-서비스를 통해 전자 정부 우수 국가로 이름을 날리기 시작하는 기간에, 미국 연방정부는 '오롯함'을 추구하기 위한 기초 다짐과 제대로 된 방법을 찾기에 노력을 기울였다. 가장 대표적인 예가 바로 클린턴 행정부에서 시작해 부시 행정부를 거치는 10여 년 이상 이른바 PMA President's Management Agenda를 통해 모든 연방정부 및 관련 기관들이 참여하는 FEA Federal Enterprise Architecture를 추진한 사례이다. 하나의 정부혁신 어젠다를 10년 정도의 기간을 들여 꾸준히 추진한다는 것은 우리로서는 도저히 상상조차 할 수 없는 일이다. 미국은 그것을 해왔다. 그 결과는 무엇이었을까?

2012년 정책 연구 차원에서 미국 연방정부의 전자 정부혁신 동향과 막 도입되기 시작한 공유 서비스 센터 SSC, Shared Service Center 벤치마킹을 위해 워싱턴에 있는 대통령실 소속 OMB Office of Management and Budget를 방문한 적이 있었다. 민간 부문에서 적용되고 있는 공유 서비스가 미국 연방정부에 어떻게 적용되고 있을까를 알아보기 위해 찾아갔지만, 인터뷰 과정에서 들은 뜻밖의 사실은 민간과는 달리 미국 연방정부 고유의 공유 서비스를 시작하고 있다는 것이었다. 필자가 포함된 연구진을 만난 OMB의 SSC 담당자는 일반적인 공유 서비스를 넘어 사명 서비스 mission service를 세계 최초로 완성했다고 자랑했다.

사명 서비스란 부처의 본원적 사명 달성과 관련된 고유 특화 기능을 다른 부처에게 공유 서비스로 제공하는 것—예를 들어 GIS, 기후, 재해 대응, 식품 안전 등과 관련된 기능을 연방정부 내 공유 서비스로 제공하는 것—을 지칭했다. "그것이 왜 중요한가?"하고 묻는 연구진의 질문에 담당자는 "GIS 및 기후 공유 서비스를 가장 필요로 하는 부처가 어디일까?"라며 역질문을 했다. 연구진은 "기후가 중요한 농업 분야나 GIS가 중요한 국토 행정 분야가 아닐까"라고 상식선의 답변을 했다. 그런데 돌아온 대답은 "전 세계의 GIS 및 기후 공유 서비스를 정말로 가장 필요로 하는 곳은 미국 국방부나 세계 각지에 나가 있는 미국 군대이다. 정확한 GIS 및 기후 공유 서비스는 전쟁의 승패를 결정하는 요인이 될 수도 있다"였다. 순간 필자를 포함한 연구진은 한 방 얻어맞은 느낌이었다. '아 이런 것까지를 생각하고 준비하는 것이 미국이구나' 하고 새삼 깨달았다.

10여 전에 경험했던 일을 이 글에서 자세하게 소개한 이유는 10년이 지난 현재 시점에서도 우리나라에는 본격적인 정부 공유 서비스 체제가 도입되지 못하고 있으며, 더욱이 10여 년 전 SSC 담당자가 자랑했던 사명 서비스를 제대로 구현하지 못하기 때문이다. 지난 10여 년간 한국은 전자 정부 최우수 국가를 자랑해왔지만, 정작 정부 내부의 e-프로세스 수준은 10년 전의 미국 수준조차 제대로 따라가지 못하고 있다. 물론 최고의 e-서비스를 만들기 위해 부처 간 정보 공유 및 시스템 연계 작업을 수행하고는 있다. 다만 한국에서는 특정 e-서비스를 개발·고도화하기 위해 그때마다 부처 간 정보 공유 및 시스템 연계를 요청해야 하고, 새로운 데이터원DB이 붙을 때마다 추가된 DB의 데이터 정제 여부 및 품질 수준 점검과 표준화되지 못한 DB 연계 작업을 수행해야 하는 비효율성을 감수해야 한다. 문제는 시간이 지날수록, 특히 전자 정부를 넘어 디지털 정부로 전환될수록 e-프로세스 수준의 격차는 더욱 커질 것이라는 점이다. '빠름'과 '오롯함'의 부조화가 언젠가는 돌이키기 어려운 역량 격차를 만들 수 있다는 두려움이 느껴지는 대목이다.

▎빠름에 기초한 사회·경제 시스템의 함정과 탈출 방법

오롯함을 추구하는 사회 시스템과 기술혁신의 발전 방법론을 외면한 채 빠름에 기초한 사회 시스템과 기술혁신 관행에만 매몰될 경우, 예상치 않은 부작용을 겪게 되며 새로운 단계로의 도약을 위한 질곡을 헤쳐나가기 힘들게 된다. 빠름에 기초해 한국의 사회·경제가 양적이고 외형적인 측면에서 선진 국가들에 버금가는 발전을 이룩해왔지만, 그 과정에서 사회·경제 시스템의 내부 저변에 수없이 많은 모순과 갈등 요인을 축적해왔다. 이 축적된 부정적 에너지가 제대로 된 탈출구를 찾지 못할 경우, 흔히들 이야기하듯 그릇 자체가 깨지는 현상(기존 운영 원리와 질서에 의해 유지되어온 사회·경제 시스템의 혼란과 갑작스러운 붕괴)이 발생할 수도 있다. 우리가 최근 목도하는 어이없는 일(요소수 부족 사태, 이태원 압사 사고, 소수 집단의 이기적 파업으로 인한 국가 경제 활동의 중단 사태 등)들이 더욱 빈번하게 일어나게 되고, 이것이 우리의 추가적인 발전 잠재력과 글로벌 경쟁력을 잠식할 가능성이 크다. 일본의 잃어버린 20년과 같은 현상이 한국에서도 발생하지 않는다는 보장은 그 어디에도 없다.

필자는 빠름과 오롯함의 부조화 문제를 해결하기 위해 우리가 그간 채택해왔던 빠름에 기초한 사회 시스템과 기술혁신 관행을 버리고, 우리가 줄곧 외면해온 오롯함을 추구하는 방법을 택하자는 어설픈 주장을 하고 싶지는 않다. 빠름에 기초한 사회 시스템과 기술혁신 관행이 많은 문제점을 안고 있는 것이 사실이지만, 동시에 이것은 다른 국가가 갖지 못한 한국의 독특한 경쟁 우위를 형성해온 것도 사실이기 때문이다. 다만 현재와 같은 빠름에 기초한 사회 시스템과 기술혁신 관행을 있는 그대로를 유지할 경우, 자칫 차원이 다른 새로운 세상이 펼쳐질 때 낙오자 또는 지진아가 될 가능성 또한 매우 높아 보인다.

이를 설명하기 위해 필자는 또 다른 그림을 통해 우리가 당면한 상황을 이해하고자 한다. 〈그림 4-6〉의 왼쪽이 오롯함을 통해 본원적 기술혁신에 도전하는 방식이라면, 그림의 오른쪽이 모방 학습과 빠름에 기초한 상품화 기술·기능을 발전시키는 방식이다.

필자는 한국이 추구해온 모방 학습과 빠름에 기초한 상품화 기술·기능을 발전시키는 방식이 바람직하지 않으므로 버려야 한다고 생각하지 않는다. 물론 이 방식을 통해서는 오롯함에 기초한 본원적 혁신

<그림 4-6> 빠름과 오롯함의 부조화에 따른 근본적 격차의 발생 현상

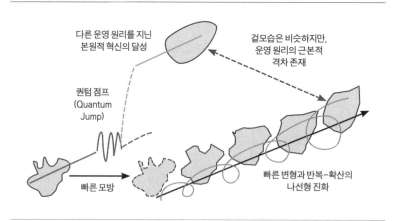

대한민국, 넥스트 레벨

을 달성할 수는 없지만, 그렇다고 앞으로 계승·발전시킬 저력 요인이 없는 것도 아니기 때문이다. 그래서 모방 학습과 빠름에 기초한 상품화 기술·기능을 발전시키면서 동시에 획득하게 된 '빠른 변형과 반복-확산의 나선형 진화 역량'을 내재화한 모델을 만들었다.

한국이 지난 50~60년간 보여준 빠름에 기초한 모방적 학습 역량의 이면에는 단순히 따라 하기가 아닌 변형-재구성-강화를 빠르게 반복-확산하는 나선형 진화 모습이 담겨 있다. 스마트폰을 만든 최초의 개발 국가는 아니지만, 선발 기업을 앞서가는 차별화된 스마트폰 제조 기업을 보유하고 있다. 반도체와 관련된 원천 기술을 많이 보유하고 있지는 않지만, 메모리칩 분야에서 세계 시장을 선도하는 기업을 두 개씩이나 갖고 있다. 비록 영미권 팝이나 일본 J-팝 등 해외에서 배워왔지만, BTS라는 세계가 알아주는 K-팝 그룹을 만든 국가이기도 하다. 비록 최초는 아니지만, 변형-재구성-강화를 빠르게 반복-확산하는 나선형 진화 역량을 통해 최고에 도전하는 성과를 창출하고 있는 것이다. 다만 이 방식을 통해 발전시킨 최종 결과물을 오롯함에 기초한 본원적 혁신을 통해 달성한 최종 결과물과 비교한다면, 겉모습은 유사할지 몰라도 근본 운영 원리의 차이로 인한 보유 가치의 격차를 줄일 수는 없을 것이다. 앞선 한국 전자 정부의 사례에서 보듯 미국이 최근 보여주고 있는 e-프로세스의 발전된 모습을 흉내 낼 수는 있지만, 그 근본 운영 원리와 효율성 격차를 따라잡을 수는 없는 것이다.

빠름에 기초한 경로의존성을 탈피하기 위한 도전과 과제
우리에게는 모방 학습과 빠름에 기초한 혁신 관행의 경로의존성을 탈피하기 위한 도전과 과제가 놓여 있다. 이를 위해 빠름에 기초한 사회 시스템과 기술혁신 관행의 연속성을 일정 정도 유지하면서, 여기에 기초한 강한 경로의존성을 탈피하려는 과감한 도전을 해나갈 필요성이 있다. 그 방향성은 〈그림 4-7〉을 통해 보듯 두 가지 선택 경로가 개념적으로 가능하다.

먼저 빠름에 기초한 상품화 기술·기능 부문에의 기존 투자를 과감히 줄이고, 우리에게 부족한 본원적 기술혁신 역량 부문에의 투자를 크게 확대하는 전환 경로 A이다. 전환 경로 A는 상상해볼 수 있지만, 현실적으로 불가능한 전환 방법이다. 이렇게 할 경우 본원적 기술혁신

<그림 4-7> 빠름에 기초한 경로의존성을 탈피하는 두 가지 선택 경로

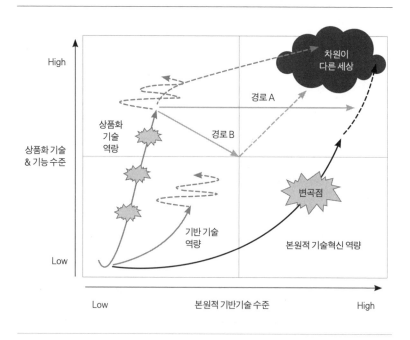

역량을 흉내 낼 수는 있지만, 오랜 시간 해당 국가들이 공들인 기초 다짐의 공백을 결코 메꿀 수는 없다.

다음으로 세상에는 없는 새로운 경로, 즉 전환 경로 B를 개척하는 방법이다. 세상에는 없는 새로운 경로를 개척하기 위해서는 우리의 강점이던 상품화 기술·기능 수준의 일부 하락을 감내하는 전략적 후퇴가 필요해 보인다. 이 세상에는 공짜로 주어지는 것은 없다. 새로운 무엇인가를 얻기 위해서는 기존에 갖고 있던 귀한 그 무엇인가를 내놓아야 한다. 이 각도에서 기존의 상품화 강점 강화의 관성inertia을 탈피하는 과감한 폐기 학습이 필요한 상황이다. 다만 일방적인 후퇴가 아닌 전략적 목표점으로의 후퇴, 즉 전략적 후퇴를 염두에 두어야 한다. 이 과정에서 과거와 다른 실패 경험을 겪을 수 있기 때문에, 그 무엇보다 이 변혁을 이끄는 지도자의 전략적 인내가 요구된다. 동시에 그다음으로 필요한 것이 바로 빠름에 기초한 모방적 학습 역량을 빠른 변형-확산 학습 역량 극대화 방향으로 재구성하는 것이다. 이러한 경로를 〈그림 4-8〉로 표현해보았다.

한국이 고유하게 지니고 있던 빠름에 기초한 모방적 학습 역량을 빠른 변형-확산 학습 역량 극대화 방향으로 재구성하는 것이 결코 쉬운 일은 아닐 것이다. 통상 조직학습 유형 구분 방법으로 가장 많이 알려진 것이 바로 단순순환학습single-loop learning과 이중순환학습double-loop learning을 구분하는 것이다. 전자가 일본식의 개선Kaizen을 상징한다면, 후자는 기존 활동의 연속성을 부정하는 단절적 혁신을 상징한다. 이 글에서 필자가 한국의 독특성으로 강조하는 변형-확산 학습은 기존 두 가지 유형 중 어느 하나에 속하는 것이 아니라, 빠름과 결합된

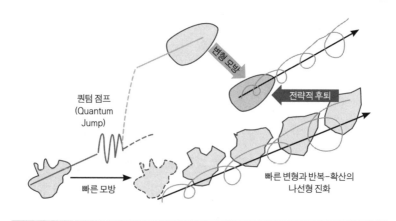

한국적인 독특한 학습 스타일을 지칭한다. 즉 모방 후 단순순환학습을 하는 것이 아니라, 변형과 확산을 빠르게 반복하면서 나선형으로 진화되는 학습 스타일을 뜻한다.

아직은 어떤 전략적 목표점으로 후퇴할 것인지, 한국적인 빠른 변형-확산 학습 역량을 현실에 적용하기 위해 어떤 구체적 방법론이 필요한지에 대한 명확한 해답을 갖고 있지는 않다. 또한, 한 사람의 연구자로서 이를 학술적 개념으로 발전시키고 이론화해야 하는 과제도 남겨져 있다. 다만 한국 사회와 경제가 안고 있는 '빠름'과 '오롯함'의 부조화가 그간 소중하게 만들어온 대한민국이라는 그릇 그 자체를 깨는 일이 발생하지 않기 위해서는, 지금 이 순간부터라도 세상에는 없는 새로운 경로를 개척하기 위해 또 다른 새로운 도전이 필요하다는 점을 다시 한번 강조하고 싶다.

5장

강대국화와
한반도 평화

어떤 한반도 평화를 만들어갈 것인가?

탈민족어·탈국어로서의 한국어와 소프트 파워

문화와 언어의 세계적 확장과 함께 스스로 안보와 평화를 지켜나가는 일은 너무나 중요한 일이다. 날로 증강되고 있는 북한의 핵 능력은 한반도 평화에 최대 위협 요인이다. 북한 인권 문제도 핵 문제 못지않게 한반도 평화를 위협하는 사안이다. 그 어느 사회에서도 인권 없는 평화는 가능하지 않기 때문이다. 한 나라의 평화는 주변 환경과 국제 관계와 같은 지정학적인 요인과 국내 정치·경제적 요인들이 상호 작용하며 점진적으로 완성되는 것이다. 그동안 한국의 경제적 그리고 문화적 성장은 국격과 외교의 장을 글로벌 수준으로 넓혀놓았다. 따라서 남북 관계에서도 어느 일면에 과도하게 집착했던 한반도 중심적 사고를 버리고, 평화로운 한반도를 위해 지속적이고 창의적인 노력을 계속해나가야 한다.

일류 선진국이란 문화적 특성과 창의성을 전 세계와 공유하면서 스스로 안보와 평화를 지켜나갈 수 있는 국가를 말한다. 현재 전 세계가 공유하고 있는 한국 문화의 중심은 한류이며 그 창의성과 역동성을 뒷받침하는 것은 사실 한국어이다. 한국어는 세계에서 가장 영향력 있는 상위 12개 언어라는 멤버십의 언저리에 맴돌고 있지만 효과적이고 장기적인 공공 외교 전략을 더 발전시킬 필요가 있다. 특히 한국어 수요의 급증에도 불구하고 북미나 유럽에서의 한국어 교육을 지원하는 기금이 너무나도 부족하다는 사실은 정책적으로 명백한 실수임이 틀림없다. 정부와 산업 관련 정책 입안자들은 안타깝게도 폭증하고 있는 한국어 교육에 대한 수요를 무시하는 경향이 있다. 최근 중국어와 일본어에 대한 수요가 시들해지고 있는 걸 고려한다면, 지금이 바로 한국이 게임에 뛰어들 절호의 기회가 아닐 수 없다.

1

어떤 한반도 평화를 만들어갈 것인가?

최대석(이화여대 명예교수, 경제사회연구원 이사장)

미중 전략 경쟁의 와중에 북한이 핵 보유 의지를 노골적으로 드러내고 있다. 2022년 9월 새로운 핵 무력 법을 공표하고 미사일 도발을 일상화하고 있다. 북한 핵은 억지의 수단에서 이제 선제공격용으로 변모했다. 이른바 하노이 노딜 이후 북미 대화의 불씨도 사그라들었다. 2018년의 찬란했던 남북 정상 간 합의들도 일순간에 물거품이 되었다. 김정은 정권의 대남 강경 전략과 윤석열 정부의 '담대한 구상'이 충돌하면서 가까운 시기에 남북 관계가 풀리기는 어려울 것이다.

지난 수십 년간 남북 관계는 '긴장 조성 이후 대화가 재개되고, 대화 결렬 이후 다시 긴장이 도래'하는 악순환을 반복해왔다. 그 때문인지 일각에서는 남북 대화와 평화 정책에 대한 회의론이 제기되고 있다. 한반도에서 평화를 원하는 마음이야 같겠지만, 어떤 평화를 추구할 것인지에 대해서는 우리 국민의 정치적 성향에 따라 극명하게 갈리고 있다. 그러다 보니 우리에게 생필품이 되어야 할 평화가 사치품처럼 느껴지는 상황이다. 자칫하면 영구적인 분단이 되더라도 전쟁만 없으면 된다는 회의론적 사고가 한국 사회를 지배할까 걱정된다. 분단 극복은 평화의 문제이면서 동시에 통일의 문제라는 점에서 그 어떤 분단도 우리의 목표가 될 수 없다.

윤석열 대통령은 2022년 5월 취임사를 통해 "일시적으로 전쟁을 회피하는 취약한 평화가 아니라 자유와 번영을 꽃피우는 지속 가능한 평화"를 추구해야 한다고 말했다. 남북 대화와 협력을 강조했던 문재인 정부와는 사뭇 결이 다른 접근이다. 그렇다면 한반도에서 어떤 평화를 만들고 어떻게 지켜갈 것인가? 북한 탓만 해서는 문제를 해결할 수 없다. **평화와 안보가 심각하게 위협받고 있는 작금의 한반도 상황을 돌아보면서 우리가 평화의 목표를 제대로 세웠는지, 평화를 만들기 위한 우리 정부의 정책에는 문제가 없었는지 점검할 필요가 있다.** 이를 통해 한반도 평화와 통일은 민주주의 기반 위에서 보편적 가치에 입각한 원칙 있는 대북 정책이 전개될 때만이 제대로 된 길을 걸을 수 있음을 이 글은 주장할 것이다.

| 한반도 평화의 구조적 조건

6·25 전쟁을 경험한 우리 국민은 평화를 곧 '전쟁이 없는 상태'라고 이해하는 경향이 높다. 한반도에서 전쟁이 없는 상태를 만들고 유지하는 것은 의심할 여지 없이 중요하다. 그러나 단지 전쟁이 없는 상태

로서의 평화는 우리가 원하는 한반도 평화를 온전히 대변하지는 못한다. 6·25 전쟁 이후 70년이 지난 오늘에 이르기까지 전쟁이 없었음에도 우리 국민이 느껴왔던 불안감은 단순히 전쟁이 없는 상태에 머무는 '소극적 평화'로는 극복하기 어렵다. 그 이유는 한반도 평화가 분단이라는 구조적 문제와 얽혀 있기 때문이다. 따라서 한반도 평화를 말할 때 보편적인 평화의 개념을 넘어 분단의 해소, 즉 통일이라는 민족적 소망이 항시 개입한다. 요컨대 평화가 목표인 동시에 통일이라는 궁극적인 목표의 수단으로 작용하기 때문이다.

분단 이후 통일은 누구도 부정할 수 없는 당위였다. 그리고 통일은 한반도 평화까지를 내포한 개념이었다. 1950년대 남북한의 통일 방안은 모두 힘에 의한 대결을 통해 어느 한 체제가 다른 한 체제를 흡수하거나 붕괴시키는 방안을 담고 있었다. 따라서 이 시기에 평화는 무력과 함께 단지 통일의 수단으로서 의미를 가질 뿐이었다. 남북한은 1972년 '7·4 남북 공동 성명'에서 '평화적 방법에 의한 통일'에 합의함으로써 통일은 최상위의 가치로서 여타 가치 위에 존재하며, 평화 통일은 하나의 원칙으로 자리 잡게 되었다. 탈냉전이 시작된 1990년대 초반 남북한은 '남북 기본 합의서'에서 평화와 공존에 합의했지만, 이 역시 통일이라는 큰 틀 내에서의 평화였고 평화가 독자적인 영역을 구축하지는 못했다.

한반도 평화는 1990년대 후반 한국 시민 사회의 성장과 함께 독자적인 이슈로 떠올랐다. 한국의 시민 사회는 1980년대 중반까지 민주화 운동에 집중하였고, 통일 문제는 부차적인 관심사였다. 1990년대 중반 이후에도 통일 운동은 정부와의 투쟁 일변도였고, 이러한 구조는 민주화 운동을 주도했던 소위 재야 민중 운동 세력이 통일 문제에 대한 주도권을 확보하고 있었던 데 이유가 있다. 따라서 이 당시까지 평화의 문제는 통일과 동의어 또는 통일에 종속된 하위의 문제로 머물러 있을 수밖에 없었다.

1990년대 중반 시민 사회를 중심으로 한 자발적인 '북한 돕기 운동'은 평화의 문제가 독자적인 영역으로 자리 잡을 수 있는 사회적 토대를 제공했다. 나아가 1990년대 중반 불거진 북핵 문제를 계기로 북미 간 갈등이 깊어지고, 이에 대한 우리 사회의 역할이 중요하게 제기되면서 당면 과제로서 한반도 평화는 미래의 과제로서의 통일보다 더욱 시급한 것으로 인식되었다. 이 과정에서 진보적 성향의 시민 운동은 한반도 평화가 통일의 중요한 과정임에도 불구하고 평화를 북미 간의 문제로 지나치게 단순화해서 접근했다. 이는 '보편적인 것으로서의 평화'와 '특수한 것으로서의 통일'이라는 이분법적인 사고를 낳았고, 자칫 평화로운 공존 속에서 두 국가로의 분리와 분단의 현상 유지라는 부정적 사고를 확대할 가능성을 높여놓았다.

따라서 **한반도에서 평화는 보편적 가치로서, 그리고 당면 과제로서 핵심 의제이지만 동시에 통일을 지향하는 평화로서의 적극성이 요구된다.** 이것은 평화가 평화 그 자체를 위한 것에 그치지 않고 한반도에서 분단의 극복, 즉 통일을 통해서만 평화가 달성될 수 있다는 지극히 현실적인 문제이기 때문이다. 한반도의 상황에 맞는 평화의 상태를 목표로 설정하고 보편적인 가치인 평화를 기준으로 분단의 특수성을 뛰어넘는 포괄적인 담대한 평화 정책·통일 정책을 지향할 때 비로소 국내 정치 지형과 남남 갈등을 넘어설 수 있다. 나아가 한반도에서 평화는 상대방의 선의에만 의존하는 것이 아니라 위협이 제기될 때 단호히 대응할 수 있는 능력과 의지가 있으며 동시에 적극적으로 대화와 협력에 나설 준비가 되어 있는 상태에서만 가능하다는 점을 모두가 직시해야 한다.

❙ 보이지 않는 비핵화 출구

2018년 4월 싱가포르 북미 정상 회담 이후 현재에 이르기까지 북핵 문제에 대한 실질적인 진전은 전무하다. 북한이 동창리 시험장의 미사일 발사대를 철거하고 풍계리 갱도를 폭파했지만, 이러한 행동들이 진정성 있는 비핵화 행동이라고 보긴 어렵다. 2019년 2월 하노이 회담 실패는 미국과 북한 간에 신뢰가 부족하며, 북핵 문제 해법에 큰 간극이 존재한다는 것을 다시금 확인시켜주었다.

남북 관계 개선 역시 진전이 없기는 마찬가지다. 문재인 정부는 이명박·박근혜 정부 시기 소원했던 남북 관계 복원을 줄기차게 시도했지만, 그 성적표는 초라하기만 하다. 문재인 정부가 비핵화의 유인책으로 제시한 선제적 대북 제재 완화에 대한 국제 사회의 반응은 냉담했다. 금강산 관광이나 개성공단에 대해서도 유엔 제재의 예외로 인정받기 위해 노력했지만, 촘촘하게 짜인 대북 제재의 망을 피해갈 수 없었다. 무엇보다 미국이 북한의 실질적인 비핵화가 우선이며 의미 있는 진전 없이 제재 완화는 불가하다는 입장을 시종일관 견지하면서 문재인 정부의 대북 드라이브에 제동을 걸었다.

북미 관계가 교착화되면서 양자 사이에서 중재자 역할을 담당하려 했던 문재인 정부로서는 역량의 한계를 실감할 수밖에 없었다. 이러한 상황 속에서 북한의 인내심은 바닥났다. 문재인 전 대통령을 향한 입에 담을 수 없는 거친 욕설과 함께 한국 정부를 비난하기 시작했다. 2020년 6월의 개성 남북공동연락사무소 폭파는 2018년 4월 판문점 선언으로 시작된 한반도 평화 프로세스가 사실상 좌초했음을 보여주는 상징적인 사건이다. 서울대 통일평화연구원이 2021년 10월에 발표한 「2021 통일 의식 조사」에 따르면 응답자의 56.3%가 북한의 도발 가능성을 우려했다. 북한의 핵무기가 우리 안보에 위협이라는 인식은 82.9%였으며, 북한이 핵을 포기하지 않을 것이라는 견해도 89.1%나 됐다.

최근 북한은 계속해서 미사일 발사를 감행하고 있다. 2017년까지 북한의 핵 능력 강화는 미국을 겨냥한 장거리 미사일에 집중되었지만, 최근의 핵 능력 강화 방향은 한국을 겨냥한 단거리 미사일에 중점을 두고 있다. 북한이 연이은 도발을 할 수 있게 된 것은 중국의 도움 때문이다. 오늘의 중국은 2016년이나 2017년 강도 높은 대북 제재를 연이어 승인하던 중국이 아니다. 2018년 이후 북중 양측은 여러 차례의 정상 회담을 가졌고, 2019년에는 시진핑 주석이 처음으로 북한을 방문하기도 했다. 그러는 사이 북중 간 혈맹은 복원되었고, 북한은 이제 유엔 안전보장이사회에서 거부권을 가진 후원자를 갖게 되었다.

중국은 "입술이 없으면 이가 시리다"라는 옛말처럼 미중 전략 경쟁에서 북한의 가치를 새롭게 확인한 것으로 보이고, 한반도에서 영향력을 유지하기 위해 노력하고 있다. 그 결과로서 강화되기 시작한 북중 밀착은 김정은 정권에게 체제 생존의 보험과도 같은 역할을 하고 있다. 경제 정책 실패로 인해 경제난이 도래한다 해도 중국의 지원을 확보한 김정은 정권은 체제 붕괴의 위기를 걱정하지 않아도 되기 때문이다. 나아가 북한이 장거리 미사일 발사와 같은 전략 도발을 감행해도 새로운 대북 제재가 유엔에서 만들어지기가 쉽지 않다.

날로 증강되고 있는 북한의 핵 능력은 한반도 평화에 최대 위협 요인이다. 이미 북한이 보유한 핵무기는 한국의 군사 역량을 초월하고 있다. 우리 군 당국의 설명과 달리 북한의 다양한 단거리 미사일은 함께 발사되었을 때 한국의 미사일 방어망을 무력화할 수 있는 수준에 이르고 있다. 스커드나 노동미사일을 고각으로 발사하고 대구경 장사정포를 연이어 발사하며 종말 단계에서 회피 기동이 가능한 단거리 미사일에 핵탄두를 탑재해서 발사한다면 우리의 미사일 방어 체계는 이를 막기가 어렵다. 그 결과 미국의 핵우산을 통해 북핵을 억제하며 북한과 비핵화 협상을 재개하는 것이 유일한 해결책일 수밖에 없다.

문제는 비핵화 협상의 재개가 쉽지 않다는 데 있다. 북중 간 밀착으로 대북 제재의 이행은 큰 도전에 직면해 있다. 코로나19로 인해 북중 간 국경 봉쇄가 지속되며 북한 경제에 어두운 그림자를 드리우고 있지만, 중국이 북한을 압박하며 비핵화 협상의 견인차 역할을 하는 것은 기대하기 어렵다. 오히려 중국은 북한의 입장을 고려하여 대북 제재 완화를 요구하고 있다. 하지만 대북 제재가 완화되면 북한은 비핵화 협상에 나올 이유가 사라진다. 그대로 시간만 보내면 사실상 핵보유국의 지위를 얻을 수 있기 때문이다.

일각에서 주장하는 종전 선언이나 평화 협정과 같은 형식적 의미의 평화로는 비핵화 출구가 그려지지 않는다. 협상의 주도권을 쥔 북한이 자발적으로 비핵화를 수용해야 하는데 그 가능성이 크지 않기 때문이다. 제재가 사라지면 북한은 주한 미군 철수를 협상의 조건으로 내세울 것이고, 그 결과 협상은 더욱 진전을 보기 어려워질 것이다. 한반도 평화 체제는 비핵화와 함께 진전을 이루어야 한다. 한반도 평화의 최대 위협이 북핵에 있기 때문이다.

한반도에 실질적인 평화 정착을 이루기 위해서는 무엇보다 북한 비핵화 원칙을 철저하게 견지해야 한다. 어떠한 경우에도 북한의 핵 보유를 인정해서는 안 된다. 비핵화 협상이 시작된다면 반드시 비핵화의 최종 상태가 포함된 해법을 강구해야 하며, 비핵화 협상이 핵 군축 협상으로 변질되는 것을 막아야 한다. 만약 북한이 대화로 복귀하지 않는다면 북핵 위협에 상응한 한미 동맹의 확장 억제 장치가 대폭 강화되어야 한다. 그리고 북한과 비핵화 협상을 진행하는 과정에서 발생할 다양한 시나리오에 대한 한미 간 사전 공조가 중요하다.

┃ 북한 인권은 정치적 논쟁 사안이 아니다

북한 인권 문제는 핵 문제 못지않게 한반도 평화를 위협하는 사안이다. 그 어느 사회에서도 인권 없는 평화는 가능하지 않기 때문이다. 1990년대 중반 식량난으로 탈북민이 급증하면서 북한 내 기아 상황, 중국 내 탈북민 강제 송환 등 북한 주민의 인권 침해 실태가 본격적으로 알려지기 시작했다. 북한의 인도적 위기 상황에 대한 정보들이 탈북민들의 증언, 대북 지원 국제 NGO 등을 통해 구체적으로 수집되기 시작했으며, 2000년대 초반 EU 국가들에 의해서 처음으로 북한 인권 문제가 의제화되기 시작했다.

유엔은 북한 내 인권 침해를 유엔이 추구하는 세계 평화에 대한 중대한 위협으로 보고 있다. 유엔은 2003년 이후 매년 EU 국가들과 일본이 앞장서서 대북 인권 결의안을 상정·채택하고 있으며, 북한 인권 특별 보고관을 두어 북한 인권 상황을 지속적으로 모니터링하고 있다. 미국은 2001년 북한인권위원회를 설립하여 북한 인권 문제를 다루기 시작했으며, 2004년에는 북한 인권법을 제정하여 북한 인권 개선 활동을 하는 NGO들에 대한 재정 지원을 하고 있다. 2013년에는 유엔 북한인권조사위원회COI가 북한 내 "조직적이고 광범위하게 이루어지는 인권 침해"가 '인도에 반한 죄crime against humanity'에 해당할 수 있다고 규정함으로써 국제 사회의 북한 인권 실태에 대한 공감대가 폭넓게 형성되었다. 2015년에는 북한 내 인권 침해에 대한 모니터링과 기록 강화를 위한 유엔 북한인권조사위원회 서울사무소가 개설되어 활동에 들어갔다.

국내적으로 북한 인권 문제는 갈등과 논쟁의 사안이다. 정치권이 북한 인권 문제를 인권 논리가 아니라 이념과 권력의 논리에 따라 접근했기 때문이다. 2005년에 처음 발의된 북한 인권 법안은 난항을 거듭했다. 보수적인 한나라당은 북한 인권 개선 방안을 자유권 위주로 접근했다. 반면 민주당은 미국과 일본의 북한 인권법 제정과 유엔 북한 인권 결의안 채택을 북한에 대한 정치 공세로 평가하면서, 북한에 대한 인도적 지원 등을 통한 북한 주민의 생존권 개선을 강조했다. 우리 시민 사회도 북한 인권 문제를 매우 다른 입장에서 전개했다. 북한인권시민연합을 비롯한 다수의 북한 인권 NGO들은 국제 사회와 연대하여 정치범 수용소 및 구금 시설 내 가혹 행위, 공개 처형 등의 사안들을 집중적으로 부각하면서 북한의 근본적인 체제 개혁과 정권 교체 없이는 인권 개선이 불가능하다는 입장을 취했다. 반면 진보 단체들은 남북 관계 발전을 우선하여 인권 문제를 공식적으로 다루지 않거나, 인도적 지원을 통한 생존권 증진을 우선시하는 입장이다.

이처럼 북한 내 심각한 인권 침해 상황에 대해서 국민 다수가 공감하더라도 인권 침해가 이루어지는 구조에 대한 해석은 정파에 따라 매우 다르다. 예를 들어 북한 인권 침해 상황에 대한 책임에 대해서도 북한 정권 아니면 외부적 요인으로 양분하여 전가했다. 인권의 보편성을 강조하는 측에서는 유엔을 중심으로 규범화된 국제 사회의 보편적 가치인 인권 기준을 중요시하고, 이러한 기준에 기반하여 북한의 열악한 인권 침해 상황에 대한 문제를 제기했다. 반면 특수성을 강조하는 차원에서는 북한이 처해 있는 경제·사회적 상황을 감안하여 북한 인권 문제에 접근해야 한다고 주장했다.

북한 인권과 관련한 또 다른 논쟁의 요인으로는 인권 문제 제기가 남북 관계에 어떤 영향을 미칠지에 대한 평가가 다르기 때문이다. 북한은 '우리식 인권' 개념을 내세우며 국제 사회의 인권 문제 제기가 내정 간섭이며 미국이 주도하는 대북 적대시 정책의 일환이라고 줄곧 주장해왔다. 북한은 미국이 평화 협정 요구를 외면하면서, 수교 거부 등을 통해 북한을 국제 사회와의 공존 상대로 인정하지 않고 있다는 것이다. 나아가 북한은 인도적 지원을 인권과 연계시키려는 것에 대해서도 주권 국가에 대한 압력이라고 반발해왔다. 이로 인해 진보 진영을 중심으로 국내적으로 남북 관계 발전과 인권 개선 노력은 병행될 수 없다는 인식이 강하게 제기되어왔다.

문재인 정부의 대북 정책은 인권 압력이 오히려 북한 주민의 실질적 인권 개선과 이산가족 문제 등 남북 간 인도주의 사안 해결을 위한 협력을 저해할 수 있다는 전제를 바탕에 두고 이루어졌다. 그 결과 2016년에 북한 인권법이 어렵사리 여야 합의로 채택되었으나, 핵심 기구인 북한인권재단은 민주당이 이사 추천을 거부해 아직 출범조차 못하고 있다. 나아가 문재인 정부는 4년 연속으로 유엔 대북 인권 결의안 공동 제안국에 불참해 국제 사회의 빈축을 샀다. 김정은의 눈치를 살피느라 북한 주민의 참담한 인권 상황을 외면했다는 비난을 피할수 없다. 지난 2022년 10월에는 한국이 유엔총회의 인권위원회 이사국 선출 투표에서 베트남, 몰디브 등에 밀려 낙선하는 충격적인 사태마저 있었다.

정부는 지난 5년간 우리 관심의 사각지대에 놓여 있던 북한 인권에 대한 더 깊은 관심과 문제 제기가 필요하다. 북한인권재단도 하루빨리 출범해야 한다. 국가 정책 추진의 보편적 가치로서 인간 존엄 존중의 인권 가치를 강조하고, 이를 외교 정책과 함께 대북 정책에서도 중요한 원칙으로 설정해야 한다. 남북 관계가 발전하기 위해 남과 북이체제가 서로 다른 점은 인정해야겠지만 인권을 비롯한 보편적인 가치의 훼손을 묵과하는 것은 다른 문제이기 때문이다. 우리의 북한 인권법은 자유권과 생명권을 동시에 추구한다고 명시하고 있다.

정부는 인도적 지원에 있어서도 진정성을 보여야 한다. 의료·보건, 에너지, 산림 황폐화 등 북한 주민의 생활 환경은 여전히 열악한 실정이다. 식량 문제는 나름 개선되었다고 하지만 충분치 않다. 김정은 정권은 다시금 경제난이 심화되거나 코로나19와 같은 전염병이 만연하더라도 남북 관계의 주도권 상실 등을 우려하여 우리의 직접 지원을 거부할 가능성이 크다. 그러나 그럴수록 우리 정부는 세계보건기구, UNICEF 등 국제기구와 NGO를 통한 지원 방안을 지속적으로 강구해야 할 것이다. **그래야 국제 사회에 비핵화를 위한 대북 제재의 정당성도, 글로벌 중추 국가로서의 우리의 이미지도 축적될 수 있다.**

| 한국의 평화 정책, 그 복합적인 과제

한 나라의 평화는 국가 정책의 어느 일부만을 잘한다고 해서 만들어지지 않는다. 주변 환경과 국제 관계와 같은 지정학적인 요인과 국내 정치·경제적 요인들이 상호 작용하며 점진적으로 완성되는 것이다. 미·중·일·러 4강에 둘러싸여 있는 한국의 평화는 자연스럽게 지정학적 문제에 대한 고민에서 출발할 수밖에 없다. 그 결과 주변국과의 외교에 힘을 쏟아야 하며, 다양한 갈등 요인을 관리해야 한다. 동시에 한국 고유의 외교력을 갖춤으로써 미국과 중국에 대해 고유의 목소리를 낼 수 있는 '힘'을 키워야 한다. 동맹에 예속되거나 이웃 국가의 압박에 굴하지 않기 위해서는 한반도를 벗어난 인도·태평양과 중앙아시아, 그리고 국제적 차원에서 한국 고유의 외교망을 구축해야 한다. 국제 무대에서 한국이 동원할 수 있는 국가가 많으면 많을수록 강대국도 한국의 목소리를 존중할 것이기 때문이다.

북한의 핵 위협으로부터 자유롭지 못한 한국은 독자적인 방위 능력과 튼튼한 한미 동맹을 갖추어야 한다. 최첨단이라 해도 재래식 무기로는 핵무기를 억제할 수 없다. 하지만 전략 개념을 바꿔 조기에 북한의 군사 지휘 체계를 무력화할 수 있다면 상황은 달라진다. 이러한 독자적인 전력과 함께 북핵에 대응할 수 있는 미국의 확장 억제를 튼튼히 발전시켜나간다면, 북한의 군사적 모험주의를 좌절시키고 대화의 주도권을 잡을 수 있다. 북한의 의사에 따라 긴장과 대화가 반복되는 것이 아니라, 한국의 역량으로 평화의 기반을 조성하고 지켜나갈 수 있기 때문이다.

주변 여건이 조성되고 북핵 억제력을 갖춘 상황이라 해도 궁극적으로 한반도 평화는 북한과 대화와 협상을 통해 풀어야 한다. **그 출발은 남북 간의 실질적인 신뢰 구축이 되어야 한다.** 어떠한 정치·군사적 합의보다도 남북이 교류를 확대하며 서로를 신뢰하게 될 때 평화의 기운이 싹트게 된다. 남과 북은 이미 1990년대 초에 '남북 기본 합의서'를 만들며 쌍방 간 평화와 불가침에 관한 포괄적인 합의에 도달한 바 있다. '한반도 비핵화 공동 선언' 역시 그 당시 만들어진 것이다. 이후 지금까지 새로운 정상 회담 합의문이 세 차례 나온 바 있지만, 그 내용의 범주는 30년 전의 논의의 틀에서 벗어나지 못하고 있다. 새로운 합의 못지않게 과거 합의의 이행이 중요하며, 그 이행 과정 속에서 실질적인 신뢰 구축이 이루어져야 한다.

그렇다면 한반도 평화를 위한 실질적인 신뢰 구축의 내용은 무엇인가. 그것은 남북 간 물적·인적 교류·협력의 관행이 쌓여 형성된 공감대의 형성이어야 한다. 적어도 남과 북이 상대방에 대해 어떠한 행동을 해서는 안 된다는 금지선red-line에 공감하는 것이어야 한다. 이러한 행동 규범은 남북 간의 상호 연계성과 상호 의존성에 기반을 두어야 하고, 일회성 정치적 선언이 아닌 오랜 기간의 교류·협력 관행이 축적되어야 의미 있는 신뢰로 굳어질 수 있다. 이 과정에서 불가역적인 평화를 만들기 위해서는 북한 주민의 생활과 인권이 개선되며, 남북이 자유롭게 왕래하고 서로의 경제에 도움이 되는 상황을 만들어야 한다. 남북 간의 교류가 호혜적인 이익으로 생활화될 때 진정한 평화가 도래할 것이기 때문이다.

문제는 남북 간 신뢰 구축 과제가 북한에게 '김정은 체제의 안전'이라는 과제를 안겨주는 데 있다. 북한이 지금과 같은 폐쇄적인 체제를 유지하고 있을 경우, 남북 교류 확대는 잠재적 체제 위협이 될 것이기 때문이다. 결국 북한은 어느 정도 수준에서 대화의 문을 걸어 잠그며 움츠리게 될 것이다. 한국에게도 북핵에 대한 공포를 극복해야 하는 과제가 남게 된다. 북한과의 대화를 이어가기 위해서는 합리적 선에서 북한의 체제 보장 요구를 수용해야 한다. 그래야 김정은 정권이 대화에 나오게 할 수 있기 때문이다. 이 과정에서 김정은 체제에 도움이 되는 경제적 지원이나 핵 문제와 관련한 중간 단계의 협상을 수용할 수 있어야 한다. 핵 공포에 얽매여 압박만으로 북한을 변화시킬 수 있다는 생각이라면 북한은 움직이지 않을 것이고 신뢰 구축을 위한 교류·협력의 관행도 만들어지기 어려울 것이다.

실제로 남북 경협은 한국 경제에 새로운 기회 요인이 될 수 있다. 한반도에는 북한 위협으로 투자가 제약되는 '코리아 리스크'가 존재한다. 북한의 위협이 사라질 경우, 더 많은 해외 투자 유치가 가능할 것이고, 외채 금리 또한 낮아질 것이라는 평가가 유력하다. 남북 경협의 중요성은 현재보다 미래에 있다. 남북 관계가 개선되었을 때 발생할 수 있는 잠재적 성장 가능성 때문이다. 북한의 핵 위협이 해소되면 북한 지역에 새로운 투자가 가능하게 된다. 북한의 우수한 인력과 노동 시장을 고려하면 성장 가능성은 무궁무진하다. 새로운 시장을 찾아야 하는 한국 경제에 커다란 행운이 될 수 있다.

평화를 만들기 위해서는 경제적·사회적 요소도 중요하다. 경제적으로 부강해야 한국이 원하는 대외 관계를 형성할 수 있으며 북한을 대화로 유인할 수 있다. 사회적으로도 젊은 세대의 남북 관계나 통일관이 부정적으로 흐르는 것을 차단하고 긍정적인 인식을 불어넣어야 한다. 국내 정치적으로 양분된 대북 인식을 인정하면서도 지속 가능한 대북 정책에 대한 공감대를 만들어가야 한다. 국내적으로 다양한 대북관을 인정하면서도 큰 틀에서 '튼튼한 안보를 기반으로 유연한 남북 대화를 추진'하는 대북 정책의 원칙에 합의해야 한다.

오늘날의 국제 관계에서는 평화를 구성하는 다양한 요소 간의 상호 연계성이 강화되는 모습을 볼 수 있다. 북핵 위협에 대응하기 위해 배치된 '사드THAAD'는 궁극적으로는 국방 차원의 문제였지만, 미중 전략 경쟁을 의식한 중국의 대한국 압박으로 인해 한중 간의 외교 문제로 번지게 되었고, 중국의 경제 보복 조치로 인해 한국의 경제 문제로 전이되었다. 나아가 한중 관계의 악화는 북중 관계의 강화를 낳았고 남북 관계에 악재로 발전했다. 이 과정에서 한국의 여론과 정치가 사드 배치 찬반으로 양분되었음은 물론이다. 이처럼 평화를 구축하기 위해서는 외교·국방·남북 관계·경제·사회적 측면의 과제들을 함께 풀어가야 한다.

┃ 포괄적 접근과 세심한 조율 속에서 '담대한 평화 정책'

　　최근 북한의 행태를 고려할 때 김정은 정권이 가까운 시일 안에 가시적인 정책 전환을 할 가능성은 크지 않다. 오히려 북한은 추가 핵 실험이나 장거리 미사일 발사 등을 통해 한반도의 긴장을 고조시키고, 중국·러시아와의 연대를 통해 국제적 압력을 피해가려 할 것이다. 이러한 상황 속에서 한반도 평화를 추구하는 것은 자칫 이상적이고 나약한 태도로 폄훼될 수 있다. 그러나 안보의 중요성만 고집하면 갈등의 원인을 해소하기 어렵다. 평화와 안보는 서로 다른 뜻을 가지고 있지만 동전의 양면과 같이 함께 존재하는 것이다. 평화 정책과 안보 정책도 마찬가지다. 힘에 기초해 안보를 지켜야 평화를 누릴 수 있다. 또한, 신뢰와 협력에 기초해 안정적 평화를 구축하면 위협이 감소하고 결과적으로 안보 불안감에서 벗어날 수 있다.

　　윤석열 정부는 자유민주주의, 시장 경제, 인권 존중이라는 우리의 정체성을 분명히 하고, 보편적인 가치에 입각한 대북 정책인 '담대한 구상'을 제시했다. 아직 '담대한 구상'의 성공 여부를 판단하기는 이르지만 바람직한 정책 방향인 것은 분명하다. 우리가 추구하는 한반도의 평화와 통일은 현재를 살아가는 개개인 삶의 미래를 위한 것이기 때문이다.

　　'담대한 구상'이 성공하려면 정부는 무엇보다 한반도 평화와 관련된 다양한 요소들을 하나로 엮는 세심한 정책 조율 역량을 갖추어야 한다. 이를 위해서는 남북 관계의 어느 일면에 과도하게 집착했던 한반도 중심적 사고를 버려야 한다. 한국의 경제적 성장은 국격과 외교의 장을 글로벌 수준으로 넓혀놓았다. 하지만 지난 문재인 정부는 북한 문제만 해결되면 모든 문제가 해결된다는 착시 현상에 사로잡혀 있었다. 남북 대화에 집착하는 한국 정부는 북한이 역으로 이용하기가 용이하다. 북한이 비핵화 협상의 전제 조건으로 제재 완화를 주장하는 이유도 마찬가지다. 북한과 의미 있는 대화를 하기 위해서는 남북 관계에만 집착해서는 안 된다. 한반도를 둘러싼 주변 환경을 먼저 변화시킴으로써 한국에 유리한 전략 환경을 조성해야 한다.

한국에 유리한 전략 환경을 조성하기 위해서는 먼저 주변국과의 협력을 강화해야 한다. 특히 북한 문제에 관한 미중 양국의 협력을 이끌어내야 한다. 아직도 한국에는 '안보는 미국과, 경제는 중국과'라는 안미경중의 사고가 팽배해 있다. 하지만 한중 간 경제 협력의 성격은 상호 보완적인 영역이 줄어들고 경쟁적인 영역이 늘어가고 있다. 한국의 대중 기술적 우위는 줄어들고 있고 심지어 역전 현상이 목도된다. 중국 시장이 한국 경제의 미래가 아니라 한국 경제가 중국 경제에 예속될 우려도 제기된다. 중국을 올바로 바라보면서 한미 동맹을 강화하고, 다시 한미 동맹을 넘어 다양한 국가들과의 공조를 통해 북한 문제에 관한 중국의 시각을 바꿔나가야 한다. 다시 말해 변화하지 않는 북한은 중국의 전략적 자산이 아니라 전략적 부담이라는 인식을 만들어야 한다.

나아가 윤석열 정부는 과거의 틀을 벗어나 더 포괄적인 관점에서 국민 다수가 공감하면서 우리의 국익을 극대화할 수 있는 평화 정책을 기획해야 한다. 그리고 정책 추진 과정에서 한국이 보유한 외교적 자산과 국방력, 그리고 경제력 등을 잘 조율하며 정책 효과의 극대화를 추구해야 한다. 집단 사고의 위험을 방지하기 위해 국내적 소통을 강화할 필요가 있다. 지난 정부의 '종전 선언' 실패 사례를 반면교사로 삼아 한반도의 미래를 결정하는 사안에 대해서는 반드시 광범위한 사회적 합의를 우선해야 할 것이다.

어떻게 남북 간에 대화와 경제 협력을 확대하며 평화를 만들어갈 것인가. 어떻게 동맹 정책과 국방 정책을 조율하며 평화를 지켜나갈 것인가. 어떻게 비핵화와 평화 체제를 선순환 구조로 연계하며 주변국 협력을 전개할 것인가. 어떻게 북한 인권을 개선하며 북한의 지속 가능한 발전을 가능케 하여 한반도에 항구적인 평화를 정착시킬 것인가….

이 짧은 글로 이러한 질문에 대한 답을 모두 구할 수는 없지만, 평화로운 한반도의 미래를 만들기 위한 과제들을 차분히 짚어보았다. 미국의 저명한 시인 휘트먼Walt Whitman이 "우리의 얼굴은 미래를 향해야 합니다"라고 말했던 것처럼, **비록 오늘의 한국이 직면한 환경은 높은 파고가 일고 있는 거친 바다와도 같지만 평화로운 한반도를 향한 긍정적인 사고를 잃지 말아야 할 것이다.**

2

탈민족어·탈국어로서의
한국어와 소프트 파워

로스 킹Ross King (브리티시컬럼비아대학교 아시아학과 교수, 2022년 외솔상 수상자)

한국어는, 한국 문화의 중심에 있고 '한류'라 불리는 K-문화와 K-콘텐츠의 창의성과 역동성을 뒷받침한다. 한국인들은 이를 당연하게 받아들이지만, 대개 전략적으로 생각하지 않는 경향이 있다. 한국어는 국내에서나 해외에서나 그 자체로 한국의 문화적인 창의성을 드러내는 강력한 지표이자 아이콘이다. 한류의 급격한 세계적인 부상과 인기는 한국 문화에 대한 세계 젊은이들의 수요를 만들어냈고, 이러한 수요는 한국 문화에 접근하기 위해 한국어를 배우고자 하는 열망으로 꾸준히 확장되었다. 이런 한국어를 배우고자 하는 수요는 〈듀오링고〉라는 한국어 앱에 등록된 학습자 수의 통계 수치로 확인할 수 있다. 그 수는 2022년 10월 13일 기준으로 대략 1,070만 명이다.

한국인들, 특히 정부와 산업 관련 정책 입안자들은 안타깝게도 이러

한 한국어 교육 수요를 무시하는 경향이 있다. 만약 적절히 지원되고 양성된다면 한국어를 배우고자 하는 외국인들은 평생lifelong 한국어 학습자가 될 수 있을 것이며, 그들 나라와 한국 사이에서 평생lifelong 문화적 교량 역할을 할 수 있을 것이다. 실제로 한류 산업은 일종의 '열병'이라 불리는 현상을 만들어냈지만, 이를 치료할 치료제 개발에는 투자가 이루어지지 않았다. 여기서의 '치료제'란 한국어 교육에 대한 튼튼한 체계와 기반을 의미한다. 이는 한국의 것에 대한 긍정적인 선호를 가진 외국인 한국어 학습자를 만들어내는 것, 또 한편으로는 한류 열풍이 지나더라도 살아남을 수 있을 정도로 회복 탄력성을 지니는 것을 의미한다. 다른 말로 바꾸자면, 해외 한국어 교육에 대한 적절한 장기적 투자는 한국의 '소프트 파워'에 크게 기여할 잠재력을 지니고 있다.

그러나 한국은 한국어를 배우고자 하는 외국인들의 수요를 그동안 잘 포착해내지 못했다. 이 글은 이에 대한 몇 가지 이유를 검토하고, 미래의 정책과 투자 방향에 대해 몇 가지 제안하고자 한다.

┃ 언어를 개념화하는 것과 언어 '주인 의식'

드 스완de Swaan (2001) 등의 언어경제학자들은 언어가 '초집합적인 상품'이라고 말한다. 언어가 다른 초집합적 재화처럼 특별한 종류의 경제적 자원이라는 말이다. 즉, 여타 다른 '집합적 상품'처럼 특별한 네트워크 효과를 가진다는 뜻이다. 언어는 열려 있고, 사용 가능하며 어떤 의미에서는 무료로 제공되는 상품이다. 더 중요한 점은 언어의 사용성과 가치는 그 언어의 사용자와 함께 증가한다는 것이다. 그리고 현대 국가들은 국경을 넘어 그들의 언어에 대한 교육을 촉진하는 데 따르는 장기적인 이점을 일찍이 깨달았다.

역사적으로 말해서, 한국어는 그동안 외국인들에게 배우기에 바람직하거나 이익이 되는 언어로 여겨지지는 않았다. 심지어 50년 전에 한국인들은 한국어가 외국인들에게 매력이 되는 대상이 될 것으로 상상하기 어려웠을 것이다. 심지어 지금도, 필자와 같은 외국인 학습자들이 정확한 한국어로 다른 한국인들에게 말할 때 종종 놀라움과 의문이 섞인 반응을 마주하게 된다. "왜 하필이면 우리말? 한국어가 시간과 노력을 들여서 배울 만한 어떤 것인가?"와 같은 반응 말이다. 그러나 오늘날 한국 뉴스 매체들은 전 세계 여러 대학에 한국어를 배우기 위해 등록한 수백, 혹은 수천의 학생들에 대해서 주기적으로 자랑스럽게 보도한다. 이러한 한국, 그리고 한국어의 해외 인기에 대한 미디어 헤드라인의 자랑스러운 어조에도 불구하고, 몇 세기 동안 한자권漢字圈에 속한 많은 나라 사이에서의 고립, 일본 제국주의에 의한 식민 지배, 그리고 중국·일본·미국·러시아라는 강대국 사이에 둘러싸인 지정학적으로 민감한 위치 등의 요소는 한국인들에게 자기 언어에 대한 일종의 열등감을 심어왔다. 한국인들은 오로지 다른 언어에 대한 학습자가 될 수 있을 뿐이고, 그들의 언어를 다른 나라에는 가르칠 수 없다는 개념이 생긴 것 같다. 이러한 태도는 분명히 다시 고려되어야 한다. 한국이 그동안 건드려지지 않은, 한류의 소프트 파워 잠재력을 개발시키고자 한다면 더욱 그러하다.

대한민국, 넥스트 레벨

인종화되고 배제적인 '국어'라는 박스 바깥에서 생각하기

한국인들이 그들의 한국어와 한국어를 배우는 외국인들과의 관계에 대해서 새롭고 창의적으로 생각하지 못하게 하는 가장 큰 장애물은 현대 한국인들이 한국어를 '우리말'과 '국어'로써 개념화하도록 교육받은 것이다. 여기에서 '우리'라는 말은 배제적인 1인칭 복수 대명사로 기능한다. 또 '국어', 그리고 '민족어'와 같은 말들은 한국인들이 1890년과 1945년 사이 일본 제국주의로부터 내려받은 개념이다. 그 시기에, 한국어는 일본 제국주의와 일본어에 의해 극심한 압박을 받고 있었기 때문에, 매우 방어적이고 민족적으로 반응했다. 그리고 '우리말', '국어', '민족어' 같은 단어들은, 일본으로부터 영향을 받아 모방한 인종적이고 민족적인 언어관을 포함하고 있다. 이러한 언어관은 생물·유전학적인 계승과 불가분의 관계에 놓여 있는데, 이는 정의상 만약 한 사람이 생물·유전학적으로 한국인이 아니라면 (이것이 무엇을 의미하든지 간에) 한국어를 진정으로 배우거나 숙달할 수 없다는 뜻을 담고 있다. 확실히 비한국인들은 '우리말'의 화자로 인식되지 않는다(Capener, 2021: 145 참고). 그러나 K-컬처, 그리고 K-콘텐츠의 기반에 깔린 언어적인 동력과 영감이 바로 K-랭귀지라면 한국어는 열려 있고 접근 가능해야 한다. 즉, **공유할 수 있어야 한다는 것이다.** 한국인을 위한 버전(국어·우리말·민족어)과 외국인을 위한 버전(한국어)을 따로 가지는 등 지금처럼 인종화되고 배제적이어서는 안 된다. 실제로, 일본 언어 교육 분야의 학자들은 코쿠고Kokugo (국어) 대 니혼고Nihongo (일본어)의 대결 구조에서, 위에 언급한 같은 문제가 일본어를 오늘날 해외로 보급하는 것을 방해하고 있다는 데에 동의한다.

국제적인 언어 학습자들에게 성공적으로 다가가기 위해서는, 한국어 교육의 중심에서 한국어는 '공유된 어떤 것'이어야 한다. 따로 제한된, 외국인을 위해 단순화된 버전으로 포장되어 수출되는 무언가가 되어서는 안 된다. 불행히도 한국에서 주된 접근 방식은 위에 언급한 포장하여 수출하는 방식export model이다. 한국인 교사들과 교재가 한국 내에서 준비되고(꽤 질 낮은 품질 관리의 형태로), 그리고 포장되어packaged 해외로 수출되는 형태이다. 여기에는 다양한 지역적 조건과 필요needs 에 대한 고려를 찾아볼 수 없고, 또 외국인 학습자들로 하여금 장기적으로 도전하도록 격려하는 어떠한 동기도 찾아볼 수 없다. 한국 정부의 범위를 벗어난, 어떤 자발적 협력단체initiative에 대한 지원이나 격려 또한 찾아볼 수 없다.

누가 한국어를 소유하는가?

전반적인 세계화 추세와 널리 퍼지고 있는 한류의 인기는 특히 한국인들이 그들이 언어와 맺는 관계를 다시 생각하게 해볼 훌륭한 기회를 제공하고 있다. 독일과 같은 국가는 터키 같은 국가들로부터 온 몇십 년 동안의 이주 덕분에 이미 비슷한 문제를 겪었다. 이와 관련해서 일디즈Yildiz(2004: 323-24)는 세계화 속에서 '어떻게 언어가 문화적으로 인지되는지'를 다시 생각할 훌륭한 기회를 제공한다.

"언어의 문화적 상상력에 집중하여, 이러한 인지는 기존에 널리 깔린 독일어가 '민족적으로' 독일인인 화자의 유일한 자산이라는 견해에 도전한다. 이런 견해에 따른다면, 민족적인 독일인과 독일어 간의 본질적인organic 관계가 다시 생각될 수 있지 않을까? 정말 중요한 것은 과연 독일어의 미래일까? 아니면 '민족적으로, 그리고 문화적으로 통합된homogeneous, 그 언어를 유일하게 합법적으로 소유하고 있는 독일이라는 개념'의 미래일까?"

여기서 우리가 '독일어'와 '독일'을 '한국어'와 '한국'으로 바꿔본다면, 한국이 같은 도전과 기회에 직면했음을 알게 된다. 한국인들은 과연, 오직 한민족에 속한 사람들만 배우는 자산이라는 뜻인 국어·우리말 개념에 매달리는 것을 계속할까? 아니면 그들이 국어·우리말·민족어라는 개념을 버리고, 더 포괄적이고 더 환영하고welcoming, 더 열려 있는 개념인, 누구나 그리고 모두가 배울 수 있다는 뜻인 '한국어'라는 개념을 채택할까? 여기서 한국어라는 개념은 점점 더 다양해지는 전 세계 외국인 학습자들이 다양한 방식으로 이를 받아들임에 따라 사실상 그 가치와 풍부함을 얻고자 하는 개념이다. 독일어와 독일 언어 보급 정책에 대한 태도를 바꾸고 있는 또 다른 통찰력 있는 학자는 안드레이아스 가르트Andreas Gardt (2004: 205)이다. 그에 따르면 세계화가 독일어와 독일인에게 끼친 효과는, 독일어가 그것을 말하고 있는 사람의 피에 울려 퍼진다reverberating고 보는 것은 이제 한물간 생각이며 과거의 관념임을 일깨운 것이다. 만약 한국이 외국인들을 한국 문화에 정말로 끌어들이고 싶다면, 이제는 **핏줄에 얽힌**inspired **개념인 (궁극적으로는 배타적이고 일본에 영향을 받은) 국어, 우리말, 민족어 등의 말들을 버려야 할 때**라고 생각한다.

┃ 언어 보급 정책 LSP, Language Spread Policy

언어의 화자speaker가 어떻게 그들의 고유 언어를 인지하는지와 언어 이데올로기에 대한 질문들은 문화 정책의 중요한 형식key form에서 핵심을 이룬다. 특히 외국인들이 그 언어를 배우는 방식과 관련해서 더욱 그렇다. 이 문화적 정책은 그동안 한국에서는 관심을 받지 못했고, 정부에서도 산업에서도 지속적인 투자를 받지 못했다. 그 문화적 정책은 바로 언어 보급 정책LSP이다. 암몬Ammon (1997)은 이 LSP를 특정 언어, 혹은 언어의 집합set of languages이 새로운 화자들이나 영역으로 확산되는 것으로 정의한다. LSP의 핵심은 항상 언어 교육이었고, 또 다른 선진국들은(한국이 이제 이 선진국 범주에 속한다는 사실을 잊지 마시길!) 그들의 언어를 전 세계에 있는 새 학습자들에게 교육을 통해 보급하는 데 막대한 돈을 투자하고 있다. 여기에 대해 가장 뚜렷한 예시들로 프랑스어를 위한 알리앙스 프랑세즈Alliance Française, 독일어를 위한 독일문화원Goethe Institute, 영어를 위한 영국문화원British Council, 그리고 일본어를 위한 국제교류기금Japan Foundation (est., 1972) 등을 들 수 있다. 그런데 이 나라들에서, 이런 기관들이 언어 보급에 대한 유일한 투자자들이 아니라는 것을 상기하는 것은 정말 중요하다. 이러한 기관들은 학교, 특히 고등 교육 기관에서 언어와 문화를 가르치는 것뿐만 아니라 장기적인 교환 기회exchange opportunities를 촉진하는 다른 메커니즘을 동반한다. 예를 들면 독일문화원은 DAADDeutscher Akademischer Austauschdienst와 알렉산더 폰 홈볼트 재단Alexander von Humboldt Stiftung과 함께 운영되며 독일어와 문화 그리고 다른 나라와의 문화적 교류를 촉진하고자 한다(Brown, 2017; Hartig, 2017). 브라운Brown (2017: 43)은 프랑스와 영국 둘 다 국립 학교에서 그들 언어의 존재감을 확실하게 하기 위해 고민해왔으며, 언어 교과서, 교보재 그리고 교사들의 수출을 지원해왔다고 지적한다. 또 그의 말에 따르면, "다음 세대의 프랑스어 선생님들을 양성해낼 대학 부서들을 지원함으로써" 그렇게 했다고 한다. 한국은 이러한 점에서 더 많은 노력을 기울여야 한다.

우리의 경우, 세계에 널려 있는 새로운 화자들speakers에게 한국어를 보급하는 것에 대해 논의해왔다. 특히 한류에 의해 촉발된 한국어 수요라는 맥락에서 그렇다. 그러나 앞에서 지적했듯이(King, 2007: 335) 현재 세계 언어 시장에서 너무 독보적인hegemonic 위치를 차지하고 있는 영어는 사실상 영어 LSP 에이전트가 이를 가르치면서 돈을 벌 수 있는 반면에 거의 모든 다른 언어의 LSP는 그들 나라 후원자들의 비용이 들어간다는 데 있다. 따라서 영어 외의 다른 언어들LOTEs은 새로운 투자자들을 유치할 인센티브를 만들어내야만 한다. 언어, 국가 그리고 국제 관계 문제에 관해 스탠퍼드대학교의 정치학자 데이비드 라이틴David Laitin(1997: 288) 교수는 이미 25년 전에 이러한 문제를 꽤 직설적으로 요약한 바 있다. 그에 말에 따르면, "사람들은 영어를 배우기 위해서는 높은 개인 비용을 지불하려고 한다. 그러나 그들은 프랑스어나 독일어를 배우기 위해서는 뇌물을 받아야만 한다." 외국어로서의 영어는 세계적인 산업이다. 그리고 영국은 영어 수출을 통해 연간 약 60억 파운드 정도를 벌어들인다. 그러는 와중에 독일은 독일 문화를 해외로 홍보하기 위해 대략 4억 5,000만 마르크를 지출하고 있으며, 상당 부분 언어 수출에 사용한다. 프랑스 또한 그들 국내총생산GDP의 1.5% 정도를 프랑스어를 보호하는 데 지출하고 있다. 그러나 한국이 이러한 문제에 대해 지출한 총량은 한국의 역량에 비해 매우 미미한 수준에 불과하다.

만약 프랑스어나 독일어를 배우려 하는 영어권 학습자가 이러한 언어를 배우려 '뇌물을 받아야'만 하는 정도라면, 영어권 학습자가 프랑스어나 독일어와 같은 수준의 능숙도에 도달하려면 최소 4~5배의 시간과 노력을 들여야 하는 중국어나 일본어, 한국어 같은 언어들은 어떻겠는가?

북미 그리고 서유럽에서의 중국어 교육CLE과 일본어 교육JLE은 모두 최소 100년 이상의 경험을 가지고 있다. CLE과 JLE의 기반은 처음엔 해당국 정부, 재단, 그리고 산업계에 의해 시작되었다. 그러나 JLE의 경우 1970년대부터, 그리고 CLE의 경우 2000년대부터, 외국에서(특히 영어권에서) 그들 언어를 배우고자 하는 학습자들을 위한 생태계를 강화하는 데 인센티브를 만듦으로써 공격적으로 투자해왔다. 대조적으로 한국어 교육은 1990년대 중반까지도 시작되지 못했으며 심지어 지금도 유아 단계에 있다. 한국 정부와 산업계는 세계에서의 한국어 교육에 대해 그동안 거의 투자하지 않았다. 국제교류재단 같은 한국의 기관들은 북미나 서유럽(비용이 개발도상국보다 많이 듦)에 대해서는 거의 포기한 듯하다. 지방자치단체는 한국어 교육을 우선시하지 않으며 심지어 KLE에 기금을 조달하는 것조차 어려워한다. 그리고 한국 정부와 대학들은 그 와중에 한국어가 전체 외국어 학습자 수의 1%보다 적은 시장에서 그들이 당연히 한국어 교육을 '수출'할 수 있다는 환상을 가지고 운영하는 듯하다.

한국어와 한글의 세계적인 공유를 증진하고자 하는 데 있어 한국의 정책과 투자는 늘 부족했다. 그리고 그마저도 한민족에게는 국어·우리말, 외국인에게는 한국어로 분리하는 관념에 의해서, 한국어를 세계와 공유하는 것이 영리 기업(사업)이 될 수 있다거나 되어야 한다는 환상에 의해서, 또한 한국의 영어에 대한 무조건적 지향에 의해서 이루어져 왔다. 후자의 관점에서, 또 다른 국제언어경제학자인 판 파레이스van Parijs(2000: 219)는 한국어와 같은 약한 언어가 살아남으려면, 그 언어가 사용되는 국가는 반드시 '언어적 영토 원칙linguistic territoriality principle'을 고수해야 한다고 주장한다.

"사람들이 특정한 영역에 머물고자 할 때, 그들은 친절하게 그러나 확고하게 지역 언어를 배우려는 겸손함을 요구받아야 마땅하다. 그들의 고유 언어가 얼마나 널리 사용되는지와, 그들의 언어가 얼마나 우월하다고 믿는지와 관계없이 말이다."

판 파레이스van Parijs(ibid., 224)는 이 원리를 저버리는 나라들은 그들의 영혼을 잃을 것이라고 경고한다. 한국이 이미 한국의 영혼을 영어에 팔기 시작했다는 것은 의심의 여지가 없다. 그리고 이 과정을 연구한 학술 문헌도 있다(Park, 2021). 그러나 이것이 한국이 그들의 언어 교육KLE에 대한 자신의 태도를 재고하기에 너무 늦었다는 뜻은 아니다. 또한, 세계에서 한국어 교육에 대한 확고한 기반과 인센티브 시스템을 갖추는 것이 소용없다는 의미도 아니다. 오히려 이러지 않으면, 한국은 자신의 고유성과 창의성을 잃을 위험에 처했다는 것이다. 따라서 한국어를 세계와 공유하려는 전략에 적극적으로 투자하는 대신에, 한 손으로는 국어 교육과 한국어 교육이라는 철 지난 개념을, 그리고 또 다른 손으로는 계속 한국의 영혼을 영어에 팔아치우려고 해서는 안 된다.

| 공공 외교, 소프트 파워 그리고 언어 교육

다른 나라 사람들이 자국 언어를 배우는 기회를 만들어내는 것은 공공 외교에 핵심적이다. 이는 상위 12개의 언어를 사용하거나 꽤 영향력 있는 언어를 사용하는 국가들의 '소프트 파워' 전략이기도 하다.

한국어는 이 상위 12개 언어 혹은 세계의 가장 영향력 있는 언어라는 멤버십의 언저리에 맴돌고 있지만(충분히 괄목할 만하지만 아직 깨지기 쉬운 성과임), 한국은 아직 효과적이고 장기적인 공공 외교 전략을 더 발전시킬 필요가 있다. 한 가지 문제점은 국제교류재단 같은 기관들이 벤치마킹 사례로 일본이나 일본 기관들을 참고하는 것이다. 실제로 최근의 연구들은 일본 또한 공공 외교와 관련하여 꽤 서툴고 인색하고 경험이 부족하다는 걸 보여주고 있다(Hashimoto, 2018c: 55). 김현식Kim (2017)은 한국에 대한 사람들의 태도를 바꾸고 설득하려는 노력으로써의 한국의 TV 드라마, 영화, K-팝의 수출은 오로지 단기적인 공공 외교 정책일 뿐이라고 강조한다. "한국의 정부와 문화 산업 종사자들은 더 일치된concerted 공공 외교 정책들을 고안해내야 한다. … 전통적인 프로파간다식 캠페인과 공공 외교를 구별해주는 지점은 공공 외교가 사람 대 사람을 기반으로 하여 수행된다는 점, 그리고 능동적이고 참여적인, 사적 비정부 소속인 참여자들을 필요로 한다는 점이다(ibid., 421-422)." 한국의 경우에, 명백한 비정부 소속 참여자들은 한국 산업계와 기업들이 될 것이다. 특히 문화 산업에 종사하는 이들이 그럴 것이다. 그러나 여태껏 그들은 리더십을 보여주지 않았다. 쿠르몽과 김어진Courmont & Kim (2013: 533-534)은 "언어는 소프트 파워의 중요한 구성 요소이고 … 한국의 경우 그 언어가 가진 특이성은 배우기에 복잡한 언어라는 이미지를 준다. 그러나 이 특이성은 자산이 될 수 있다. 한국어를 배우는 학생 숫자는 한국 문화의 수출로 인해 증가하고 있다. 이 숫자는 한국의 소프트 파워 역량을 증가시키기 위해 더 증가될 필요가 있다"라고 주장한다.

언어는 가치를 지닌 핵심 '소프트 자원' 자산key 'soft resource' asset이다. 나이Nye (2004: 11-12)는 이것을 주어진 한 나라의 세 가지 영역, 즉 나라의 정치적 가치, 외국인 정책, 그리고 문화(만약 남들에게 매력적이라면) 중 하나거나 그 이상의 영역을 차지하는 매력적인 요소로서 정의한다. 소프트 파워라는 개념은 다소 모호한 개념으로 남아 있지만, 이 개념은 문화적 정책 입안자들에 의해 받아들여져 왔으며, 국제 정치학에서 비강압적인 방식의 영향력을 발휘하는 하나의 방식으로써 이해된다(Brown, 2017: 37). 이근Lee (2009: 210)은 이런 소프트 자원이 존재하거나 이를 소유한다고 해서 그것이 자동으로 소프트 파워의 행사로 이어지지는 않는다는 점을 지적한다. 예를 들어 사람들을 특정한 방향으로 움직이게끔 조작되고 사용되지 않는다면 매력적인 문화를 가지는 것은 그 나라의 소프트 파워가 될 수 없다는 것이다. 그러나 이근은 한국 공공 외교를 지켜보는 다른 대부분의 사람처럼 한국어에 대해 과소평가하는 경향이 있다. 한류가 가진 가장 큰 힘은 그것이 전 세계에 있는 젊은이들로부터 한국어와 문화에 대한 수요를 만들어낸다는 데 있다. 그러나 이런 젊은이들이 한국어 학습자가 되게끔 도울 수 있는 기반 구조가 극도로 약한 실정이다. 한국은 한류의 단순한 인기와 소프트 파워를 구별하지 못하는 것처럼 보인다. 한류와 같은 상업화된 문화적 상품의 인기를 소프트 파워로 바꿔내는 데 핵심적인 열쇠는 교육이다. 다시 말해서 이는 **전 세계에 있는 학습자들이 한국어 교육에 접근하게 하기 위한, 학습 기회의 생태계**ecosystem**와 금전적인 인센티브를 만들어내는 일이라 볼 수 있다.** 이와 관련해 한국인들은 스스로 막대한 보조금을 투입해야 할 필요가 있다. 그들은 정확히 같은 일—외국인들이 자신의 언어를 배우게 하기 위해 보조금을 지급하는 일(그리고 대부분의 경우 그냥 공짜로 보급함)—을 하는 다른 나라 언어들과 경쟁하고 있기 때문이다.

밀레니엄 시대의 시작에 이미 한국은 세계 경제의 준중심부semi-periphery에 들어섰다. 한류가 동아시아 그리고 동남아시아에서 승승장구하기 시작했다. 그리고 지금 한국은 '선진국'으로 선포되었고 한류의 인기는 북아메리카와 서유럽까지 퍼졌다. 이들 나라는 심지어 한국보다 GDP가 더 높다. 그러나 한국이 이 '준중심부'에 들어섰음에도 불구하고 북미나 유럽에서의 한국어 교육을 지원하는 기금이 너무나도 부족하다는 사실은 정책적으로 명백한 실수임이 틀림없다. 북아메리카와 유럽 같은 국가들이 한국 경제에 차지하는 막대한 영향력과 특히 한류의 지속적인 성장이 가지는 중요성을 고려해본다면 자명한 사실이다. 또한, 이들 국가가 한국의 안보 차원에서 가지는 중요성에서도 마찬가지다.

한국이 북아메리카와 유럽에서 한국어 교육을 소홀히 하는 이유는 간단하다. 한국의 문화적 중요성과 창의성에 한국어가 가지는 주된 중요성에 대한 확신과 자신감이 부족하기 때문이다. 또한, 한국어와 문화를 확산시키기 위한 장기적인 비전도 부족하다. 그리고 기업과 정부 둘 다 미미한 투자를 하고 있다. 이제는 변해야 한다.

최근 한국어 국외 보급 사업을 둘러싼 중복된 노력(서로 다른 9개의 정부 부처로 나뉘었으며 모두가 미미한 예산을 확보했다)을 비판하는 입장에 한국 정부가 보인 반응은 너무나 안타까웠다. 그것은 2016년부터 예산과 노력을 하나의 하향식 정부 이니셔티브initiative인 세종학당 프로젝트에 집중시키는 것이었다. 이 세종학당의 예산은 증가했으나(2017년 2,900만 달러), 알리앙스 프랑세즈(2억 5,000만 달러)나 PRC의 공자학원Confucius Institutes (2억 9,000만 달러)의 10분의 1 수준이다. 그리고 국제교류기금(9,000만 달러)의 3분의 1도 안 된다. 심지어 국제교류기금은 일본어 교육에 돈을 대는 많은 기관 중 하나일 뿐이다.

게다가, 세종학당은 한국학 교육이나 고등 교육과 관련이 없다. 더 나은 접근은 '100송이 꽃이 피도록let a hundred flowers bloom 하는 것이며, 독립적인 이니셔티브들이 해외에서 일어날 때마다 기금을 대는 것이다. 단순히 한국의 모든 해외 한국어 교육을 국내에서 이끌어내는 상·하향식 수출 모델에 기반해 중앙화하고 통제하려 하면 안 된다. '우리말·민족어·국어'가 한민족을 위해 있고, 한국어가 외국인들을 위해 포장되었다는 식의 관점은 한국인에 의한 한국어 교육과 한국어에 대한 통제를 고집하게 만든다. 그러나 이 모델은 필시 실패할 것이다.

이와 관련하여, 하양원(2018)은 한국의 언어 보급 정책에 있어 세 가지 동기부여 인자motivators를 규명해냈다. 그것은 문화 상호주의, 문화 경제주의, 그리고 글로벌 한민족 민족주의이다. 문화적 상호주의는 꽤 가치 있는 동기부여 인자이고, 한국어와 문화를 세계와 공유하는 것과 관련한 비전과 꽤 잘 맞아떨어지는 가치이다. 그러나 지금까지 이 문화적 상호주의는 문화 경제주의와 한민족 국가주의에 의해서 빛을 보지 못했다. 우리는 이미 한민족 국가주의가 진정으로 한국어와 문화를 외국인들과 나누려는 자세와 공존할 수 없음을 확인했다. 또한, 문화 경제주의의 논리에 따르면, 문화(그리고 언어)는 상품이다. 다시 말해 한국, 한국의 문화와 한국어는 꽤 인기가 있어 외국인들이 기꺼이 그들 스스로 비용을 지불하는 어떤 것이라 생각하는 태도이다. 불행한 점은, 한국 언어와 문화가 꽤 인기 있기 때문에, 한국의 정부와 기업들이 한국어 교육에 있어 장기적인 투자를 하지 않아도 된다고 생각하는 데 있다. 게다가 이러한 태도는 한류의 지속된 인기라는 요소에 무비판적이고 근시안적인 방식으로 의존하는 경향이 있다. **대신에 한국은 장기적이고 지속 가능한 '외국인들을 위한 한국어 교육'을 지원하는 생태계를 만들어낼 필요가 있다.** 이는 지원금, 장학금 그리고 혁신적인 상향식 지역 프로그램들을 의미한다. 제한된 예산으로 진행하는 국제교류재단의 한정된 프로그램들이나, 세종학당과 같은 범주에서 벗어나야 한다. 일직선적인 한국 정부의 개입과 이에 수반되는 세종학당이라는 라벨이 붙은 하나의 브랜드로서 관료화와 통합은 중국의 공자학원(Peterson, 2017)을 둘러싼 논란과 유사한 문제로 이어질 수 있다. 이는 잠재적인 투자자들이 다른 이니셔티브를 지원하는 것을 방해할 뿐이다. 한국의 산업계는 여태까지 한국어 교육이 정부의 문제라는 입장을 고수해왔지만, 이제 한국어 교육에 그들의 이해관계가 달려 있고 또한 책임을 져야 한다고 인식할 필요가 있다. 정부의 한국어 보급 노력을 세종학당으로 중앙화하여 집중시키는 것은 책임감 부족과 민간 부문에서의 투자 부족이라는 문제를 강화시킬 것이다.

| 경쟁: 한국어 vs 중국어 그리고 일본어 교육

여러 방면에서 한국어 교육과 경쟁 관계에 있는, 중국어 교육과 일본어 교육과 관련된 세계적 생태계의 뚜렷한 현상을 짚고 넘어갈 필요가 있다. 한국이 이들을 이기거나 누르는 것은 중요하지 않다. CLE와 JLE가 이미 거대한 선두 주자로서 존재한다는 사실과 그들의 더 큰 경제 규모를 고려하지 않을 수 없다. 그보다 중요한 것은 한국이 이게임에 참여하고 세계의 집단적 정신 지도collective mental map에서 그 고유 영역과 공간을 유지하고 공고히 하기 위해서 현재보다는 훨씬 더 많은 것을 해야 한다는 점이다.

중국

최근의 연구 결과에 따르면, 2021년 기준으로 전 세계에서 70개국이 넘는 나라가 중국어를 그들의 국가 교육 커리큘럼에 추가했다. 4,000곳이 넘는 대학들이 중국어 수업을 개설했으며, 추정치를 전부 더한다면 전 세계 2,500만 명의 학생들이 중국어를 제2외국어로 배우고 있다. 미국에서는 2008년에 이미 약 800여 대학(전체의 25% 이상)이 중국어 수업을 개설했으며(Gil, 2008: 119), 129개 대학이 현재 중국어 전공을 제공하고 있다.

일본

그루트Groot (2018: 29)에 따르면, 거의 128개 이상의 국가와 8개 지역에 대략 400만 명의 일본어 학습자가 있다. 이는 2009년 통계에 비해 9.2% 증가한 수치이다. 하시모토Hashimoto (2018b: 10)에 의하면 현재 약 132개의 미국 대학에서 일본어 전공을 제공하고 있다.

한국

앞서 언급한 1,070만 명의 〈듀오링고〉 학습자가 한국어에 대한 폭발적 수요를 나타낸 반면, 《연합뉴스》 2017년 6월 9일 보도한 수치는 수요와 공급 사이의 뚜렷한 격차를 보여주고 있다. 「한국어를 배우고 있는 외국인 학생 수 11만 5,000명 돌파」라는 기사 자체에서는 이 숫자가 초중등 교육(K-12)인지, 고등 교육post-secondary인지, 아니면 모든 학습자 수를 나타내는지 뚜렷하지 않았지만, 어쨌든 이 숫자는 전반적인 수요에 비하면 매우 미미하며 한국이 놓치고 있는 기회를 여실히 보여준다. 미국현대언어연합Modern Language Association in the USA의 공식 등록 통계 또한 참담하다. 2016년 기준 한국어 등록은 2006년 이래로 거의 75%가량 증가했지만, 단지 1만 5,000여 명의 학생들이 미국 대학에서 한국어를 공부하고 있다. 이는 모든 외국어 수업의 1% 미만 정도를 차지하는 수치이다. 이와는 대조적으로 중국어는 5만 3,000명, 일본어는 6만 8,000명이 수강 등록했다. 미국 대학 내의 순위로 따지면 일본어가 5위, 중국어가 7위, 한국어가 11위이다. 대략 140개의 미국 대학이 한국어 수업을 제공하며 40개의 대학 정도가 전공으로서 한국어를 제공하고 있다.

어떤 의미에서는, 한국어를 배우려고 등록한 사람들의 수가 폭발적이라는 점에서 고무적이다. 그러나 이는 KLE가 여전히 얼마나 취약한지를 보여주기도 한다. 그럼에도 불구하고, 이 냉혹한 수치 뒤에 긍정적인 측면 또한 존재한다. 길Gill(2008: 120)은 이미 계속해서 "중국의 소프트 파워가 중국의 경제와 정치적 지위에 의존하기 때문에, 만약 중국이 학자들이 제시해온, 혹은 아직 예측되지 않은 어떤 이유에 의해서든 이 소프트 파워를 잃는다면, 중국어를 배우고자 하는 수요 또한 크게 줄어들 가능성이 있다"라고 지적한다. 실제로 중국의 권위주의적인 정책 때문인지 모르겠지만, 미국에서 중국어를 배우려고 등록한 사람들의 수는 감소하진 않더라도 정체되어 있다. 2009~2013년 사이에 중국으로 유학 가서 공부하는 미국인 학생들의 수를 10만 명까지 늘리겠다는 목표를 가지고 출발한 오바마 대통령의 '100,000 Strong'이라는 이니셔티브는 이미 실패한 듯 보인다.

일본어 교육의 경우에서도 등록자 수 정체나 감소를 찾아볼 수 있다. 이는 1990년대 중반 이래로 지속되고 있는 일본의 경기 침체 때문인 측면도 있고, 일본의 문화 수출이 2007년쯤에 이미 정점에 달했기 때문이기도 하다. JLE에서 취할 만한 교훈이 있다면 J-팝의 인기 하락과 경기 침체에도 불구하고 몇십 년간 보여준 그들의 회복 탄력성이다. 이 회복 탄력성은 일본학과 일본어 교육 생태계와 기반 구조에 대해 일본 정부와 민간 산업계가 1970년대부터 협동하여 시작한 많은 양의 투자에 상당 부분 기인한다. 불행히도 한국 정부와 산업계가 이와 관련하여 하고 있는 일은 일본이 한 일의 극히 일부에 불과하다. 한 예를 보자. 1972년에 일본이 국제교류기금을 출범시켰을 때, 이 재단은 일본어 교육을 포함한 일본학 연구를 위해 10개의 미국 대학교에 각각 100만 달러를 기부하였다. 그리고 이러한 투자는 1990년대 초반까지 몇십 년 동안 계속해서 이어졌다. 오늘날의 달러 가치로 평가할 때 이는 거의 각각 600만 달러씩에 육박하는 금액이다. 이에 비해 한국국제교류재단이 오늘날 미국에 있는 주요 교육 기관에 투자하고 있는 금액은 일 년에 두 군데에 보통 150만 달러씩 정도이다. **CLE와 JLE에 대한 수요가 시들해지고 있는 걸 고려한다면, 지금이 바로 한국이 게임에 뛰어들 절호의 기회일 것이다.**

▎해외의 한국어 교육에 대한 더 효과적인 접근을 위해서

현재 한국은 한국국제교류재단Korea Foundation이나 세종학당에 투입하는 예산이 너무 미미하므로 가장 많은 수의 수요자에게 최소의 양을 제공하고 세계 지도에서 많은 지점을 차지하려는 욕구에 따라서 최대한 공평한 형태의 인위적인 분배를 하려는 접근 방법을 취하고 있다. 이는 한국보다 GDP가 낮은 국가들을 위해 한국보다 부유한 나라들을 무시하는 전략이기도 하다. 동일한 금액이라면 캐나다·미국·프랑스 같은 나라에서보다 미얀마나 인도네시아에서 더 크게 사용되기 마련이기 때문이다.

또한, 한국 정부의 재정 지원은 세계의 각기 다른 지역에서 온 학습자들의 다양한 학습 동기에 둔감한 편이다. 해외 한국어 교육의 보급자들이 가지고 있는 하나의 가정은 해외 한국어 학습자들은 전부 일자리 찾기와 같은 도구적인 목적을 위해 한국어를 배운다는 것이다.

말하자면, 고용과 관련된 동기가 외국인들이 한국어를 배우도록 한다고 생각한다. 이는 한국보다 GDP가 낮은 국가들에서 온 학습자들에겐 사실일지도 모른다. 한국에서 실무 지식을 쌓는 것이 우즈베키스탄·카자흐스탄·베트남·인도네시아 같은 나라에서는 매우 필요한 일이다. 그러나 한국어 교육에 대한 수요가 개인적·감성적이고 또 학습자의 정체성과 연관된 나라들인 북아메리카나 서유럽에서 이런 예측은 결코 맞지 않다. 이들 나라에서의 동기는 한류에 의해서 영향을 받고 있다.

그렇다면 과연 그 수요가 도구적instrumnetal이라기보다 감성적이라 볼 수 있는 학습자들에 대해 상업화commodification에 그 기반을 둔 언어 보급 정책을 유지할 수 있을까? 다시 말해 북미나 유럽의 학습자들이 단지 그들 스스로를 위해 한국어를 배우는 데 기꺼이 돈을 지불할까? 아니면 라이틴Laitin(1997)의 지적처럼 뇌물을 받아야 공부할까? 분명한 것은 한국은 많은 잠재적 교육 수요자들을 특히 북미와 서유럽에서 잃고 있다는 사실이다. 그들은 처음에는 K-팝에 열광적으로 반응하여 한국어를 배우기 위한 기회를 찾아다니지만, 궁극적으로는 기반 구조와 학습자 동기(비유하자면 '뇌물')가 부족한 나머지 한국어를 배우고자 하는 열망을 만족시킬 수가 없어 떠나는 경향이 있다. 특히 이런 사실은 초중등 단계에 있는 학습자들에게 더 적용된다. 여기에서는 사실상 한국어 교육에 대한 기반 구조가 거의 없다시피 하다. 만약 언어 습득에 유리한 이 연령대 학습자에게 적절한 지원과 격려를 해줄 수 있다면 한국은 평생 한국어 학습자와 친구들을 얻을 수 있을 것이다. 게다가 한국어 학습 기회와 기반 구조의 부족 때문에 일어나는 문제들은 고등 교육 학습자들에게로도 확장되어 나타난다. 대학들이 일본어나 중국어에 비해서 한국어 수업을 덜 제공하며 대부분이 초급 수준의 1~2년 커리큘럼만 제공하고 있는 것도 문제이다. 이러한 문제들은 한국이 장기적으로 소프트 파워를 얻을 기회의 손실로 이어지는 것이 분명하다.

┃ 단순히 소비와 국제적 브랜딩을 촉진하는 것의 위험성

최근 일본이 자국의 대중문화와 소프트 파워를 강화하려고 한 노력에 관한 연구는 공동체나 더 깊은 가치에 대한 연결 없이 단순히 소비를 촉진하고 국제적 브랜딩을 형성하려는 노력이 위험하다는 사실을 잘 보여준다. 한국의 정책 입안자들은 이 점을 눈여겨봐야 한다. 그루트Groot(2018: 16-17)는 홍콩 영화 산업의 흥망성쇠, 〈포켓몬 고 Pokemon go〉가 2016년 7월에 누린 선풍적인 인기와 급격한 쇠퇴, 그리고 12월에 〈슈퍼 마리오〉에 의해 대체된 이야기를 언급하였다. 그는 단순히 소비 촉진과 국제 브랜딩의 양을 늘리는 데 치중하는 것은 진정한 소프트 파워의 잠재력을 실현하기 어렵다고 주장한다. 또한, 일본의 대외 문화 홍보 정책인 쿨 재팬Cool Japan이 단지 판매에 치중함으로써 시장 흐름과 소비자 욕구와 관련한 문제들에 매몰되었다고 비판한다(Ibid., 18). 이와부치Iwabuchi(2015: 419) 또한 대중문화 외교는 일방적 투사projection에 그칠 수밖에 없고, 국경을 넘어선 진지한 대화에 진정으로 참여하게 할 수는 없다고 경고한다. 이러한 일본의 사례는 일방적인 대중화 외교가 내적인 문화적 다양성에 의미 있게 기여하는 것을 방해한다는 점을 잘 보여준다. 따라서 **한국 문화 산업의 지도자들은 K-팝의 폭발적 성장과 한국 언어와 문화에 대한 더 장기적이고 깊은 참여를 연결할 방법을 찾을 필요가 있다.**

┃ 결론

한국어는 한국 문화의 핵심 구성 요소이다. 그리고 한류는 전 세계로부터 한국어를 배우고자 하는 수요를 만들어냈다. 특히 젊은 층이 평생 한국어 학습자 그리고 평생 한국에 우호적인 사람이 될 가능성이 커졌다. 그러나 한류 그리고 한국어와 문화에 대한 인기는 깨지기 쉽다. 더 집중되고 적극적이고 다양화되고 장기적인 형태로 세계의 한국어 학습자들을 위한 튼튼한 기반 구조를 만들 전략을 수립하지 못한다면, 지금 한국어 교육에 대한 붐은 게임 '포켓몬 고'와 같은 운명을 겪게 될 가능성이 크다.

참고문헌

Ammon, Ulrich. 1997. Language-spread policy. *Language problems and language planning* 21(1) (Spring): 51–57.

Brown, Robin. 2017. Alternatives to Soft Power: Influence in French and German External Cultural Action. In *The Routledge handbook of soft power*, ed. by Naren Chitty, Li Ji, Gary D. Rawnsley, and Craig Hayden, 37–47. London; New York, NY: Routledge.

Capener, Steven. 2021. PSY's "I Luv It": The role of mis-translation in the overseas promotion of hallyu. *Situations* 14.1: 133–155.

Courmont, Barthélémy and Eojin Kim. 2013. Outils et succès du *soft power* coréen: entre reconnaissance internationale et *nation building* [Tools and successes of Korean *soft power*: Between international recognition and *nation building*]. 프랑스학연구 64: 515–546.

Gardt, Andreas. 2004. Language and national identity. In *Globalization and the future of German: with a select bibliography*, ed. by Andreas Gardt and Bernd Hüppauf, 197–211. Berlin/New York: de Gruyter.

Groot, Gerry. 2018. Cool Japan versus the China threat: Does Japan's popular culture success mean more soft power? In *Japanese language and soft power in Asia*, ed. by Kayoko Hashimoto, 15–42. Singapore: Palgrave Macmillan.

Ha, Yangwon. 2018. Language spread policy in Korea. In *The spread of the Korean language: Through the Korean diaspora and beyond*, ed. by Clare You and Yangwon Ha, 258–294. Berkeley, CA: Institute of East Asian Studies, UC-Berkeley.

Hartig, Falk. 2017. German public diplomacy: The importance of culture and education. In *The Routledge handbook of soft power*, ed. by Naren Chitty, Li Ji, Gary D. Rawnsley, and Craig Hayden, 260–271. London; New York, NY: Routledge.

Hashimoto, Kayoko (ed.) (2018a) *Japanese language and soft power in Asia*. Singapore: Palgrave Macmillan.

Hashimoto, Kayoko (2018b) Introduction: Why language matters in soft power. In *Japanese language and soft power in Asia*, ed. by Kayoko Hashimoto, 1–12.

Singapore: Palgrave Macmillan.

Hashimoto, Kayoko (2018c) Cool Japan and Japanese language: Why does Japan need "Japan fans"? In *Japanese language and soft power in Asia*, ed. by Kayoko Hashimoto, 43–63. Singapore: Palgrave Macmillan.

Iwabuchi, Koichi. 2015. Pop-culture diplomacy in Japan: Soft power, nation branding and the question of 'international cultural exchange'. *International Journal of Cultural Policy* 21(4): 419–432.

Kim, Hun Shik. 2017. The Korean Wave as soft power public diplomacy. In *The Routledge handbook of soft power*, ed. by Naren Chitty, Li Ji, Gary D. Rawnsley, and Craig Hayden, 414–424. London; New York, NY: Routledge.

King, Ross. 2007. Globalization and the Future of the Korean Language: Some Preliminary Thoughts. In: Lee, Sang Oak, Choong-Yon Park, and James H. Yoon (eds.). 2007. *Ŏnŏhak Sanch'aek* [Promenades in Linguistics]. Seoul: Han'guk Munhwasa, pp. 317–347.

Laitin, David D. 1997. The cultural identities of a European state. *Politics and society* 25:3: 277–302.

Lee, Geun. 2009. A theory of soft power and Korea's soft power strategy. *Korean journal of defense analysis* 21(2): 205–218.

Nye, Joseph. 2004. *Soft Power: The Means to Success in World Politics.* New York: Public Affairs.

Park, Joseph Sung Yul. 2021. *In pursuit of English: Language and subjectivity in neoliberal South Korea.* Oxford university Press.

Peterson, Rachelle. 2017. *Outsourced to China: Confucius Institutes and soft power in American higher education.* National Association of Scholars, April 2017.

de Swaan, A. 2001. *Words of the world: the global language system.* Cambridge: Polity Press.

Van Parijs, Phillippe. 2000. The ground floor of the world: on the socio-economic consequences of linguistic globalization. *International political science review*, vol. 21, no. 2: 217–233.

Yildiz, Yasemin. 2004. Critically "Kanak": A reimagination of German culture. In *Globalization and the future of German: with a select bibliography*, ed. by Andreas Gardt and Bernd Hüppauf, 319–340. Berlin/New York: de Gruyter.

맺는말

"동지들, 나랏일이 걱정이외다!"

이 말은 일제 강점기 상하이, 충칭 등에서 독립 투사들이 모일 때마다 대화의 시작처럼 쓰였다고 한다. 과거 우리 선대들은 모이면 나라 걱정이었다. 그 덕에 전쟁의 폐허 위에서도 세계적으로 유례없는 선진국 도약의 신화를 일구었는지 모른다.

이 책도 유사한 마음들이 모여 집필의 계기가 되었다. 갈수록 심해지는 갈등 구조의 고착화, 집단 이기주의와 탐욕의 정치, 청년층의 실망과 멈추지 않는 저출산, 기후 변화로 인한 지구 대변화의 위기 등이 걱정의 대상이다. 집필진은 지금이 한민족이 처한 위기와 기회의 최대 교차점이라는 사실에 공감하고, 무력감에 빠지기보다는 글로나마 생각을 남기고 대안을 제시해 조금이나마 책임을 다하고자 의견을 모았다.

우연히 두 사람 간 대화에서 시작된 집필 과정은 사전 기획 없이 즉흥적으로 이루어졌지만, 한 달 만에 우리나라 미래에 대해 탁견을 지난 각 분야의 12인이 참여했다. 더욱 놀라운 것은 상세한 상호 토론 없이도 '나랏일이 걱정'이라는 공감대 위에서 모순과 배치 없이 한 방향으로 논리가 모였고, 그 결과 책의 서언으로 정리할 수 있었다. 특히 '가난 극복'의 마음과 '잘살아보세'의 경제·물질 중심에서 탈피해, '나무 심는' 마음과 '인류 공영'의 정신으로 나가야 지속 가능한 선진국의 미래가 보장된다는 데 모두가 동감함으로써 우리의 시대정신이 어디에 있는지를 확인하는 계기가 되었다.

대한민국 위기의 본질은 위기 그 자체보다는 그것을 기회로 반전시키는 힘, 즉 '코리아 다이나미즘'의 쇠퇴에 있다. 다이나미즘의 동력은 결국 혁신가라는 사람이 만든다. 따라서 혁신 주체들을 자유롭게 뛰게 만들어야 쇠퇴를 막을 수 있다. 또한, 21세기 대한민국에 주어진 지속 가능의 퀘스트는 경제로만 결코 풀리지 않는다. 문화, 행정, 사회심리, 정치·외교 등이 동시에 대전환해야 한다. 마치 새로운 심장으로 갈아 끼우는 양태로 바뀌어야 한다. 수많은 문제점에도 불구하고 아직 건재한 혁신 주체들과 전 세계로부터 인정받고 있는 우리 '문화의 힘'은 대한민국이 다음 단계Next Level로 대전환하는 데 성공할 수 있다는 믿음을 갖게 한다.

책 출간을 마무리하던 어느 날, 주역의 대가이신 김석진 선생이 돌아가셨다. 그분은 돌아가시기 며칠 전에도 다음과 같은 미래 처방을 내놓았다. "올해는 모든 걸 바꾸는 개혁과 혁신의 해다. 우리나라뿐만 아니라 온 세계가 그렇다." "개혁에는 힘이 필요하다. 그 힘을 얻으려면 소자小子가 아니라 장부丈夫와 함께해야 한다." 이 말은 결국 개혁은 사람이 하는 일이니, 자신의 이익과 안위만을 생각하는 소인배小人輩

를 멀리하고 공동체의 미래를 걱정하고 대안을 제시하려는 혁신가ㅊㅊ
ㅊ들이 앞장서야 한다는 뜻이다. 그리고 보니 요즈음 주위를 둘러보면
자신의 이념을 국가보다 중요시하고 공동체의 이익보다는 단기 이익
중심의 한탕주의와 기득권 지키기에 급급한 소인배들의 선동과 포퓰
리즘이 도처에 난무하고 있다. 이는 '코리아 다이나미즘'을 쇠퇴시키고
대한민국의 미래 생태계를 파괴하는 요인으로서 심히 우려하지 않을
수 없는 수준에 이르렀다.

이 책은 '코리아 다이나미즘'을 이끄는 혁신가들을 존중하고 그들
이 자유 시장 경제 체제에서 전 세계 인류 공영을 위해 마음껏 활약
하기를 바라는 염원을 담고자 했다. 혁신가들이 없으면 다이나미즘은
생기지 않고 위기를 반전시킬 기회도 만들어지지 않는다. 부디 우리
국민은 눈앞의 이익과 자기 안위만을 추구하는 소인배들의 감언이설
을 멀리하고 공동체의 미래를 먼저 걱정하는 혁신가의 말에 기울이고
그들 편에서 함께하길 간절히 기원한다. 끝으로 성공경제연구소의 기
획에 흔쾌히 동참해 대한민국의 미래를 함께 걱정하고 구체적 대안들
을 도출해주신 집필진 모두와 이 책의 출간을 허락해주신 21세기북스
에 깊은 감사를 드린다.

이장우

저자 소개

김영섭

현 건축문화설계사무소 대표이다. 2007년부터 2015년까지 성균관대 건축학과 교수로 지냈으며, 최근 서울시 도시건축전시관 관장을 역임했다. 건축의 미래를 준비하는 모임을 결성했으며, 제4차 IAA 국제심포지엄 서울대회 조직위원장, 초대 국가건축정책위원회 위원, 한강르네상스 마스터플래너, 행정안전부 공공디자인포럼위원회 위원장, 서울시 공공디자인위원회 위원장으로 활동했으며 제주도 경관위원회 위원장, 행정개혁시민연합 공동대표, 동계올림픽 강릉도심재생 공동위원장 '월하거리' 조성, 일본 도쿄 임해 부도심 신도시 계획 초청 건축가, 중국 심양시 어린이궁전 국제설계 지명건축가, 서울 동대문운동장 국제설계경기 심사위원 및 설계 추진위원회 위원장 등을 역임했다. 김수근건축상, 한국환경문화대상, 한국건축문화대상, 건축가협회상, 건축사협회 최우수상, 서울시건축상, 가톨릭미술상 등을 수상했다. 오스트레일리아 이미지사 (Image Publishing) 선정 세계 마스터 건축가 100권 시리즈 작품집을 출간했으며, 세계 건축가 1000 인명사전 마스터 아키텍트에 등재했고, 일본 Art Design이 선정한 '세계 건축가 51인'에 선정되었다.

이근

현 서울대학교 국제대학원 교수이다. 동 대학교 국제학연구소장 및 국제협력본부장을 역임하였고, 외교부 산하 국제교류재단(Korea Foundation)의 이사장을 하였다. 서울대학교 외교학과를 졸업하고 미국 위스콘신대학교에서 정치학 박사를 취득했다. 외교부 정책자문위원, 국방부자문위원, 미래기획위원 등으로도 활동하였고 세계경제포럼(다보스포럼)의 한국위원회 의장 및 지역거버넌스 위원회 위원으로도 활동했다. 민간 싱크탱크 미래전략연구원장을 하였고, 2012년 동아일보가 뽑은 '10년 뒤 한국을 빛낼 인물 100인'에 선정된 바 있다.

이장우

현 성공경제연구소 이사장이자 세계문화산업포럼(WCIF) 의장이며 대구국제뮤지컬페스티벌 (DIMF) 이사장과 생명보험사회공헌재단 이사장으로 활동하고 있다. 경북대학교 경상대학 경영학부 명예교수이며 1995년 학계를 대표해 벤처기업협회 설립에 참여했다. 2002년 (사)한국문화산업포럼의 설립을 통해 한류 문화산업 발전을 위한 정책 제안과 민간 네트워크 구축에 노력했다. 한국경영학회 회장, 전자부품연구원 이사장, 국민경제자문회의 위원, 대통령 직속 미래기획위원 등을 역임했다.

강영철

현 KDI 국제정책대학원 초빙교수이다. 국무조정실 규제조정실장의 경험을 살려 기획재정부 경제규제혁신TF 총괄반장으로 활약하고 있다. 매일경제신문사에서 세계지식포럼 창설을 주도했으며, 대한민국의 미래 청사진을 제시하는 비전코리아 캠페인을 주도했다. 2003년까지 총 10회의 비전코리아 국민보고대회를 통해 선진한국을 위한 해법을 내놓았다. 대통령직속 교육개혁위원회, 녹색성장위원회 위원을 지냈으며, 2003년부터 2014년까지 풀무원 해외부문 사장, 전략경영원장으로 기업경영 일선에서 활약했다. 개방형 임명직으로 규제조정실장을 맡아 2014년부터 3년간 난맥과 같은 대한민국 규제를 합리화시키기 위해 노력했다.

이홍

현 광운대학교 경영대학 교수이다. 한국지식경영학회장과 중견기업학회장을 역임하였다. 삼성인력개발원, LG그룹, CJ그룹, 포스코, 한전 등에서 자문교수를 하였다. 정부혁신관리위원회 위원장을 역임하며 정부혁신에 기여했으며 산업통상자원부 사업재편심의위원회 위원장을 하면서 한국 기업들의 사전 구조조정 업무에도 관여하였다. 한국장학재단 비상임 이사직을 수행하면서 대학생들의 장학지원 업무도 수행하였다.

정은성

㈜에버영코리아의 창립자이자 현 대표이사이다. 나이, 성, 학력 차별이 없는 세상을 위해 일하고 있다. 세계적인 ESG 기업 인증기관인 비콥(B Corp) 한국위원회 위원장을 지냈고, (사)비랩코리아 이사장으로서 기업의 변화를 통한 자본주의 및 사회환경 문제 해결을 위해 노력하고 있다. 김대중 대통령 비서실 통치사료비서관을 역임했으며, 국회보좌관과 국회정책연구위원으로서 정치개혁 관련 법안 작성 업무를 맡아 선거법과 정치자금법 개정에 이바지하였다. 정치학, 국제관계학, 정책학, 협상학 등의 분야에서 교수 및 연구 활동을 했고 『협상의 전략』 등 다수의 저서와 논문들을 저술하였다.

임명묵

서울대학교 인문대학 아시아언어문명학부에서 서아시아 지역학을 전공하고 있다. 연구 분야는 20세기 소련의 무슬림 지역의 근대화지만 역사, 국제정치, 대중문화 전반에 대한 다양한 관심사를 바탕으로 책을 쓰고 조선일보, 중앙일보, 시사저널 등에 칼럼을 기고하고 있다. 지은 책으로는 시진핑 시대 중국의 전환을 다룬 『거대한 코끼리, 중국의 진실』(2018)과 90년대생 한국 청년의 세계 인식을 비롯하여 현대 한국을 주제로 한 사회비평서인 『K를 생각한다』(2021)이 있다.

윤종인

현 이화여대 정책대학원 초빙교수이다. 1988년 공직을 시작하여, 청와대 행정자치비서관, 충청남도 행정부지사, 행정안전부 정부혁신조직실장·지방자치분권실장·차관, 개인정보보호위원회 상임위원(차관급)·위원장(장관급)을 역임하였다. 정부조직 전문가로 김대중 정부에서 문재인 정부에 이르기까지 정권 변동기 정부조직 개편에 직접 참여하였고, 노무현 정부의 정부혁신, 박근혜 정부의 정부3.0과 데이터 개방, 문재인 정부의 디지털 정부혁신을 추진하였다. 박근혜 정부 행정자치비서관으로 공무원연금 개혁을 지원하였으며, 행정안전부 차관으로 재직 시에는 지방자치법 전면개정 등 자치분권 확대를 위해 노력하였다. 2020년 장관급 중앙행정기관으로 독립한 개인정보보호위원회의 초대 위원장으로 임용되어 2년간 조직의 전문성과 독립성 향상을 위하여 기여하였다. 역사학도로서 역사의 필연성보다는 합리적 이성, 공감과 유대에 입각한 역사진보의 가능성을 믿고 있다.

윤명오

현 서울시립대학교 명예교수이다. 그 외 한국119청소년단 총재, 한국생활안전연합 공동대표, 원자력기술 전문위원 및 문화재 재난안전위원회 위원장을 맡고 있다. 서울대학교 건축학과를 졸업하고 일본 도쿄대학에서 공학박사학위를 취득했다. 대한주택공사와 명지대학교건축학과 교수를 거쳐, 1997년 서울시립대학교 건축공학과 교수로 부임한 이후 방재공학과, 재난과학과, 소방방재학과와 서울시 조례기관인 도시방재안전연구소를 설립하고 동 대학교 연구소장을 역임했다. 2002년 민간부단장(1급)으로 소방방재청 창설을 주도했고, 원자력안전위원회 초대위원, 대통령직속 규제개혁위원 및 한국화재소방학회장, 한국 화재보험협회 기술고문을 역임했다.

홍길표

현 백석대학교 경상학부 교수이자 (재)한국청년기업가정신재단 기업가정신연구소 소장이다. 행정안전부, 인사혁신처, 산림청 등 정책자문위원으로 활동했으며, 교육부, 통일부 등 기타 공공기관 경영평가단장을 역임하였다.

최대석

현 (사)경제사회연구원 이사장이자 이화여대 명예교수이다. 통일연구원 책임연구원을 시작으로 동국대와 이화여대에서 북한과 통일 문제를 연구하였다. 이화여대에 재임하면서 통일학연구원장, 사회대 학장, 대외부총장을 지냈으며, 한국정치학회 연구이사, 북한연구학회 회장을 역임했다. 통일부, 외교부, 국가안보실 자문위원을 두루 거쳤으며, 2016년 남북교류에 기여한 공로로 국민훈장 동백장을 받았다.

로스 킹Ross King

현 브리티시컬럼비아대학교(UBC) 아시아학과 한국어문학 교수이다. 미국 미네소타주에 위치한 콘코디아 언어마을(Concordia Language Villages) 전국자문회 위원이고 성균관대학교 동아시아학술원 인터유니버시티센터(The Inter-University Center for Korean Language Studies at SKKU, 'IUC at SKKU')의 공동설립자며 해외위원회 공동의장으로 있다. 콘코디아 언어마을 "숲속의 호수"라는 한국어 마을의 설립자이자 1999년부터 2014년까지 15년간 '촌장'으로 일했다. 2022년 가을 한글학자 외솔 최현배 선생을 기리는 제44회 외솔상을 외국인 처음으로 실천 부문에서 수상받았다. 한국어와 한글의 역사 연구, 해외 한국어와 한국문화의 교육과 보급 등 분야에서 활동하고 있다(https://ubc.academia.edu/RossKing).

코리아다이나미즘포럼

이 책의 집필진이 중심이 되어 한국의 성장동력을 활성화하고 선진국으로서 미래 비전을 제시하기 위해 설립되었다. 개방적 네트워크 조직으로서 한국 특유의 다이나미즘을 지키고 확장하기 위한 활동을 하고자 한다.

성공경제연구소

2014년 11월 사단법인으로 설립된 성공경제연구소는 경영경제 전문가 네트워크이다. 창조화하는 세계적 흐름에 대응해 기업과 개인 등 민간 주체가 스스로 창의와 혁신을 도모함으로써 국가 경제가 발전하는 개방적 경제사회구조를 촉진하는 데 목적이 있다. 2015년 이후 50회가 넘는 성공경제포럼을 진행함으로써 혁신주체들이 성공 노하우를 공유하고 경제의 선순환 구조를 이루어나가는 데 기여하고 있다.

KI신서 10807

대한민국, 넥스트 레벨

1판 1쇄 인쇄 2023년 3월 8일
1판 1쇄 발행 2023년 3월 10일

지은이 코리아다이나미즘포럼
기획 성공경제연구소
펴낸이 김영곤
펴낸곳 (주)북이십일 21세기북스

정보개발팀장 장지윤 **정보개발팀** 강문형 박종수
디자인 푸른나무디자인
출판마케팅영업본부장 민안기
마케팅1팀 배상현 한경화 김신우 강효원
출판영업팀 최명열 김다운

출판등록 2000년 5월 6일 제406-2003-061호
주소 (10881) 경기도 파주시 회동길 201(문발동)
대표전화 031-955-2100 **팩스** 031-955-2151 **이메일** book21@book21.co.kr

ⓒ 코리아다이나미즘포럼, 2023
ISBN 978-89-509-0656-6 03300
(주)북이십일 경계를 허무는 콘텐츠 리더

21세기북스 채널에서 도서 정보와 다양한 영상자료, 이벤트를 만나세요!
페이스북 facebook.com/jiinpill21 **포스트** post.naver.com/21c_editors
인스타그램 instagram.com/jiinpill21 **홈페이지** www.book21.com
유튜브 youtube.com/book21pub